近藤潤三

ドイツ移民問題の現代史

― 移民国への道程 ―

木鐸社

ドイツ移民問題の現代史　目次
― 移民国への道程 ―

序章　移民国ドイツへの接近―「外国人」と「移民」に即して ……………5
  1.「外国人」と「移民」………………………………………………… 5
  2. 本書の範囲と構成 ………………………………………………… 12

第1部　歴史の中の移民問題－第二次世界大戦終結まで

第1部のあらまし……………………………………………………… 20
第1章　移民問題の歴史的輪郭 …………………………………… 23
  はじめに……………………………………………………………… 23
  1. 領土の変遷と移民・移住者問題 ………………………………… 24
  2. ドイツ近現代史と移民・外国人の多様性 ……………………… 28
第2章　移民流出国から労働輸入国へ－第二次世界大戦終結まで ……… 35
  はじめに……………………………………………………………… 35
  1. 移民流出国としてのドイツ－流入と流出の軌跡 ……………… 36
  2. 労働輸入国への転換－19世紀終盤から20世紀へ …………… 42
  3. 外国人管理体制の確立－ヴァイマル期からナチス期まで－…… 47
第3章　ロシア帝国・ソ連の独系人－アオスジードラーの系譜 ……… 59
  はじめに……………………………………………………………… 59
  1. ロシア帝国への移住－18・19世紀………………………………… 61
  2. ロシア帝国の独系人 ……………………………………………… 67
  3. 二つの世界大戦の間の独系人 …………………………………… 71

第2部　戦後ドイツの移民問題－ドイツ統一まで

第2部のあらまし……………………………………………………… 78
第4章　第三帝国の崩壊と避難民・被追放民 …………………… 83
  はじめに……………………………………………………………… 83
  1. 第二次世界大戦末期の避難民 …………………………………… 84
  2. 第三帝国崩壊後の被追放民 ……………………………………… 89
第5章　ドイツ分断とユーバージードラー ……………………… 102
  はじめに……………………………………………………………… 102

1. ユーバージードラー問題の輪郭 …………………………………… 103
　　2. DDR建国からベルリンの壁建設まで：前期 …………………… 108
　　3. ベルリンの壁建設から崩壊まで：後期 ………………………… 119
第6章　外国人労働者の戦後史－外国人労働者から外国人へ ………… 129
　　はじめに ………………………………………………………………… 129
　　1. 外国人労働者の導入：第1期 …………………………………… 130
　　2. 募集停止と外国人の定住化：第2期 …………………………… 138
　　3. 外国人に関する法制 ……………………………………………… 151
第7章　東ドイツ（DDR）の外国人労働者 ……………………………… 158
　　はじめに ………………………………………………………………… 158
　　1. 外国人労働者導入の経過と背景 ………………………………… 159
　　2. 労働現場の外国人労働者 ………………………………………… 168
　　3. 社会的隔離の中の外国人労働者 ………………………………… 172
　　4. 外国人労働者の移住の動機と法的地位 ………………………… 179
第8章　ソ連とポーランドの独系人－アオスジードラーの流入 ……… 187
　　はじめに ………………………………………………………………… 187
　　1. 独ソ戦開始後のソ連の独系人 …………………………………… 189
　　2. 戦後ソ連の独系人 ………………………………………………… 195
　　3. ポーランドの独系人 ……………………………………………… 207
終章　移民国を展望して ………………………………………………… 218
　　1. ドイツ現代史と移民問題の錯綜 ………………………………… 218
　　2. 移民国への転換 …………………………………………………… 224

あとがき ……………………………………………………………………… 234
参照した文献一覧 …………………………………………………………… 238
索引 …………………………………………………………………………… 252

序章　移民国ドイツへの接近
―「外国人」と「移民」に即して―

1.「外国人」と「移民」

　21世紀を迎えてからドイツは公式に移民国に変貌してきている。その変化のシンボルであり，同時に時期を画す頂点にもなっているのは，2004年に成立した移民法である。それによって移民の受け入れの仕組みが確定されただけでなく，受け入れた後の社会への統合の方式が作り出されたからである。

　しかしながら，移民法に到達するまでには長い道程があった。例えば一般に「外国人」という語が多用され，「移民」という表現自体が定着しなかったことも，今日からみれば移行途上の困難の一つに数えられる。いかなる表現を用いるかは，問題を把握する認知図式によって規定されるが，その点からみると，移民国的状態が現実になっていたにもかかわらず，「外国人」法が基本法令であって，いまだ「移民」法が存在しなかったことが困難の主因だったと考えることができる。1997年の著書でH. W. レーデラーはそうした困難について嘆息を込めてこう記している。「移民たちの社会構造的な生活状態を考察するためには移民という概念に依拠しなければならない。しかし，ドイツの外国人法と国籍法には，そして官庁統計にも移民という概念は存在しない。そのために考察を行うには所与の条件に適応し，補助手段として国籍を利用するように強いられるのである」（Lederer 13）。ここに吐露されている困惑は，連邦政府の外国人問題特別代表を務めたL.フンケの文章では怒りとなって表現されている。彼女は政府の不熱心に対する抗議から1991年にこのポストを辞任したが（Bade(e) 6），同年のある寄稿のなかで，「今日の世界は移動の世界であり，ますます多くの人が生まれたのとは異なる国

で暮らす」のが通例になっているという認識に基づき，ドイツでは「いつまで移民は外国人なのか」というタイトルを付けているのである(Funcke(a) 35ff.)。こうした厳しい現状批判には，「外国人」と「移民」に関する重要な論点が提起されているように思われる。では，何が問題なのだろうか。わが国ではこの二つの語は類似語として互換的に用いられることが多いが，移民という語が使いにくかったために苦心を強いられた著者の経験も交え，ドイツの文脈に即してしばらく考えてみよう。

「ドイツは移民国ではない」——社会民主党(SPD)と自由民主党(FDP)の連立に立脚するシュミット政権下の1977年に開かれた連邦と州の内務大臣会議で，移民問題に対処する連邦政府のこの基本的立場が確認された。これは公式に表明されていなくても従来から政府が採っていた指針であり，それ以後，キリスト教民主同盟(CDU)・社会同盟(CSU)主導のコール政権に交替してからも，西ドイツの時期を含めてドイツ政府はこの立場を堅持してきた。これによってすでに定住していた多数の外来の人々はそれまでと同様に「外国人」として扱われ，法的地位が不確かでその権利も制限されたままになった。けれども，その後もドイツ国内での出生も含めて「外国人」が増加する趨勢は止まらず，滞在期間が延びるのに応じて定住化も一段と進展した。その結果，移民国ではないにもかかわらず，移民国的状況が深まり，上記の公式の立場と現実とのギャップは拡大の一途をたどった。ドイツ統一を境に多発した排外暴力事件の衝撃をうけて1990年代前半に難民問題などで政党が激しい政争を繰り広げたのは今でもよく記憶されている。その一方で建前と現実とのギャップを埋め，いわば現実に政策を追いつかせるべく様々な努力が重ねられるようになったのが1990年代半ばからだった。この時期以降，「ドイツは移民国ではない」という標語が公の場でほとんど聞かれなくなった事実がこの変化を間接的に証明している。それは公式に撤回されたわけではないとしても，事実上反故にされたのである。

2002年に著者は『統一ドイツの外国人問題－外来民問題の文脈で』(近藤潤三(b))と題した一書を公刊した。それから5年たった2007年には『移民国としてのドイツ』(近藤潤三(c))というタイトルの著作を世に送った。表題を見比べれば分かるように，前著では「外国人」問題を取り上げたが，後者では「移民」国であるドイツの実情を検討することに主眼を置いた。巨視的にみるなら，外国人と移民はほとんど同一だという見方も成り立たないわけ

ではない。その意味では両著は同じ主題を扱っているともいえよう。しかし，やはりそうした大雑把な捉え方では正しい問題の理解には到達できないように感じられる。実際，2002年の時点ではドイツに居住する移民の多数はドイツ国籍をもたない外国人であり，なによりも外国人として処遇されていたが，その後の一連の政策転換により移民として捉えることが重要さを増し，外国人として扱うのでは不十分になってきている。二つの著作で同じ対象を主題に据えているのに表現が違っているのは，近年のドイツで生起している主要な変化を反映している。その変化は，やや誇張して言うなら，移民政策におけるパラダイム転換と呼ぶことができよう。

　前著では副題として，国外から来て住み着くすべての集団を一括するために「外来民」という造語を組みいれたが，その理由は二つあった。一つには，外国人という用語が多様性を捉えるには狭すぎることを顧慮したためであり，もう一つは，移民と呼ぶには条件が熟していないと考えたからである。しかし，この造語も現実の展開によって二重の意味で追い越されたといわねばならない。第1に，移民という表現で対象が包括できるようになってきていることである。第2は，国外から流入する人々に視線を注ぐだけでは視界に入らない動きが重要になりつつあることである。その動きというのは，ドイツからの流出，すなわち国外移住の機運が高まっていることにほかならない(Ette/Sauer)。

　ところで，前著を出版した2002年の年末時点でドイツには734万人が外国人として居住していたが，2005年末のドイツではその数は676万人に減少している。3年の間に起こったこの変動は注目に値するが，その主因は多くの外国人が帰国などでドイツを立ち去ったことにあるのではなく，帰化によるところが大きい。このことは外国人の減少が必ずしも移民の規模が縮小したことを意味しないことを教えている。それではそうした変化を含めて外国人から移民に重心が移動しつつあるというとき，二つの表現で何を意味しているのだろうか。この問題は，「欧米諸国と比べた日本の政策の特徴は，『外国人』という用語が中心であり，『移民』という言葉が使われない」(近藤敦6)点にあることや，それを背景にして「『移民』概念の混乱」(北脇8)が起こっている実情を考えると，一段と重要性を増す。

　外国人という語には大別して二つの意味がある。一般的には法的レベルに着目して，滞在ないし居住している国の国籍を持たない人々の総称として使

われている。これは内国人と対をなし，権利・義務において区別される集団を指す。また日常生活の中では，肌や髪の色，言語，生活習慣などが異なる人々を一括する場合に外国人という表現が用いられる。この場合にはエスニック・マイノリティという点に重心があり，マイノリティ・グループとしてマジョリティないしホスト社会に対置される。これらの用法の根底には，外国人とはいつかは帰属する国に戻ることが予定され，長短を問わず滞在が一時的であると見做される人々という通念がある。したがって，外国人というとき，どのような文脈で使われる場合でも，ホスト社会への「非所属」というところに力点が置かれているといってよい。非所属だから異質であり，法的に区別されるのである。そうしたことから，外国人には政治参加が保障されないのはもとより，滞在中の生活状態が失業や低所得のために苦しくても特段の措置が講じられず，あるいは言語など独自の文化の保護も行われないことになりやすい。

　これに対し，移民という場合，マジョリティとはエスニシティや文化的背景が異なるものの，定住を前提として受け入れられるか，定住の事実に基づいて将来的に国民の一部になると想定される人々もしくは帰化によって既に居住国の国民になった人々である。換言すると，滞在期間の長短を問わず，生活の拠点を居住国に移し，濃淡の差はあっても居住国への帰属が認められる人々を総称するのが移民という語である。職場や学校など生活拠点を居住する国に築いているから，帰属性に対応して参政権論議に見られるように移民にはマジョリティに近い各種の権利が約束されたり，あるいは国籍取得の道が開かれたりするのである(宮島 271)。先進各国では現実に例えばトルコ系ドイツ人，モロッコ系フランス人，パキスタン系イギリス人などの集団が形成されているが，それは出生地主義や二重国籍の容認，あるいは帰化へのハードルが低いことなどの結果にほかならない。これらの集団は事実上もしくは公式に国民の一部になっているから，旧来の国民との社会的・経済的な同権化が課題とされる一方，多文化主義で唱えられてきたように，言語や生活様式などの固有の文化の尊重も必要になってくる。

　このような意味で外国人や移民という表現を使うとしても，それらには重大な難点が内包されている点も看過できない。外国人についていえば，国籍を識別の主たる基準としているため，今後増加が予想される帰化して外国籍を喪失した人々が除外されることになる。その結果，国籍を除けば低所得や

低学歴のような共通した社会的困難に直面しているのにその現実が覆い隠されることになりやすい。その反面では，ドイツ国籍を有する移民を考慮しないで外国人に限定すれば，彼らが被る差別や不利益が誇張される危険が大きい。一例として2005年のノルトライン＝ヴェストファーレン州の調査を見ると，失業率は州全体で9.0%であるのに対し外国人では22.4%と高いが，一方，ドイツ国籍を有する移民では17.8%となった(Zwick 19)。このように外国人と移民では無視しがたい開きが見出されるのである。

他方，移民については，実際に移動し，移住した第一世代には適切な表現だとしても，定住して家庭生活を営むようになれば，移動や移住は当てはまらなくなる。とりわけ移住先で出生したり成長した第二，第三世代には移民という表現はもはや適切とはいえないであろう。なぜなら，第一世代に続く後継世代では多くが親や祖父母の言語を満足に話せないだけでなく，生活習慣もホスト社会のそれに多かれ少なかれ同一化しているからである。この基本的事実に照らせば，移民という捉え方では，第一世代の移民やその子孫と土着の人々との間の境界がクローズアップされ，彼らがホスト社会の周縁や外部に位置することが暗示されるために，社会全体の中で彼らが抱える問題が移民に特有なものに歪曲されることになりやすい。例えば移民の若者に多い犯罪は，貧困や失業が主因であるにもかかわらず，移民の出自の故だとされたりするのである。こうした問題は時間とともに移住の経験をもたない移民が増加するにつれて重大化する可能性があるのは指摘するまでもないであろう。

この関連で参考例として隣国フランスのケースに目を向けよう。

フランス国立統計経済研究所の定義でいう移民とは，外国で生まれ，出生時にフランス国籍を有していなかった人々とされている。この定義にしたがって1999年に実施された国勢調査の結果を眺めると，フランスに居住する移民の総数は431万人であり，そのうち275万人が外国人，フランス国籍を有する移民は156万人だった。これとは別にフランスで出生した外国人が51万人いるから，フランスの外国人は合計で326万人になるが，これにはさらにサン・パピエと呼ばれる，正規の滞在許可を持たない外国人が付け加わる。その正確な数は当然ながら不明だが，推定で30万人から100万人とされるので，外国人の総数は400万人前後と考えてよい。いずれにせよ，移民に数えられない外国人が相当数いることや，フランス国籍の移民が大規模に存在す

る事実に照らせば，フランスの文脈でも移民と外国人とを区別して議論する必要があるのは明白といえる。また同時に，ドイツとは違いフランスでは外国人であっても移民とは見做されない人々が少なくないことは，フランスにおける移民の定義に問題があることを示しているといわねばならない（ジョリヴィエ 19）。

　もう一つ，外国人であれ移民と呼ぶのであれ，その歴史を振り返る場合に留意しなくてはならない要点がある。それは，生活の拠点を移す移住の動機とその背景が千差万別であることである。アメリカへの初期のピューリタンの移民を見れば明白なように，自由な信仰活動を求める宗教的な動機が重要になることもあるが，他面で，フランスからのユグノーの移住については宗教的迫害が問題になる。この例は，同じ宗教的動機であっても，自由意思による移民もいれば，迫害ないし強制による移民も存在することを示している。これを現代史に当てはめれば，アメリカのヒスパニックのように豊かさを求める移民と並んで，ユーゴスラヴィア解体過程で「民族浄化」という名目で引き起こされた強制移住にも目を向けなければならないことを意味する。同様に，経済的動機からの移民と一口にいっても，貧困や飢餓から逃れようとする場合には事実上の強制力が働いていると見做すことができよう。つまり，歴史上の移民だけでなく，現代のそれについても，明白か否かを問わず往々にして強制力が作用していることに注意を払うことが必要とされるのである（Oltmer (b) 101f.）。

　それはともあれ，上述のように移民と外国人という用語の使い方にはどのように定義した場合でも一長一短があり，難点がつきまとうのは否定できない。しかし，外国人という法制度に固着した用法を中心に据える視座では，人の移動が大規模になり多様化してきている現代の諸問題にアプローチするには限界があるのも明らかであろう。先に外国人ではホスト社会への「非所属」が中軸に据えられることを指摘したが，現代では定住したホスト社会への帰属の度合いと形態が政策論議における主要な論点になり，所属と非所属の二分法では的確な現実認識ができないからである。

　ドイツの連邦統計庁が従来の統計手法を大きく変更したのは，そうした問題点を踏まえてのことだったと推察される。それが明らかにされたのは，同庁が2006年に発表した2005年のミクロセンサスである。連邦統計庁は人口統計の作成に当たって長く国籍による区分を基本とし，ドイツ人と外国人を大

別して扱ってきた。しかし，2006年にこの分類に基づかない画期的な報告を公表したのである。それはもはや，国籍面でドイツ人か外国人かを重視するのではなく，「移民の背景」の有無を指標とする人口の分類を主軸に据えたものであり，統計庁としては初めての試みである(Statistisches Bundesamt 74; 近藤潤三(c) 37)。このミクロセンサスは，統計による「小さな革命」として報じられたように，ドイツ社会に衝撃を与え，多方面に大きな波紋を広げた。というのは，ドイツ国籍を有する市民のなかにも「移民の背景」をもつ人々が想像を上回る規模で含まれていることが公式に初めて明らかにされたからである。すなわち，第1に外国人を含む総人口8,200万人の中に様々な種類の「移民の背景を有する人々」が1,530万人も含まれていること，第2に730万人の外国人を除いても「移民の背景」を有するドイツ人が800万人に達すること，これら2点が確認されたのである(表序-1および図序-1参照)。

連邦統計庁の手によってこうしてドイツが移民の国である現実が明るみに出されたが，そのことは，言葉を換えれば，外国人だけに対象を絞った議論や政策では不十分であり，動態性を増した現実にもはや適合しないことを意味していた。もちろん，このように重大なインパクトを与えた変更は唐突に起こったのではない。その意味で注意を要するのは，連邦統計庁の変更が近年の大きな流れに棹さしていることである。後述するように，1990年のドイツ統一に前後してドイツでは外国人政策の転換が始動し，2000年代に入って加速するようになった。出生地主義を取り入れた国籍法の改正，移民の受け入れと統合の仕組みを定めた移民法の制定，統合サミットの開催などである。そうした転換に伴い，政策の対象となる集団は，ホスト社会への「非所属」をメルクマールとする外国人から，マジョリティとは違った文化的背景

表序-1　移民の背景を有する人々

(単位：1,000人)

年　度	2005	2006	2007	2008	2009	2010
総人口	82,465	82,369	82,257	82,135	81,904	81,715
移民の背景を持たない人々	67,132	67,225	66,846	66,569	65,856	65,970
移民の背景を有する人々	15,057	15,143	15,411	15,566	15,703	15,746

出所：Die Beauftragte der Bundesregierung für Migration, Flüchtlinge und Integration, 9. Bericht der Beauftragte der Bundesregierung für Migration, Flüchtlinge und Integration über die Lage der Ausländerinnen und Ausländer in Deutschland, Berlin 2012., S.20.

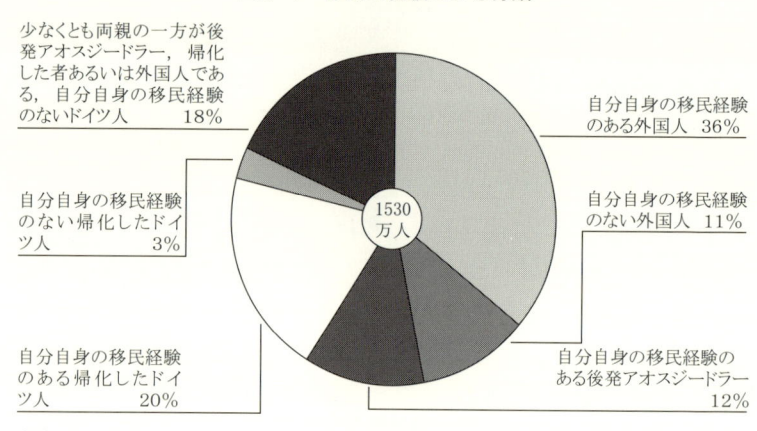

図序-1 移民の経験による分類

- 少なくとも両親の一方が後発アオスジードラー，帰化した者あるいは外国人である，自分自身の移民経験のないドイツ人　18%
- 自分自身の移民経験のない帰化したドイツ人　3%
- 自分自身の移民経験のある帰化したドイツ人　20%
- 自分自身の移民経験のある後発アオスジードラー　12%
- 自分自身の移民経験のない外国人　11%
- 自分自身の移民経験のある外国人　36%

中央：1530万人

出所：Statistisches Bundesamt, Leben in Deutschland: Haushalte, Familien und Gesundheit, Wiesbaden 2006, S.75.

を有する移民に変容しつつある。同時に，彼らはドイツに生活の拠点を持ち，労働や教育でホスト社会につながった集団として社会的に認知されるようにもなってきている。「ドイツは移民国ではない」という政府の標語が撤回宣言のないまま，いつの間にか死語と化し，同様にかつて書店に並んだ書物や新聞・雑誌のタイトルから「外国人問題」や「外国人政策」などの表現が耳目を引き寄せないまま静かに消えていったのも(Green 116)，このような変化の中で起こった注目に値する出来事だった。これには統合に相当する用語として政府レベルでも使われていた「編入(Eingliederung)」という表現が完全に死滅し，もっぱら統合が使用されるようになったことも付け加えることができよう。「外国人」から「移民」へのこの移行は，政策レベルにとどまらず，社会全般でも対象を捉える認知図式に変化が起こっていることを物語っている。連邦統計庁の変更はこのような流れを踏まえて行われたのであり，同時にそれを押し進めるものだったのである。

2. 本書の範囲と構成

次に本書の構成などについて一言しておこう。

本書の叙述が及ぶのは，ドイツ統一の年である1990年頃までである。また，本書では第二次世界大戦が終結し，ヒトラーの第三帝国が瓦解した1945

年を区切りにして，それ以前の移民史を近代史として第1部で扱い，敗戦前後からドイツ統一の年1990年までの移民問題を戦後史として第2部で論じている。標題にある通り，ここまでをひとまず現代史として一括し，1990年以降を現代として位置づけるのが，本書の基本的な立場である。このような構成をとるのは，第1に，現代ドイツの移民問題を考察する場合に歴史的パースペクティブが不可欠であると考えるからであり，第2に，その場合に現代につながる一直線の発展があったのではないことと，極めて複雑で多様な，しかも前史として簡単に片付けるには余りにも大きな人の移動が生起していたことを重視するからである。例えばドイツの移民問題について語る場合，もっぱらドイツに移住してきて定着した人々に視線を向けることが通例といってよいが，しかし流入の面だけで移民問題を論じるのは重大な視野狭窄を招くといわねばならない。なぜなら，近年では流出の規模が拡大基調にあり，国外移住が注目を浴びるようになっているのに，その側面が見落とされかねないからである。こうした点に留意し，ドイツで移民を見る場合，どのような集団がそれに包含されるかを簡単に見渡すのが第1章である。そこでは同時に，近現代のドイツ史では移民が越えた国境自体が度々変動してきたことなどにも言及し，全体の予備的な考察を行っている。

　ところで，このところ流出が増えていることを念頭に置き，この角度からドイツの移民史を振り返ると，ドイツが長く移民の送り出し国だった事実が浮上してくる。その規模が巨大だったことは，仮に国外移住の高波が生じなかったならば，ドイツ史が別の発展コースをたどっていたかもしれないという想像すら呼び起こすのである。また流入する外国人労働者についても，戦後になって初めての経験ではなく，19世紀末以来の伝統があることを説明する(第2章)。他方，大量の移民の流出という歴史的事実を踏まえなければ，アオスジードラーという集団の形をとり，過去に送り出した移民の後裔たちがドイツに「帰還」してくることが理解不能になる。そうなった場合，現代ドイツの移民問題が一面的にしか把握できなくなるといわざるをえない。こうした観点から，本書ではロシア帝国ないしソ連に定住したドイツ系移民の実態を歴史的側面に重点をおいて照射している(第3章)。

　以上のような理由により，第1部では基本的に第三帝国崩壊までの長い歴史を流入と流出の両面にわたって考察する。続く第2部では，敗戦に伴う東部領土の喪失と冷戦に起因する東西ドイツの分断という，再出発当時の二

つの基本的前提の変更を重視している。すなわち，再出発した東西ドイツは，第二次世界大戦以前のドイツとは基礎的条件が大きく変わったといわねばならないのである。その変化を如実に示すのが二つの人的集団である。一つは，戦火を免れて一見自発的に東部領土の故郷を立ち去った避難民と，戦争終結後に同地域やチェコスロヴァキアなどから強制力によって放逐された被追放民（第4章），もう一つは，危険を冒して東西ドイツの間に新たに引かれた内部国境を越境して西ドイツに流入するユーバージードラーである（第5章）。これらは文字通りドイツの激動の所産といえよう。無論，戦後の混乱が収束し，経済成長の進捗に合わせてガストアルバイターの雇用が増えるにつれて，移民問題の重心が「外国人問題」に移っていったのは自然な成り行きだった。それゆえ，二つの集団に続いて焦点に据えるのは，西ドイツの外国人労働者である。その際，初期にはガストアルバイターが文字どおり「外国人」の「労働者」であり，労働政策の対象だったことを重視する一方，しかし，やがて家族の呼び寄せなどで女性が増え，子供も増加して非労働者がむしろ多数派になっていったことに注目して，「外国人労働者問題」から「外国人問題」への変容を追跡する（第6章）。

これと並行して，これまでほとんど知られないままだった東ドイツの外国人問題にも論及する。東ドイツでは共産主義の立場からインターナショナリズムが鼓吹され，兄弟国支援の美名で外国人労働者が導入された。けれども，それは実際には東ドイツの隘路だった労働力不足を打開する方策であって，待遇は名目からは想像できないほど劣悪だったのである（第7章）。これらの集団について順次説明した後，ソ連とポーランドのドイツ系住民について一瞥する。その理由は，ドイツ統一前後に彼らの中からアオスジードラーとしてドイツに移住する人々が大量に出現し，庇護申請者とともに統一したばかりのドイツ社会を揺るがすことになるからである。庇護申請者と違い，彼らが大挙して他国ではなくドイツに流入したのは，まさしく先祖の血をひくドイツ系であるからにほかならなかった。またその規模が大きかったのは，戦後の両国で彼らが長く抑圧と差別に晒されていたからだった。こうした側面を照らしだすのが第8章の眼目である。最後の終章では，全体の簡単なまとめをおこなうとともに，移民国への転換に関する見通しについて述べる。

このように本書の叙述は基本的に移民を構成する個別の集団の説明になっ

ている。また時間軸に沿う形でそれらに順次光を当てていくのが本書の基本的な流れである。さらに時期の点では1990年頃で物語は終わっている。このような構成にしたことには理由がある。個別の集団に即した叙述になっているのは，第1に，それらの来歴を知らなければそもそもドイツの移民問題について語ることができないこと，第2に，政策面でそれぞれ別個の扱いが行われていて，包括的な移民政策が存在しなかったこと，この2点を重視した結果である。とくに第2点に関しては，外国人や外国人政策という表現が廃れつつある今日からみれば，諸々の集団を一括して移民と捉えるのは自明のことのようにも感じられよう。しかし，現実には種々の集団を結びつけて一体として把握する発想は長く存在しなかった。生活の拠点を移す移民という共通面よりも，互いに異なる来歴の相違が遙かに際立っていたからである。実際，被追放民に刻みつけられた悲劇性や，越境するユーバージードラーのドラマ性を考えてみれば，そのことは了解されよう。そうした強い印象は現実の歴史的経験に由来するが，時間の経過と世代の交代につれて経験による刻印が鮮烈さを失っていくのは避けられなかった。そして歴史的記憶が希薄になる一方で，それに代わって人口問題の視点などが前景に押し出されるようになり，外来の人々をすべて基本的にマン・パワー予備軍として捉える認識枠組みが定着して，ようやく移民という共通項で一括して捉えることが可能になったといえるのである。

　他方，1990年が一応の終点とされているのは，その後の変化が大きいことを考慮したためである。この年は分断されていた東西ドイツの統一が実現したことから，ドイツ現代史の重要な分水嶺になっていることは改めて指摘するまでもないであろう。また東西分断を戦後ドイツの特徴だとするなら，統一によってドイツは戦後からポスト戦後に移行したといえよう。しかし，その出来事の巨大さに目を奪われて見落とされがちであるが，1990年は移民問題の文脈で見た場合にも主要な画期になっているといえる。なぜなら，この年に「ドイツは移民国ではない」という政府の公式の立場にもかかわらず外国人法の抜本改正が行われ，ドイツに在住する外国人の法的地位の安定化などが進められた結果，移民国に一歩近づいたといえるからである。他方，1990年前後から庇護申請者がドイツを目的地にして殺到するようになり，すでに定住していた外国人をも上回る熱い関心を集めるようになった。これに加え，ソ連・東欧諸国で共産主義からの体制転換が始まり，各地に居住して

いたドイツ系住民に対する束縛が緩められたために，彼らが大挙してドイツを目指すにいたった。こうして普通のドイツ市民の視界には庇護申請者とアオスジードラーが津波のように押しとどめがたい巨大な存在として押し入ってきたのである。その結果，ドイツ国内では排外暴力事件が頻発する一方，対処策をめぐって激しい政争が演じられ，基本法の庇護権条項の改正とアオスジードラーの流入規制を実施することで合意を見たのである。

　このようにして1990年以降に移民問題が耳目を集めるとともに，庇護申請者などについての政策が変更され，新たな方針が固まったことを起点にして，移民政策全般の見直しが始動した。また，同時期にますます顕著になった少子高齢化の人口変動に関する懸念とも重なり，長期的な展望に立った移民政策のコンセプトが模索されるようになった。1999年に国籍法の大改正が実施され，帰化の簡易化や二重国籍の容認などにより血統主義に基づく従来の狭いドイツ人の枠が拡大されたことや，引き続いてIT専門家を国外から導入するグリーンカード制が実施されたのは，このような流れの中にある。そして激しい政治的対立を巻き起こし，紆余曲折を経た後に2004年中葉に至って移民法が成立し，2005年に施行の運びとなったのである。種々の問題点が残るとしても，移民の受け入れを明確に定めた点で移民法が極めて重要であることは説明を要しないであろう。またこれを受けて移民の社会統合が主要な課題として前面に押し出されるようになった。すなわち，全国で一斉にドイツ語学習を中心に据えた統合コースが開設されると同時に，他方では首相の提唱で2006年に統合サミットが設置され，政界，経済界，社会団体の要人たちが移民組織の代表と移民政策に関して協議する場が設けられたのである。それらの役割をどのように評価するかの判断はいまだ時期尚早の感があるとしても，国民的統合計画が策定され，ドイツ語の習得を支援する体制が整備されたことや，移民自身が政策立案に参加する回路が開かれたことの意義が大きいのは間違いない。こうして1990年以降のドイツでは移民国へのパラダイム・シフトが進行したといえるのである。

　この過程については，その意義が大きいことから，1990年までとは時期的に区別して考察する必要がある。さらに政策の転換ばかりでなく，それを必須とした社会的背景を多角的に検討することも不可欠であろう。すなわち，一方では，雇用や教育の実態をはじめとして，種々の移民の生活状態やホスト社会との関係などの一種の現状分析を行い，その問題点を把握するととも

に，いわゆる「平行社会」への不安感や少子高齢化がもたらす変化への危機感の広がりを確認して，なぜ移民国へのシフトが起こったのかを説明することが求められる。また他方では，移民国への転換がいかなる勢力によって推進され，どのようにして政治的に合意を形成しつつ進んだのかという政治過程の検討が必要とされよう。統一以降の現代に関しては，少なくともこの二つの課題に取り組まなければならないが，その場合，歴史的叙述とは異なる議論の枠組みを設定しなくてはならないのは当然であろう。本書が1990年頃でひとまず叙述を終えているのは，1990年が移民問題の分水嶺だという認識に基づいており，それ以後の現代については機会を改め，歴史的手法とは異なる接近方法で主題とするためなのである。

第 1 部
歴史の中の移民問題
― 第二次世界大戦終結まで ―

第1部のあらまし

　移民史研究の第一人者として自他ともに任じるK.J.バーデは，2004年にJ.オルトマーとの共著『普通のこと・移民』を公刊した（Bade/Oltmer(b)）。このいささか風変わりなタイトルは，よく考えると挑発的な意味をもっているように思われる。というのは，大多数のドイツの市民にとって移民は決して「普通のこと」としては意識されていないからである。それでは，なぜバーデたちはあえてそのようなタイトルを付けたのだろうか。それを理解するには，ドイツにおける移民問題の輪郭を把握しておくことが必須になる。

　外国人が多数ドイツに定住し，生活の拠点を築いて移民に変貌するようになって以来，ドイツでは「外国人問題」が政治の主要テーマのひとつであり続けてきた。そのことは，1980年代初期に帰国促進政策が推進され，コール政権の政府声明で繰り返し「外国人政策」が取り上げられてきたことや，ドイツ統一前後から庇護を求めて外国人がドイツに殺到し，その処遇を巡って激しい政治的対立が生じたこと，さらには1998年の連邦議会選挙で勝利したシュレーダー政権の発足直後から二重国籍の容認を含む国籍法改正問題が大規模な反対署名運動を交えて活発に議論され，長い抗争の末に2004年にようやく移民法が成立した事実などから明瞭になる（近藤潤三(c)）。これらのテーマによってドイツ国内に多数の外国人が事実上の移民として居住している現実に焦点が合わされたことから，外国人の受け入れが問題になったのはここ30年ほどの間のことであるような印象が生じやすい。けれども歴史を振り返るなら，ヨーロッパの中央部に位置するドイツでは長らく国境を越える人の移動は例外というよりむしろ常態であり，その歴史がドイツ近現代史の重要な一面を構成していることに気付くであろう。それは多くの人々の感覚に反して，実は普通のドイツ人の間で生起する「普通のこと」だったのであり（ミュンツ 257），一時的でも異例でもないがゆえに，ドイツ近現代史の一部として位置づけなければならないのである。こうした視点からみれば，喧しく議論された「外国人問題」が新規の問題のように映るとしても，実際にはドイツを巡る人の流入と流出の歴史の延長上にあることを忘れてはならない。

　他方，長く行われてきたように，ドイツ国籍を有するか否かで区別される法的な意味での外国人に視線を向けるだけでは，ドイツにおける外国人問題の広がりは捉えられず，視野狭窄に陥る危険が大きい。たしかに国籍上の外国人の流入と定着がそれ自体として重要な出来事であるのは間違いない。けれども，外国人が労働力として導入された経緯に照らしただけでも，本書で論じる避難民・被追放民やユーバージードラーなどドイツにとっては労働力の供給源は他にも存在していたのであり，この事実との関

連を等閑に付しては外国人問題の意義を把握することはできない。さらに外国人が異なる文化的背景を有する集団であり，ドイツ社会にとって異質な文化を有する人々の受け入れが外国人問題の核心の一つだとするなら，法的な意味では外国人ではなくても異質な文化的背景をもつ集団がドイツに流入している事実も外国人問題を考える際に考慮の外におくことはできない。このことは，ロシア・ドイツ人を例にして詳述するアオスジードラーと呼ばれるドイツに特有な集団を見れば明白になる。要するに，外国人にだけ焦点を絞り，共通面を有する他の集団から切り離して扱うことは，外国人の存在がいかなる意味で問われているかという，ドイツにおける外国人問題の文脈を見失う結果になりかねないのである。

　さらに庇護申請者の波がドイツに押し寄せた頃から移民法の制定が政治のテーマの一つに浮上したが，その背景には先進国に共通する少子・高齢化傾向の先端にわが国とともにドイツが位置している現状がある。世界でも有数の経済大国の座を占め，統一後はEUの主導的役割を担う政治大国にもなったドイツには，しかし，このまま進めば21世紀の早い段階で少子・高齢化が招く労働力人口の減少や市場の縮小によって経済的な衰退や社会保障制度の瓦解が不可避になるという暗い予測が立てられている（Bundesministerium des Innern (b) 93ff.）。そのため，労働力人口の減少を遅らせ，その影響を緩和する方策が活発に論議されてきた。その際，女性の労働力率の引き上げや高齢者雇用の拡大，生涯労働時間延長の一環としての大学在学期間の制限や仕事からの引退時期の引き延ばしなどと並んで，ドイツ国境の外からくる労働力に対しても関心が向けられた。その端的な例が，1993年に連邦議会に設置された人口変動に関する調査委員会が公聴会での専門家からの幅広い聴取を踏まえ，1998年に提出した報告書で外来の労働力について提言を行った事実である（Enquete-Kommission „Demographischer Wandel"）。その後の議論はこの流れの中にあり，少子・高齢化が今後深刻の度を加えていくにつれて，このような関心の方向が有力になっていくのは間違いないであろう。

　そうした視点に立つなら，従来のように，外国人と外部から来るそれ以外の集団を別個のものと見做す固定観念や，外国人に関しても定住化した労働者とその家族から切りはなす形で庇護申請者や新たなタイプの外国人労働者などをそれぞれ個別に扱う方法が有効性を喪失するのは当然であり，何よりもまず，外来の集団を全体としてどれほど受け入れ，どのように処遇するかという統一的コンセプトが問われることになるのは避けられなかった。他方，経済のグローバル化や難民問題の重圧が強まる世界的動向を見通しつつ，さらにEUの統合が密度を増す趨勢を踏まえて，それらに対応する形でこれまでの国民国家の枠組みを再検討する際にも，やはり統

一的なコンセプトが必要とされるのは指摘するまでもなかろう。いずれにせよ，法的な意味での外国人に視線を注ぐだけでは，多様な国際移動に彩られてきたドイツの歴史も未来も一部しか視界に入らず，その問題の構造が単純化されてしまうのは避けられない。そうしたことを考慮し，視野をドイツの外部から来る様々なタイプの移民にまで拡大して，外国人を含む総体としての移民の流れの多様性に留意しつつ，近現代に現れたドイツを取り巻く移住の動向を最初に素描しておきたい。近年厚みを増してきた歴史的移民研究を牽引するオルトマーは，2010年の近著でドイツ移民史の多彩さを強調し，それを通観することは知的な挑戦だと述べているが(Oltmer (b) IX)，本書で試みようとするのは，まさにそうした企てなのである。

このような観点に立つ本書では，序章で述べたように，ドイツの移民問題の歴史を大きく3つに区分して叙述する。第1部ではドイツで移民が問題として登場するようになってから第二次世界大戦が終結するまでの長い期間を考察する。ここではドイツが大量の移民を受け入れたのではなく，反対に送り出した歴史に注目することになる。

それでは第1部でドイツと呼ばれる地でどのような人の流れが続いてきたかを振り返り，主要な動きに絞って素描することにしたい。ただその前に，ドイツの移民問題を追跡する際に必要となる留意点があるので，第1章ではこれについて考えることにしよう。

第 1 章　移民問題の歴史的輪郭

はじめに

　ドイツの近現代史が一面では移民の歴史であり，人々の移住の流れによって彩られていることは従来見過ごされがちであった。歴史の片隅に目立たない小さな出来事として移民という動きがあったのであれば，光が届かなくてもやむをえないこととして片付けることができるかもしれない。しかし19世紀に間断なく起こったドイツからアメリカに渡る大量の移民の存在や，若き日のマックス・ウェーバーが警鐘を鳴らしたように，19世紀末にプロイセン東部の大農場でロシア国籍のポーランド人をはじめとする多数の外国人移動労働者が農業労働に従事していた事実を想起しただけで，移住の流れが単なるエピソードにとどまらないことは明瞭になる。そればかりか，第二次世界大戦後にトルコなどからガストアルバイターとして募集された外国人労働者とその家族が定住化するに至り，ドイツが誇る自動車産業を筆頭に彼らの労働力が経済大国ドイツの土台を支えている現実を見据えるなら，ドイツの近現代史が国境を跨ぐ人の流れに深く結び付いていることは一段と鮮明になるであろう。

　ところで，ドイツを巡る移民の歴史を振り返れば，近年復活しつつある中欧という言葉に示されるドイツの地理的位置やその国境に触れておかなければならない。ヨーロッパの中央部に位置するところから，ドイツは多くの国々と国境を接している。1990年10月3日に催されたドイツ統一の日の記念式典で当時の大統領リヒャルト・フォン・ヴァイツゼッカーが，ドイツの覇権を想起させる中欧という言葉を避けつつ，東西の統一を果たしたドイツが

今後も周辺国との和解と協調に努めねばならないことを力説したのも、ヨーロッパで最多の国と国境を接しているドイツの地理的位置とそれにまつわる歴史的記憶が背景にある(ヴァイツゼッカー(a) 137ff.)。実際、中欧に存在していることと移動を阻む天然の障害が少ないために、ドイツには人が境界を越えて移住しやすい自然な条件が備わっている。そして現実にこれまでにロシアへもアメリカへも多数の移民を送り出してきたし、逆にユグノーのドイツへの移住に見られるように、国外から移民を受け入れてきた歴史がある。1990年のドイツ統一当時の東ドイツの首相がデメジエールといい、同年の連邦議会選挙で統一宰相H.コールと首相の座を争い、1998年の選挙で政権に就いた時点の社会民主党(SPD)党首がラフォンテーヌという姓でフランスの響きがするのは決して偶然ではなく、ドイツ近代史の延長線上にある出来事といってよい。同様に今日のドイツでポーランド系の姓を名乗る市民が少なくないのは、祖先がポーランド民族の出自であり、その子孫が様々な経緯でドイツに定着してドイツ人になった歴史があることを示しているのである(伊藤(a))。

1. 領土の変遷と移民・移住者問題

　ドイツにおける移民の歴史を振り返る際にはいくつかの注意が必要になる。ドイツが中欧に位置していることは、単に人が移動しやすいというだけではなく、ドイツという国自体の存立とその境界が安定しにくいことにもつながっている。17世紀の30年戦争がドイツの地を荒廃させたのはよく知られているが、周辺諸国から送り込まれた軍隊の戦場と化したのはドイツが中欧に位置していることと無関係ではなかった。そのことは、視点を変えれば、国家としてドイツが外からの侵入を受けやすく、外部の勢力によってその領土が狭く制限されることがありうる一方、反対に国力が強まれば領土の拡張に乗り出しやすい条件があることをも意味している。実際、ドイツの境界は歴史的に度々大きく変動してきている。例えばドイツ観念論の代表的哲学者カントが住んでいたのはケーニヒスベルクであるが、この町はカリーニングラードと名前を変えて第二次世界大戦終結後はソ連の領土に属し、ソ連崩壊後の現在では復活したリトアニアとポーランドに囲まれたロシアの飛び地となって、拡大するEUに向けて開かれた経済特区に姿を変えている(橋本)。同様に、現代ドイツ文学を代表する作家であり、1999年にノーベル文学賞を

受賞したギュンター・グラスの故郷はダンツィヒであるが，ドイツ領の一部として繁栄した過去をもつこのハンザ都市が第一次世界大戦後にドイツから切り離されて自由都市となり，第二次世界大戦後はポーランドに編入され，名もグダンスクと改称された後，1980年代を迎えてからはポーランド民主化の震源地になったのはよく知られている。ドイツ統一から間もない1991年6月の連邦議会の決定に基づき，1999年に議会・政府機関の移転によって名実ともにドイツの首都に復帰したベルリンも，現在ではポーランドとの国境をなすオーダー川に程近い場所に立地しているが，ビスマルクがドイツ帝国を創建した1871年当時には空間的にドイツの中心近くに位置していたのであり，領土縮小に伴って東に偏る結果になった。しかもそのオーダー＝ナイセ川がドイツとポーランドとの間の国境として最終的に画定したのはドイツ統一直後のポーランドとの国境条約によってであり，それが結ばれたのは今からそれほど遠くない1990年11月14日のことだったのである（図1-1参照）。

　これらの事例からも看取されるように，移民問題の視点から眺めたドイツの特徴は，人の移動と国境の移動が交錯していることにある。「ドイツ史では人間が国境を越えただけではなく，国境が人間を越えた。それによってマイノリティがマジョリティに，マジョリティがマイノリティになったし，土着の人が他所者になった」というバーデたちの指摘は，この文脈で傾聴に値しよう(Bade/Oltmer(c) 141)。これと並んで注意を要するのは，国境の変動とそれに連動した人の移動が戦争の結果として起こり，大抵は暴力性を帯びていたことである。ドイツにおける国境の変動が主として東部領土の喪失を意味していたことはよく知られている。フランスやベルギーとの国境地帯の帰属も無視できないとはいえ，第一次世界大戦敗戦後にいわゆるポーランド回廊が設けられ，第二次世界大戦敗北後にポーランドとの国境がオーダー＝ナイセ川まで西方に移動したことが示すように，領土の喪失の大半は東部で生じたのである（望田24ff.; 林 7f.）。例えば第一次世界大戦後のヴェルサイユ条約によってドイツは7万km^2の領土とともに648万人の人口を失ったが，そのうちポーランドに属したのは領土4万8千km^2，人口418万人であり，そのなかの168万人がドイツ系であったとされている。

　そうした変動によって人々の移動の流れが引き起こされたのは容易に推察できるが，それが最大規模に達したのは，第三帝国の軍事的敗退を契機にしてであった。すなわち，戦時下で空襲を避けるため大都市から東部領土の農

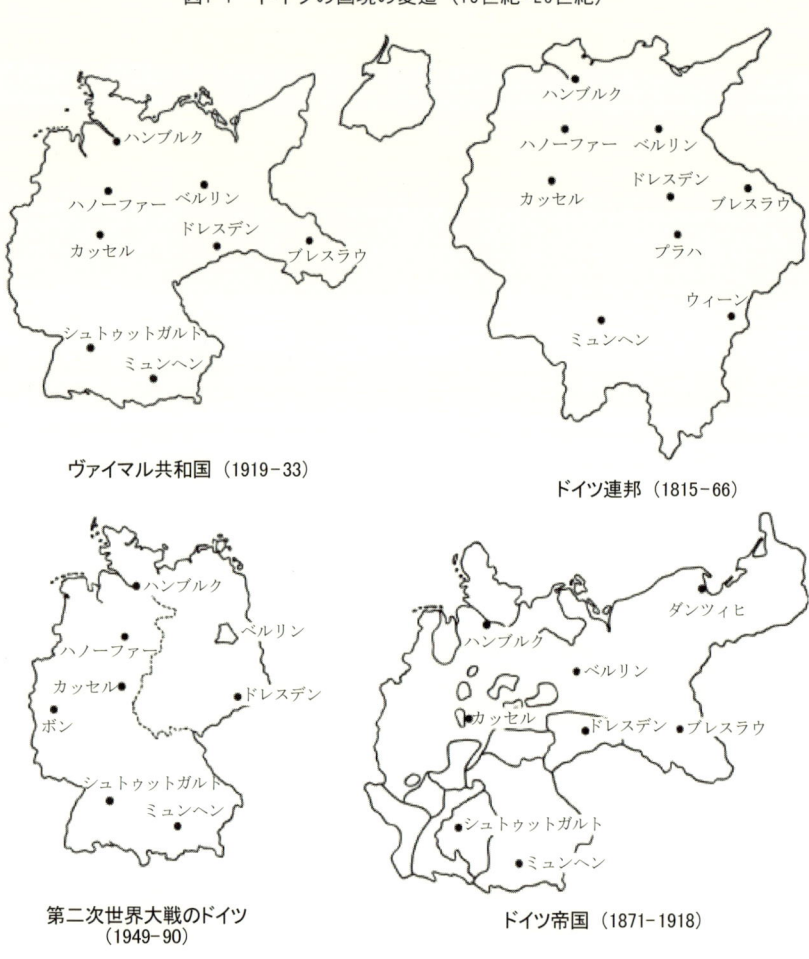

図1-1 ドイツの国境の変遷（19世紀-20世紀）

ヴァイマル共和国（1919-33）

ドイツ連邦（1815-66）

第二次世界大戦のドイツ（1949-90）

ドイツ帝国（1871-1918）

木谷勤／望田幸男編『ドイツ近代史』ミネルヴァ書房，1992年，282頁。

村地域に向かう疎開などの動きがあったものの，1944年からは東部戦線が後退し，東プロイセンなどドイツ本土が戦場になるにつれて，戦闘地域から家財を放棄して避難する市民の流れが生じたのである。これに続き，敗戦から1950年までに再建されたポーランドに編入されたそれまでの領土やチェコスロヴァキアのズデーテン地方などから多数のドイツ人とドイツ系住民が追放

などの強制的措置によって退去させられた。その結果，1950年までに総計で1,200万人近くもの市民が縮小したドイツの国土に流入したのである。移民を含む人間の移住は自発的に行われる場合もあれば，様々な圧力によって外見は自発的でも事実上強制的に生じる場合もある。しかしそればかりではなく，あからさまな強制による移住も存在する。膨大な数のドイツ人避難民・被追放民の移住はその代表例であり，パキスタンがインドから独立した際に実施されたヒンズー教徒とムスリムの住民交換という名目の強制移住と並んで，歴史上最大規模のケースとして知られている。

　ところで，ドイツについては国境が大きく変動してきたばかりでなく，国境によって領土が画定されるべき国家そのものが姿を現したのがようやく19世紀後半に至ってからであったことにも注意が払われなければならない。イタリアでリソルジメントによってイタリア王国が建設され，悲願の統一が果たされたのが1861年，日本で明治維新により幕藩体制に終止符が打たれたのが1868年であり，ようやく近代国家としての陣容を整えるスタート地点に立ったが，それと踵を接して「白色革命家」ビスマルクの鉄血政策によってドイツで統一が成就したのが1871年だった。なるほどそれ以前にも1806年に幕を閉じた神聖ローマ帝国や1815年に成立したドイツ連邦などが存在した。とはいえ，それらは多かれ少なかれ自律性をもつ政治的単位の集合体でしかなく，広域を一元的に統治する国家には程遠かったし，ドイツ人以外の集団も多く包摂していたのでドイツ人の政治組織ともいえなかった。その意味で，ポーランド人やデンマーク人などのエスニック・マイノリティを内部に抱える反面，オーストリアなどのドイツ人を外部に取り残したとしても，ビスマルク帝国が初めてドイツ人の統一国家の名に値したのである。

　ところがドイツが統一国家として存在したのは長くはなかった。1871年の帝国建設で中欧の盟主になったものの，この国家は第一次世界大戦の敗北で縮小し，ヒトラーが千年王国と豪語した第三帝国の崩壊とともに消滅した。そして再びドイツが国家として蘇ったときには統一性は失われて東西に分裂していたのであり，第二の統一によって改めて統一国家になったのは1990年以降のことになる。したがって統一国家としてのドイツの年輪は合計した場合ですらまだ100年程度にすぎないのが現実といわねばならない。その上，帝制を起点とし，共和制，ナチ独裁，共産主義独裁などを経て今日の民主制に到達したことが示すように，これらの転変が政治体制とその政治的正統性

の度重なる変更を伴っていたことにも注意が払われるべきであろう。敗戦40周年の折に行った演説で著名なヴァイツゼッカー元大統領が，波瀾の生涯を回顧した自伝に付けた『4つの時代』（邦訳『ヴァイツゼッカー回想録』岩波書店 1998年）という意味深長な標題からは，激動に満ちた現代史を生き抜いたという思いが伝わってくる。これらの事実はドイツ史の基本的理解にかかわる重要な問題を提起しており，それらが有する歴史的意義に関してはなお様々な角度から検討を加える必要があるのは指摘するまでもない。しかし，ここではその点には立ち入らず，移民との関わりで最低限必要な事柄を確認しておくにとどめたい。

　まず，一般に移民と呼ばれる国境をまたぐ人口移動の現象をドイツに即して問題とするには，ドイツとはどの地域を指称するかが明確にされなければならない。しかし国境が大きな変更を受けてきた歴史を考えると，単純に「固有の領土」を基準とすることができないのは当然であろう。そこで便宜上，以下で1918年の第二帝政終焉までについて語る際にはすべて1871年のドイツ帝国の領域を指すこととしよう。

　次に，第二次世界大戦の終結以後については，多数の外国人を受け入れたのが西ドイツであったことを踏まえ，この時期にドイツという場合には基本的に西ドイツと1990年からの統一ドイツを指すものとしておきたい。したがって，移民と呼ばれるのは，1918年までは第二帝国の境界の内から外へ，もしくは外から内へ移住することであり，あるいはそのような移住をする人々である。そしてナチズムが壊滅してから今日までの時期については，国外に流出したドイツ市民が少数であることを考慮し，特に断らない限り，移民という場合には，西ドイツもしくは統一ドイツの領域に移住してきて定住化した外国人と既に帰化した人々および彼らの子供までを指すことにしたい。

2. ドイツ近現代史と移民・外国人の多様性

　上記の点を踏まえたうえで，移民問題に焦点を合わせてドイツ近現代史を通観してみよう。

　最初に浮かび上がってくるのは，ドイツの領域に関して便宜上の基準とした上記の国境を越える移民の波が高低差を伴いつつ幾度か生じている事実である。この波動については以下で触れるが，それと並んで見落とせないの

は，ドイツ近現代史を彩る人の移動が移民という国境を跨いだ形態に限られないことである。ドイツの地では30年戦争による荒廃と人口激減を背景にしてすでに17世紀中葉以降に人口の稠密な地域から希薄な地域への多様で大きな移動が見られた。しかし，とりわけ19世紀末になるとルールを中心とする西部ドイツでの工業化に応じてそれに匹敵する大規模な国内移住が展開され，東から西に向かう間断のない人の流れが出現した。その主要な原因は，工業化に伴う労働力需要の拡大と西部と東部の間の生活条件と水準の落差にあった（桜井 207ff.）。その意味で，この国内移住は工業化を主軸とする経済変動に起因していたといってよい。この種の移動はその後も振幅を伴いつつ継続したが，その傍らで，第二次世界大戦終結を境にして新たなタイプの移動が付け加わったのを見過ごせない。それは政治的原因による移住である。

この移動については2種類の集団が区別できる。一つは上述した戦争末期からの避難民や被追放民である。わが国とは違い，国土の大部分が戦場になったためにドイツでは住宅や鉄道，道路，通信網などのインフラが破壊され，特に度重なる爆撃の標的になり廃墟と化した都市部では住む場所や食糧の確保は終戦後の最優先課題になった。Ch.クレスマンのいうそうした「崩壊社会」（クレスマン 44）では大量の外来者を受け入れるのが容易ではなかったのは当然であろう。彼らは主に失われた東部領土から流れ込んだが，それだけではなく，ズデーテン・ドイツ人に代表されるようにチェコスロヴァキアやルーマニアなど従来のドイツ領土以外の地域からも被追放民の流れが加わった。その意味で被追放民は厳密にはそれまでの国境の内部の移住としては片付けられない面があることと，強制移住という形態の移民という側面を伴っているという二重の面で注意を要する。いずれにせよ，土地・財産や職場を失った膨大な外来者たちは生活の場を確保する困難に直面したが，そうした異郷での苦悩に，避難や追放の際の苦難の体験やそれに発する怨念も加わり，1950年代の西ドイツで彼らは無視できない独自の政治勢力を形成した。そのために彼らの処遇は復興から高度成長への軌道を進む西ドイツで主要な政治的テーマの一つになったのである。

もう一つは分裂した東西ドイツの間の人の移動である。量的に見れば東ドイツから西ドイツに移る市民が逆方向の人々より遥かに多かったのが主要な特徴である。また内部国境の突破や1961年のベルリンの壁建設以降の越境が大抵の場合重大な危険を伴っていたことがもう一つの特徴である。もっと

も，東ドイツを選ぶ西ドイツ市民が少数とはいえ存在した事実も軽視されてはならない。そのうちでは，共産主義建設の理想に燃えて東ドイツに移り，結果的に東ドイツから国籍剥奪処分を受けて西ドイツに戻った反体制の歌手ヴォルフ・ビアマンや，子供のころに牧師である父親に連れられて東ドイツに移住したメルケル首相が著名な人物として挙げられよう（近藤潤三(d) 227ff.）。無論，1972年に結ばれた基本条約をうけて東西ドイツが国連に同時加盟し，国際的に認知されたことなどを理由にして二つのドイツを別個の国家と捉える立場からは，東から西に向かったユーバージードラーと総称されるこの集団は国内移住の例に数えることはできなくなる。しかし他方で，西ドイツが東ドイツ市民を法的にドイツ人として処遇していたことや，無関心が広がっていたにせよ西ドイツ市民の大半が彼らを異質な集団とは見做していなかったことなどドイツとして一体だった共通の歴史が土台にある現象であることを勘案すれば，戦後ドイツに特有な国内移住の一形態として扱うことも不可能ではない。このようにユーバージードラーは両義的な集団であり，その存在には分断国家だったドイツ特有の歴史が刻印されているのである。

　さらに国外からの移住であるために広く見て移民の一種に数えられるものの，しかしドイツ人であることが認められているために外国人のような制約を受けずにドイツに移動してきている集団が存在する。アオスジードラーと名付けられたこの人々は，戦後ソ連・東欧諸国を中心とする国外から西ドイツに移住している。国籍を重視する観点から移民を仮に国籍を異にする人々の国境を越えた移住と定義するなら，ドイツ民族籍という独特の法的地位を有している点で，アオスジードラーがその意味での移民に含まれなくなるのは確かである。この集団についてはロシア・ドイツ人を例にして考察するが，2000年までで400万人を上回る事実に照らすと，ドイツ域外からの人の移動を論じる際に忘れてはならない存在といえよう。ドイツ以外の国籍をもちながら，ドイツ系市民として扱われ，一旦ドイツに入国するとドイツ国籍を簡単に取得できるこの人々は，ユーバージードラーがドイツの政治的分裂の反映であるとすると，かつて移民送り出し国だったドイツの歴史的所産にほかならない。その意味では，アオスジードラーというドイツに特有な集団の大量流入は，ドイツを舞台とする移民という現象が近年に初めて生じたのではなく，ドイツの歴史の一部として位置づけられることの生きた証左に

なっていると評することができよう。

　もちろん，ドイツの地で展開されてきた人の流れを見る場合，国境を越える移民が重要であり，出移民であれ入移民であれ，この集団を度外視してはドイツの歴史や今日の姿を語るのが困難になるほどの重みを有している。実際，これまでにドイツから多数の市民が国外に移住していったし，逆にまた膨大な数の外国人が主として稼得するためにドイツに流入し，その一部は移民として定住するに至っている。その重みは，20世紀末の1999年12月31日現在で734万人の外国人がドイツに居住しており，総人口の9.0％を占めていた事実を見ただけで明白であろう。

　けれども同時に，ドイツには移民に類似した別種の人の流れがある事実を視野の外に置くことはできない。上記のように，19世紀末に大きなうねりになった国内移住はその後も高低の波動を伴いつつ継続しているが，これと並んで，ドイツの特殊性を反映して，国内移住としては片付けられず，かつまた移民に一括することも難しい移住者の集団がドイツには存在している。特に第二次世界大戦後には，第三帝国崩壊を契機に縮小した領土から眺めれば，その外部から流入する集団が膨大な避難民や被追放民の形で現れたのをはじめ，冷戦期の分断という条件の下では東ドイツという西ドイツの外の地域から流入するユーバージードラーが存在していた。これらの集団には国境を越える移民という一面があるが，他方，見方によっては国内移住の変型として把握することも不可能ではない。しかし，そのほかにもドイツには，出身地も国籍も明らかに外国であるのにドイツ民族籍を有しているために通常の移民の範疇に収まらず，国内移住としても整理できないアオスジードラーのような独特の集団も存在している。外国人ばかりでなく，これらの多様な集団が狭隘になったドイツの外部から流入してきた事実に照らすなら，ドイツを巡る人の流れは他国に類例を見出せないほど複雑であり，ドイツに特有な歴史が色濃く刻み込まれているのは明白であろう。逆にいえば，人の流れが多種多様である分だけ，これを追跡することによってドイツ近現代史の特殊性が浮き彫りにできるともいえるのである（表終-1参照）。

　こうした点を考慮すると，これまでの文脈でも何度か用いた移民という語の用法について改めて若干の説明をしておくことが必要とされよう。前述のように，外国人の定住が問題になり始めた1970年代末以降，統一後のドイツでも連邦政府は移民国ではないとの立場をとり続けてきたが，この点を考え

あわせると一層その必要は大きくなる。連邦政府のこの立場は，将来的に国民の一部となることを予定して外国人を受け入れたのではなく，今後もそうした政策はとらないとする方針を意味している。一方，労働力募集に応じてドイツに来た外国人も一定期間の就労の後に帰国することを予定していたのであって，当初から長期にわたってドイツで暮らすことを意図していたのではなかった。けれども，そうした政策や意図のレベルは別にして，社会的事実としては，ドイツに定住化した外国人の多くは移民と呼ばれるべき集団であるといってよい。政策や意図のとおりに現実は展開せず，ドイツに移住した外国人の多くは，「結果としての移民」（鈴木理江子 30）に変貌したのである。序章で述べたように，移民をどのように定義するかは難しい問題であり，今日まで共通理解が成り立っていない。しかし，例えば「移動する人々の国籍やエスニック・アイデンティティにかかわらず，ある国の領域に入り，もしくは出ていく人口の運動」というF.ヘックマンやこれに近いM.テァケシディスの広い定義ばかりでなく（Heckmann (a) 157; Terkessidis 6），「国境を越えて生業の本拠地を移動させる人およびその人に随伴する家族」という小倉充夫やN.ヴェニングの類似のより狭い定義に照らした場合でも（小倉 69; Wenning 13），彼らは移民として捉えることができるのである。

　その意味では，定住外国人よりもむしろ問題になるのは，ドイツ統一後に大きな奔流となった庇護申請者・難民やソ連・東欧圏からドイツに流入するアオスジードラーが移民に含まれるのか否かという点である。移民国ではないとの立場にもかかわらず，これらの集団のいずれもドイツは受け入れてきたが，前者に関しては，上記の二つの定義から分かるように，広義か狭義かで異なる結論に到達する。またS.アンゲネントのように移住が選択によるか強制によるかの相違を重視して移民の定義から難民を除外する立場をとれば（Angenendt 17），庇護申請者は移民には含まれなくなる。他方，後者についてはR.ミュンツなどはエスニック移民と規定し，移民のカテゴリーに含めているが（Münz/Ohlinger 5），この見地に立つ場合でも，エスニック移民というタイプの移民は類似した事例が乏しいので，その特殊性が絶えず視野に入れられなければならないであろう。また特殊性という面からいえば，ドイツが東西に分裂していた冷戦期に東ドイツから西ドイツに流入したユーバージードラーにも触れなければならない。この集団はドイツ統一とともに法的カテゴリーとしては消滅したものの，戦後ドイツの移民問題の歴史を考える

うえでは看過できない重みを有しているからである。もちろん，この場合には彼らが越えたドイツ内部国境との関連で国境の定義が改めて問題になる。しかしその答えがどうであれ，史上例を見ないほど厳重に管理され危険度が高かった「国境」を越える人の移動であったという意味では，ユーバージードラーも移民の列に加えることが可能であろう。さらに第二次世界大戦終結後の被追放民についても，戦前までは外国だったズデーテン地方から放逐されたドイツ系住民などは定義のうえでは移民と捉えることが可能であるのに対し，ドイツの一部だった東部領土から追い出された人々に関してはこの表現が当てはまるか否かは微妙になる。

　このように考えてくると，ドイツの移民問題はドイツ近現代史に起因する特殊性を濃厚に帯びていることが明瞭になる。同時に，移民の一義的な定義が確立していない状況で上記の様々な集団を移民として一括すると，それぞれの特殊性が視界から消えさる恐れがあるように思われる。このことを考慮し，ドイツ史で繰り返された国境の変遷を念頭に置いたうえで，外国人労働者はもとより，避難民・被追放民，アオスジードラー，ユーバージードラー，庇護申請者などドイツの外部から国境を越えて移り住んでくる様々な集団を移民という語で一括する場合には，先進諸国に一般的に見られる共通面に注目するだけでなく，ドイツの特殊性にも十分に留意することが求められるのである。

　ここで強調したドイツの特殊性は，8,200万人を数えた20世紀末のドイツの人口構成を一瞥すると分かりやすくなる。表1-1には国籍と出生地の両面から分類した人口の構成が示されている。最初に国籍の面を見れば，原則的には排除されている二重もしくは多重国籍者が実は200万人存在しており，外国の国籍のみを有する外国人と併せると930万人にも達する。この数は総人口の11.3%に相当する。もちろん，この数字からはここ30年間にドイツに帰化した73万人のかつての外国人は除外されている。他方，出生地の面ではドイツ生まれは6,860万人でしかなく，しかもその中には140万人と見られるドイツで生まれた外国人労働者の第2世代や第3世代が含まれているので，ドイツ人でドイツ生まれの者は想像以上に少ないことが分かる。逆に国外で出生した者は1,120万人にも上るが，その中に占める外国人の数は590万人で半数にとどまっている。いいかえれば，国外で出生した者にはドイツ国籍を有する人々が多いのが実情であり，かなりの部分を占めているのがアオスジー

表1-1 ドイツの人口の出生地と国籍による分類

(単位：100万人)

国　籍	出　生　地			人数
	ドイツ	出生当時はドイツ，現在は外国	外国	
ドイツ国籍	ドイツ人の多数，外国人の帰化した子供（従来の国籍放棄）	被追放民の数	ドイツ民族籍の被追放民，ナチス時代の強制移住者，アオスジードラー，帰化した移住者	72.7
ドイツと他の第2の国籍	親の一人が外国人であるドイツ人として出生した者，外国人の帰化した子供(多国籍容認)，外国人の帰化した子供（従来の国籍の再取得）		アオスジードラー(従来の国籍保持)，帰化した外国人（外国籍容認の下での帰化)，帰化した外国人（従来の国籍の再取得）	2.0
外国籍	外国人の子と孫		流入した外国人の多数	7.3
人　数	68.6	2.2	11.2	82.0

出所：Münz, Rainer/Wolfgang Seifert/Ralf Ulrich, Zuwanderung nach Deutschland, Frankfurt a.M. 1999, S.20.

ドラーであることはもはや指摘するまでもないであろう。これに出生当時はその土地がドイツの領土であったのにその後に外国に編入された者を加えると，国外の出生者は総人口の16.3%にも達する。これらを総合するなら，ドイツ国籍だけをもち，かつドイツで出生した者が必ずしもドイツの人口の大多数を占めているとはいえないことが看取できよう。同時にまた，そのことからは，少なくとも現代のドイツが大規模な国際的人口移動を経験してきたこと，しかもその人口移動が複雑な相貌をもっていることが推し量れる。研究者の間では人口からみたドイツのこのような意外な実像が知られていたが，それが脚光を浴び，社会に波紋を広げる転機になったのは，序章で触れた2006年の連邦統計庁による統計手法の変更だった。なぜなら，新たな分類ではドイツ人と外国人という二分法を止め，もはや外国人に限定しないでドイツ人をも含む「移民の背景を有する人々」が正面に押し出されたのであり，それによってドイツが多様な来歴をもつ移民の国であることが浮き彫りにされたからである。

　それではドイツの総人口の2割近くを占める「移民の背景を有する人々」はどのような来歴をもっているのだろうか。被追放民，アオスジードラー，ユーバージードラーなどわが国では聞きなれない集団に関して簡単に触れてきたが，移民に数えられる様々な集団について，歴史の展開に沿いながらもう少し綿密に観察してみよう。

第2章　移民流出国から労働輸入国へ
── 第二次世界大戦終結まで ──

はじめに

　東欧圏に位置するルーマニアは，ドイツ南西部のシュヴァルツヴァルトを水源とし，2,000キロを流れて黒海に注ぐドナウ川の下流域に広がっている。ドナウ川が大河で長大だとすると，ルーマニアもまたドイツに近いとはいえない。けれども，そのルーマニアの中央部には，ジーベンビュルガー・ザクセン人と呼ばれるドイツ系の住民が第二次世界大戦が終わるまで定住していた。また西部のバナート地方にはやはりドイツ系のバナート・シュワーベン人と呼ばれる人々が長く暮らしていた。その規模は1940年に前者が25万人，後者が28万人を数え，総人口1,800万人のルーマニア全体でその他の集団を合わせ約80万人のドイツ系住民が生活していた。その数は，しかし戦後の共産主義政権下での抑圧に起因するドイツへの「帰還」などのために激減し，現在では数万人にまで縮小していると推定される。しかし，それまで彼らはそれぞれの地でドイツ文化を守りつつ数百年にわたって生活していた。というのは，最も古いジーベンビュルガー・ザクセン人の場合，その起源は12世紀半ばにドイツ人が当時のハンガリー王ゲーザ2世の呼びかけに応じて今日のシビウ(ドイツ名ヘルマンシュタット)周辺に移住したことに求められるからである(Gündisch)。

　この例に見られるように，ドイツには移民を送り出した長い歴史がある。ただ古い時代のドイツを巡る移民については確固たる資料が存在せず，その規模や出身地域などについても推測の域を出ないケースが多い。事実，呼称に反してジーベンビュルガー・ザクセン人の主たる出身地域はライン川と

モーゼル川の流域とされるものの、移動経路なども含めて諸説があり、今日まで明確にはなっていない。その意味ではある程度正確な知見が得られるのは18世紀になってからであるといわれる。しかし、それ以前でも全体的な輪郭を17世紀のそれに関して描くことは不可能ではない。すなわち、1640年代にかなりの数のスイス人がドイツに当たる地域に移住したことが知られており、その後フランスのユグノーたちがやはりドイツに移住している。特に1685年のルイ14世によるナントの勅令廃止の布告とその後の迫害は大規模なドイツへの移住を引き起こすことになった。またザルツブルクのルター派の人々もほぼ同時期にドイツ北東部に移住している。さらに時代を下ってフリードリヒ二世は宗教面で寛容政策をとったが、そのことは宗教的圧迫から逃れようとしていた人々に対してベルリンやマグデブルクを移住の目的地とすることにもなったのである。このようにドイツには移民の送り出しと並んで、移民を受け入れてきた歴史があることも見落とすことはできない。

　本章で光を当てようと思うのは、ドイツの近代におけるこのような人の移動である。ドイツの近代史は大規模な人の移動によって彩られている。けれども、ドイツ史のこの側面は、移民という現象に対する関心がわが国では低調だったことを反映して、研究面では重要性に見合った扱いを受けてこなかった。そのために現在でも欠落部分が大きいのは否めないといわねばならない。そうした事情を考慮して、以下で近代ドイツにおける人の流入と流出の動きを整理し、主要な動向を洗い出してみたいと思う。

1. 移民流出国としてのドイツ―流入と流出の軌跡

　S.ホッホシュタットによれば、従来、「工業化以前の移動のない社会という神話」が支配的であったが、実態は想像以上に人々の移動が繰り広げられていた。この点ではドイツも例外ではなく、とりわけ17・18世紀のドイツの都市では土着の市民と並んで多数の外来の市民が生活していたという(Hochstadt 196)。こうした背景の下ではドイツの外部からの人の流入があっても不思議ではない。周知のように、30年戦争はドイツの地を荒廃させ、人口の激減をもたらした。1620年には人口は約1,600万人を数えたが、30年戦争終結直後の1650年には1,000万人にまで縮小していたと見られる。また他方では、ドイツの分裂を決定づけた主権性を有する領邦国家体制が形成され、各領邦は互いを異国同然と考えると同時に、住民レベルでは「未開地の

向こうの隣接する村落への移動すら移住と見做された」(Fenske 332)。このような分裂状態にもかかわらず，人口の大幅な収縮が生じた地域は移住者たちには魅力的な土地に映った。なぜなら，そうした地域の為政者たちは人口を増やすのに熱心であり，荒廃した土地への再入植を奨励するとともに，外部から人々を引き寄せるために全力を挙げたからである。その結果，17世紀後半に数十万人が外部からドイツに移住したと推定される。その中心になったのは，ボヘミアからの15万人，スイスからの5万人，4万3千人のユグノーたちであり，そのほかにより小規模ではあるがオランダ人，フランス人，イタリア人，スウェーデン人なども含まれていた。その結果，例えばナントの勅令廃止にポツダム勅令で応じたブランデンブルク=プロイセンの王都ベルリンでは1700年に人口の約3分の1がフランス人で占められたといわれる。今日，ベルリンで最も美しい広場と評されるジャンダルメン広場はその名残にほかならない。彼らが故郷を離れた動機は様々であり，ユグノーのように宗教的な理由もあれば，スイス人の場合のように経済的なそれもあった。ともあれ，高い出生率に支えられてドイツの地の人口は1世紀のうちに30年戦争前の水準に回復したが，このプロセスでの移民流入の貢献は小さくない。その意味で，H.フェンスケが指摘するように，「17世紀のドイツは移民流出の地というよりは移民流入の国だった」(Fenske 333)ことを確認しておくことが重要である。

　為政者たちの多くは自国民が領域外に移住するのを重商主義的立場から富の喪失と見做して許さなかったが，その反面で，外部からの人口吸引策は18世紀に入っても継続され，しばしば募集人さえ諸国に派遣された。1732年にザルツブルクから1万5千人のルター派信徒がプロイセンに迎えられたのはその成果の代表的な事例である。またフリードリヒ二世をはじめとする歴代のプロイセン王たちの努力の結果，1640年以降の1世紀半の間に総計で約50万人がプロイセンに移住したと推定されている(Bade/Oltmer(c) 144)。ユグノーの中に含まれた手工業者の高い技能やスイスから来た農民の専門知識が活用され，経済発展に寄与したことは，知識と技能の伝達・移転の点で移民に関わる重要な一面だった。

　他方，ドイツの地から移民として外部に流出する人々の動きが存在していたことも忘れてはならない。これについては第3章でアオスジードラーの歴史的背景を説明する際に触れるので，ここでは差し当たりF.D.パストリウス

の指導下にフィラデルフィア近郊にドイツ人町が建設された1683年がドイツ人のアメリカ移民の開始年とされていることを指摘しておけば足りる(桜井 136f.)。この場合には宗教的動機による海外移住が問題になるが、続く18世紀に拡大した移民では経済的困窮が前面に現れている。一例を挙げれば、1709年から12年までの間にファルツ地方をはじめ各地が天候異変による凶作に見舞われたが、これを背景にしてドイツ最初の大量移民の動きが始まった。その折にはライン川中流域やマイン川流域から5万人の人々がアメリカやハンガリーを目指してドイツを後にしたといわれるが、しかし移住途上の苦難で多くが斃れたのに加え、目的地に辿り着いても苛酷な扱いを受けるなどドイツ移民史上の悲劇として知られている。それにもかかわらず大量移住の波は断続的に起こり、中心になったファルツからばかりでなく、1717年にはヴュルテンベルク、1737年にはバーデンに波及し、西南ドイツ全域から移住者が送り出された。また1763年から1770年までと1782年から1788年までの2期にわたりフランケンやヴュルテンベルクからシュヴァーベン行列と呼ばれる大きな移動が見られた。これに加わったのは総計で約7万人であり、ドナウ川に沿って南東ヨーロッパに向かったのである。そのほかにも土地の取得や租税などで各種の特典を用意してロシア帝国から移住を勧誘する働きかけが行われ、それに応じた動きがあったことも見落とすことはできない。これについては後述するが、推計では1680年代から1800年までにロシアと東欧に合計で74万人が移住したとみられている(Bade/Oltmer(c) 147)。これに対し、同じ期間にアメリカに渡ったのは約17万人と推定されているから、18世紀の出移民ではロシアと東欧が大きな比重を占めていたことになる。この関係が逆転するのは1830年代になってからのことである。

　18世紀にはこのように大規模とはいえなくても流出する移民の流れが確実に存在していた。そうした移民の規模が格段に大きくなったのは19世紀を迎えてからである。19世紀末には国外移住は実質的に終焉するが、このことを考慮すれば、1816年から1914年までの546万人に上るドイツからの出移民の大半は19世紀のうちにドイツを立ち去ったと考えてよい。その動きを示すのが図2-1である。これを見れば、ドイツの19世紀は文字通り移民の世紀であったといえよう。このように国外移住者が膨大な数に達したのは、移民を巡る条件の変化による影響が大きい。とくに重要な変化としては三つが挙げられる。第1に指摘されなければならないのは、ナポレオン戦争後の1815年

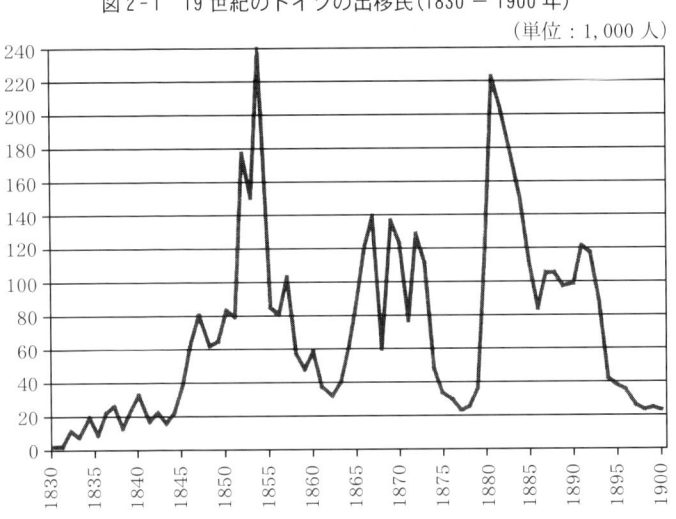

図2-1 19世紀のドイツの出移民(1830 – 1900年)

(単位:1,000人)

出所:Oltmer, Jochen, Migration im 19.und 20.Jahrhundert, München 2010, S.10.

　に結ばれたドイツ連邦条約で従来の移住禁止が緩和されたことである。この法的な意味での緩和は,しかし事実上は国外移住が自由化されたことと同義であり,残る制限は無視され,実質的に存在しないのも同然になったのである。次に第2点として,移住先の状態を含む移住全般に関する情報が増大したことが挙げられる。賃金や土地取得の条件,宗教的寛容や政治的自由など移住先についての知識がなければ移住の意思は形成されにくいが,19世紀になると情報量が飛躍的に増大したのである。とくに先発した移住者がもたらす情報は貴重であり,それを頼りにして後発の移住者が続いたのである。さらに第3点として,鉄道や蒸気船など長距離の移動に必要な交通手段が発達し,移住がより迅速,安全かつ安価に行えるようになったことも忘れてはならない。18世紀初期の移民が直面した移住のリスクや負担はこれにより大幅に軽減され,容易に移住を決断できるようになったのである(桜井153ff.)。

　ところで,19世紀のドイツからの国外移住で主たる目標とされたのは,とりわけ1830年代以降は新大陸アメリカであり,移民の90%がアメリカを目指したといわれる。独立宣言が出されるまでにアメリカに渡ったドイツ人移民は6万5千人から7万人程度,多く見積もっても10万人までにとどまったと考

えられている。それゆえ、19世紀には第1にアメリカへの移住が大量になったこと、第2にロシアなどへのそれまでの移民の行き先がアメリカに絞り込まれたこと、第3に目的地も18世紀にはペンシルベニアやメリーランドなど東海岸の一部に限られていたのが、その他の地域にまで広がったこと、これら3点で移民の流れに顕著な変化が生じたのであった（Adams 11ff.）。事実、中西部の農業地帯に住み着いたドイツ人移民に代表されるように、19世紀末近くまでドイツからアメリカへの移民は高低の波動を描きつつ大きな規模で起こっている。すなわち1832年から1850年にかけては年平均で2万人以上がドイツを去ったが、1851年から1880年までは年平均が7万人近いレベルに膨らみ、1880年代の10年間には総計で130万人以上、年平均でも13万人を上回るレベルに達したのである。またアメリカに定住したドイツからの移民が英語を習得して周囲と融合していったのに加え（柴田 (a) 126ff.）、社会的上昇を果たしてもっとも成功した移民に数えられるようになっているのも、特筆すべき事柄であろう。規模の面から見ても、今日のアメリカで自己の祖先がドイツ系だとするアメリカ市民が他を大きく引き離して最大グループとなり（松尾 48）、2000年の国勢調査で4,200万人、総人口の15％を占めたのは、このような高波の結果にほかならない。また21世紀に入り、海外移民が出航したブレーマーハーフェンとハンブルクに相次いで出移民博物館が開館したが、その展示がアメリカ中心になっているのは、大多数がアメリカに定着したことを物語っている（Betriebsgesellschaft BallinStadt 46ff.; 近藤潤三 (h)）。無論、海外の移住先には南米のほかにカナダ、オーストラリアなども含まれていたのは当然だった。けれども、その数はアメリカ移住者に比べるととるに足りないほど少なかった。ともあれ、アメリカを中心とした移住の規模がこのように大きかったために、ドイツへの移住者よりもドイツを去る移住者の方が多かったのは明白であり、移民の受け入れ国になっている今日のドイツとは反対に、19世紀のドイツは移民の主要な送り出し国の一つであった。これを逆の観点から見るなら、19世紀から20世紀への世紀の転換は、ドイツの場合、移民流出国から移民流入国への転換として把握することができるのである。

　もちろん、20世紀の移民の場合には旅行、手紙、電話、送金、新聞購読など交通・通信手段の発達によって故国と移住地との濃密な関係を保つことができるし、近年では空間的に遠く離れた故郷での紛争に武器や投票以

外の様々な方法で移民が参加する「遠隔地ナショナリズム」（B.アンダーソン）さえ成り立ちうるところまで来ている。これに反し，19世紀の移民では移住が故郷への「すべての橋の取り壊し」を意味する場合が少なくなかった(Brieden 33)。この相違は，一口に移民といってもその基本構造が異なっていることを端的に示している。さらに同信徒のような集団単位の移住か，家族を伴うか，あるいは単身者が主流かという形態の面や，故国で得られない信仰や政治上の自由の獲得，凶作などの経済的危機からの脱出，才能を存分に発揮し成功を収める野心などいかなるタイプの動機が支配的かという移民の動機の面などでも時期による重心の移動を確認することができる(桜井 158)。しかし，19世紀のドイツで大規模な国外移住が生じた背景として，やはり典型的な人口転換が進行した事実を念頭に置くことが重要であろう。すなわち，19世紀のドイツでは農業国に特徴的な多産多死から工業国型の少産少死に向けての移行が進み，後のドイツ帝国の領域で測れば2,300万人だった1800年の総人口は1850年に3,500万人に，そして1世紀後の1900年には5,600万人にまで増大したのである(エーマー 11)。過渡期に特有なこうした急激な人口増加が就業機会の不足を惹起したのは当然であり，この不均衡は社会問題を深刻化させたが，同時にそこから発する圧力が様々な主観的要因を介在させながら国外移住の波動を高波にまで押し上げていったのである。

　他面，国外移住に注意が向けられるとき，「すべての橋の取り壊し」の側面が強調されるために一方通行であったかのような誤解が生じやすいので，国外に流出した人々の一部が故国に帰還した事実にも触れておいたほうがよいであろう。G.モルトマンの研究によれば，1820年から1914年までに550万人のドイツ人がアメリカに移民したが，最低でもそのうちの10％が再びドイツに戻ったと推定されている(Moltmann 384f.)。その規模は時期によって大きく異なり，10年単位で見ても0％から22％までの幅があり，ピークだった1875年には49.4％が帰国したともいわれる。この数字の信憑性については問題が指摘されているものの，いずれにしても19世紀を通して流出が流入を大きく上回り，人口問題の圧力が軽減されていた事実が確かめられればここでは十分であろう。一方，19世紀にドイツから大量の移民を受け入れたアメリカも，世紀末に近づくと「フロンティア・ラインの消滅」に伴って移民の流入規制に転じていった。そして移民の主力もそれまでの西欧や北欧の出身者から南欧や東欧を故郷とするいわゆる新移民に交代するとともに，アジアか

らの移民が排斥されるようになるのである(明石/飯野 116ff.)。

ところで，19世紀半ばにドイツから流出する移民の波は高くなり，1880年代にピークに達したが，あたかもアメリカでの変化に対応するかのように，世紀末に近づくにつれて次第に収束に向かった。その背景には急速な工業化による労働力需要の拡大や生活水準の全般的向上などドイツ国内での目覚ましい経済発展があった。こうした推移の一端は，ビスマルク退陣の後，帝国宰相に就任し，新航路政策の推進者となったカプリヴィが1891年に発した著名な声明から読み取れる。「我々は輸出しなければならない。我々は人間を輸出するか，商品を輸出しなければならない。工業における成長なしに人口が増大するなら，我々は生きていくことはできないだろう」(木谷 241)。ここに示された選択肢のうち，イギリスにキャッチアップするところまで工業力を強めたドイツが進んだのは，周知のように，主として商品を輸出する路線だった。そして国内労働市場の拡大に伴い1880年代に年平均13万人だったドイツからの出移民の数は1890年代には5万3千人に縮小した。この傾向は世紀が替わってからの10年間にさらに加速し，年平均9千人にまで低下した。ドイツ人の国外移住の時代はこれによって実質的に終了したといえるが，他面では，西部の工業地域に向かう国内での人口移動が著しく活発化した。またこれに合わせて，不足する労働力がますます多く国外から受け入れられるようになり，国外移住の事実上の終焉と相俟って，ドイツは労働輸入国として立ち現れることになるのである(Bade(a) 29ff.)。

2. 労働輸入国への転換－19世紀終盤から20世紀へ

労働輸入国への転換のプロセスがドイツで始動したのは19世紀中葉からである。すなわち，ルールの工業が活気づき，プロイセン東部の農村地帯から次第に多数の労働者を引き寄せるようになったのである。こうして東から西への国内移住の流れが形成され，それは1880年代になると勢いを増した。この流れに乗って西部に移住したのは多くはそれまで農業に従事していた人々であり，そのなかにはドイツ人のみならず，プロイセン邦に籍をもつポーランド系の人々がかなり含まれていた。20世紀への転換期にルールでポーランド語新聞が発行されるようになっていたのは，その証明といってよい(伊藤(a) 73)。彼らがプロイセン東部の農村を離脱したのは，西部工業地帯で得られるより高い賃金のためだけではなかった。東部地域の領主管区を支配し

てきたユンカーの大農場では領主裁判権や領主警察権などはなるほど1870年代までに廃止されていた。けれども，半封建的な人格的従属関係が残存し，ゲジンデや日雇いなどの農村下層民は相変わらず人格的独立性を制限されていた。それゆえ，そうした束縛から逃れることも西部に向かう重要な原因だったのである。

　一方，交通革命に起因するアメリカ産の廉価な穀物のヨーロッパへの流入によって競争力を失ったプロイセン東部の農業は，危機を乗り切るために1880年代に穀物生産から根菜栽培に重心を転換した。その中心となった作物は砂糖の原料になる甜菜だったが，甜菜栽培は労働集約的で大量の労働力を必要としただけでなく，季節性が強いためにシーズンによって労働力需要が大きく変動した。このため，人手不足に直面した農場では外国人季節労働者を安上がりな労働力として導入することを求める声が強まった。その帰結が，プロイセン東部の大農場への隣接するロシアやガリツィア地方からのポーランド人農業労働者の流入である。彼らはドイツ国内ではプロイセン渡りと呼ばれ，故郷では生計の維持が困難だったり，通年雇用の機会が不足しているなどの事情でドイツに押し出されてきたのである(飯田(a); 柴田(b))。

　プロイセン渡りが見られるようになるのは1880年代からであり，急増するのは1890年代になってからである。彼らの中では女性がほぼ半数を占めていたこと，また若年者が多かったことに特徴があった。それは甜菜栽培の労働に身体の柔軟さが不可欠だったこととも関係がある。第二次世界大戦後の外国人労働者の導入の場合とは異なり，当時は募集に関する二国間協定はなく，国家機関によって労働者が募集されたわけではなかった。そのため，農場主もしくは農業会議所，後にはドイツ農業労働者中央斡旋所から委託を受けた募集人が地域を回ったり，あるいは組頭と呼ばれた出稼ぎ労働の経験者が雇主の依頼を受けて地縁・血縁により同郷人を集めるなど様々な方式の人集めが行われた。

　国外からドイツに来たポーランド人労働者たちは無権利状態におかれ，服従と勤勉を要求されただけでなく，ドイツ人農業労働者に比べて劣った条件で就労することを余儀なくされた。それは彼らが雇用契約期間が切れると帰国する季節労働者であるのに対し，ドイツ人が年契約もしくは常雇労働者であり，両者の間が画然と区別されていたからである。彼らが受け取る現金収入は出来高賃金の多少によって左右されたので，劣悪な住居と乏しい給養の

もとでの肉体を消耗する長時間労働が一般的になった。またドイツ人労働者が忌避する作業はすべて彼らに押し付けられたから，ドイツ人労働者との間に一種の分業関係が形成され，それは同時に序列にもなった。身体を酷使して働くプロイセン渡りはこうして「農村の社会的ピラミッドの賤民」(飯田(a) 922)として扱われたのである。

　ポーランド人を中心とする外国人季節労働者のこうした流入は，ドイツ国内で激しい論議を呼び起こした。そのことは，若き日のマックス・ウェーバーが教授就任講演でナショナリストとしての強い危機感からこのテーマを取り上げたことでよく知られている。彼はその中で低廉な労働力を求める農場主の経済合理性が国境地帯の安全という政治的理性と合致しないことを力説したが，ポーランド人農業労働者に安全への脅威を見出す捉え方は，当時かなり一般的なものであった(ウェーバー; Herbert(b) 27f.; 佐藤(a) 263f.)。なぜなら，外国籍ポーランド人の大量流入は「東部ドイツのポーランド化」を招き，プロイセン東部でドイツが進めているゲルマン化政策を水泡に帰させる危険を内包していたからである。それだけではない。全ドイツ連盟やオスト・マルク協会などのプロパガンダに見られるように，帝国主義的ナショナリズムが強まりつつあった当時のドイツ国内では，生活水準が低く単純作業に従事するポーランド人は同時に文化レベルも労働能力も低いものとして差別された。その民族差別の裏側にはドイツ人の優越感が隠されていたのは容易に推察できるが，それだけに劣った民族の浸透と東部からのドイツ人の駆逐は危機感を募らせずにおかなかったといえよう。当時，ポーランド人以外にも外国人労働者として鉱工業部門にはイタリア人も就業していたし，しばらくするとルテニア人も受け入れられたが，彼らに対してはこのような脅威は叫ばれなかった。しかし農業部門のポーランド人同様，大多数が単純労働に携わる彼らがドイツ人と同等と見做されていなかったのも確かである。その意味で，外国人労働者の中に民族による区別が持ち込まれる一方で，全体として外国人に対する差別感と不信感が第一次世界大戦以前のドイツ社会に醸成されていた。とくに鉱工業部門でも外国人労働者に対する反感が広がっていたことに関しては，彼らがたんに低賃金で働くだけでなく，深夜業や日曜労働も厭わないことなどが問題視されたことが背景にあった。こうしたことは，総じてドイツ人労働者の労働条件の悪化を招く原因になると見做されたのである(Herbert(a) 59ff.)。

ところで，ドイツ国内で就労する外国人労働者が増大するのに伴い，ドイツ政府は管理と規制のための一連の制度を編み出した。その主眼は，彼らがドイツに永住する移民になるのを防止し，一時的にのみドイツで働く出稼ぎ労働者にとどめておくことにあった。そのために流入に関する政策では，ドイツ側の必要に応じていつでも導入と追い出しが可能な外国人労働者の予備軍を形成しておくことが目指された。こうした意図から，例えばプロイセンでは1908年以降外国人労働者は身分証明書の交付を受けることが義務づけられ，限定づきで与えられた就労と居住の許可も毎年12月に更新することが必要とされた。その上，受け入れが認められたのは単身者だけで，既婚者が家族を伴うことは許されなかったし，就労期間の延長も使用者が申請した場合にだけ認めうることとされていた。とりわけ脅威と感じられた外国籍ポーランド人に対するプロイセン政府の規制は厳しかった。1890年の内務大臣通達により，農業では季節により労働力需要が大きく変動することに合わせて待機期間が設けられ，労働許可が与えられるのは4月1日から11月15日までに制限されたからである。つまり，ポーランド人は冬季の就業が禁止され，帰国を強制されたのであり，再び就労するには新規に手続きをしなければならなくなった。これによって彼らにはドイツでの定住化の可能性が塞がれたのである。またポーランド人は東部4州以外では工業から締め出され，西部では農業にのみ就業が許されたことも見逃せない。その理由は，西部の工業地帯で働く国内ポーランド人との接触からポーランド人の政治運動が起こる恐れがあると考えられたことにある(伊藤(a) 19)。もっとも，プロイセンの圧力にもかかわらず，待機強制を設けず，身分証明の取得を義務づけなかったことに見られるように，バイエルン，ヴュルテンベルクなどの南部の諸邦やハンブルクなどのハンザ都市はプロイセンでのこうした規制に必ずしも追随しなかったし(佐藤(a) 280)，当のプロイセンでも農場主の利害に配慮して待機期間がその後段階的に短縮されたことも留意されるべきであろう。いずれにせよ，このようにして，それまでアメリカなどに大量の移民を送り出してきたドイツは既に1890年代初期までに労働輸入国に変貌していたが，それは永続的移住の国という意味ではなく，一時的な滞在と就労の国という意味においてだったのである(Bade(a) 34f.)。

以上のことから明確になるのは，経済発展とともにドイツが外国人労働力への依存を深めていった事実である。そのことは表2-1の数字の変化が証明

表2-1　ドイツ帝国の外国人(1871 – 1910年)

	1871	1880	1885	1890	1895	1900	1905	1910
外国人	206,755	276,057	372,792	433,254	486,190	778,737	1,028,560	1,259,873
1871=100	100	133	180	209	235	376	497	609
人口比(%)	0.5	0.6	0.8	0.9	0.9	1.4	1.7	1.9

出所：Herbert, Ulrich, Geschichte der Ausländerpolitik in Deutschland, Bonn 2003, S.23 より作成。

している。実際，1871年から1910年までの40年間にその人数は6倍に増加したのである。たしかに外国人労働者の導入に対しては懸念や抗議がしばしば表明されたし，「外国人の氾濫」という煽動的な言葉が盛んに使われはした。また労働力供給源として外国人労働者が不確実であることから，国際的な労働市場における他の労働輸入国との競争の激化が危惧されもした(飯田(b) 33)。しかし，それらを押しのけて，工業でも農業でも外国人労働力の規模は拡大していったのである。例えば1907年にドイツでは全体で約80万人の外国人が就労するまでになり，そのうち35%が農業，55%が鉱工業の諸部門に就業していた。また出身国別にその内訳を見ると，オーストリア・ハンガリー34万人，ロシア20万人，イタリア13万人，オランダ5万人などとなっていた。しばらく前までは北西ドイツからオランダに働きに出るオランダ渡りが存在したから，この集団が消滅してオランダ人のプロイセン渡りに逆転したのは(Bade/Oltmer(c) 150)，ドイツの変貌ぶりを象徴しているといえよう。

　外国人労働者のこうした増加に伴い，例えば1893年から1908年の間に炭鉱で雇用される労働者に占める外国人の比率は2.7%から9%に上昇した。しかもルール地方に限っていえば，その数字は10%から15%にも達した。またレンガ製造や採石でも10%以上が外国人であったし，その比率は産業の基幹をなす製鉄では一層高かった。農業でも事態は同様だった。東部地域で労働力不足が顕著になっていたので大量の外国人が農業労働力として導入されたが，第一次世界大戦が始まる1914年ころには約40万人がドイツ国内で就労していたといわれる。その中心になったのは，既述のように，オーストリアとロシア出身のポーランド人であった。ドイツ人農業労働者が工業の発展する西部に移ったのと同じく，彼らもまたより高い賃金を得る目的や故郷での窮乏を逃れるためにドイツに流入した。そして甜菜栽培とこれを原料とする精糖業のような労働集約的な部門で苛酷な労働条件の下に多くが就労した。その結果，外国人労働者抜きでは農業生産が成り立たないといっても過言では

ないほど東部地域の農業は外国人に大きく依存するに至ったのである。その意味で，20世紀初めの「ドイツ帝国は，世界的にも屈指の労働輸入国であった」（飯田(b) 597）という飯田の指摘は正しい。

　第一次世界大戦が始まったのは，こうしてドイツが明確に労働力の輸入を不可欠とする国になった状況においてであった。開戦時にはポーランド人季節労働者を中心に約50万人の外国人労働者が農業の諸部門で就労しており，工業ではその数はイタリア，オーストリア，オランダ出身者を主体にして70万人に上っていたと見積もられている。戦争初期には政府はオーストリア＝ハンガリーや中立国出身の外国人労働者については早期に故国に送り返す必要に迫られた。しかし，戦争が総力戦の様相を深めて長期化するにつれて労働力不足が顕著になり，潜在的労働力人口からの補充だけでは穴埋めできないことが明らかになった。そのために外国人労働者の確保が戦争経済の維持に必須となり，そうした観点からもロシア国籍のポーランド人労働者たちは開戦以降に帰郷禁止令により移動を禁止されて，ドイツ国内に留めおかれたのである。これに加え，ドイツに占領されたベルギーからも多数の市民が徴用された。こうして1916年には60万人の戦争捕虜と並んで35万人の外国人労働者が働いていたのである。戦争が長引くのに伴い，その規模はさらに膨れ上がり，終結の時点には戦争捕虜を含む250万人以上の外国人が戦時経済のために働かされていた。この数は敗戦の年の全就業者の7分の1に相当する。また就労を強制された戦争捕虜だけでも敗戦までに150万人に達していたとされている（Herbert(b) 89；増谷 66f.）。これを見れば，軍需か民需かを問わず，彼らがドイツの戦時経済に不可欠な労働力だったのは明白であろう。第二次世界大戦期にナチスが進めた強制労働などの政策については後述するが，外国人労働者や戦争捕虜の大規模な投入という面で，第一次世界大戦期の労働力政策はナチスのそれを先取りするものだったのである。

3. 外国人管理体制の確立－ヴァイマル期からナチス期まで

　ところで，予想に反して総力戦となった第一次世界大戦がドイツの敗北に終わると，以上で見た外国人の多くが帰国したのは当然だった。一方，軍需からの転換に伴う敗戦後の経済的混乱に加え，多数の兵士が復員したから一挙に失業率が上昇した。その結果，これらの職のない人々のために農村も含めて雇用対策を実施することが必要とされたので，農業に投入されていた外

国人労働者は締め出される形になった。この意味で、戦前に深刻だった人手不足は完全に過去の領域に押しやられたといえよう。もっとも、失業者の多くは農村に行くことを望まず、また彼らがすぐに外国人農業労働者に代替できたわけでもないので、前者によって後者が駆逐されたと考えるのは行き過ぎといわねばならない(Herbert(a) 114)。

それはともあれ、失業が深刻化するなかで、戦時期に膨れ上がっていた外国人労働者の規模は戦争終結後の労働市場の縮小に伴い、急速に縮減した。外国人労働者に関する制度的枠組みは敗戦当初は戦前と基本的に同一だったが、間もなく前面に押し出されてきたのは「国民的労働市場の保護」というコンセプトであり、その中軸に据えられたのは、労働市場における「内国人優先」の論理だった(Oltmer(a) 22)。後述のように、この論理は戦後の西ドイツにおいても踏襲され、その意味で労働市場への国家介入が強化されたヴァイマル期以降の労働市場政策の一貫した原則になったといえる。1922年までに労働許可を得た人数が年平均で30万を下回ったのは、一つにはこのような基本政策の変更の結果だった。とくにインフレ直後の1924年のドイツでは17万4千人の外国人労働者を数えたにとどまる。表2-2に見られるように、その後、相対的安定期を迎えると、外国人労働者の数も増え、20万人台前半のレベルが続いた。しかし大恐慌の直撃を受け国内に失業者が溢れると、その数は再び縮まり、1932年の時点では11万人を数えるにすぎなくなっていた。この激減については、失業対策の一環として、上述した内国人優先の原則に基づいて、外国人を雇用するに際し使用者にはその職に適したドイツ人が当該地域にいないことを証明する義務が負わされていたことを見落とせない。この制約のために外国人がドイツ国内で職場を見つけるのが困難になったのは自明といえよう。

もっとも縮小は外国人労働者のすべてについて一様に生じたのではなかっ

表2-2 ヴァイマル期ドイツの外国人労働者 (1923 − 1936年)
(単位:1,000人)

年　度	1923	1924	1925	1926	1927	1928	1929	1930	1931	1932	1933	1934	1935	1936
農　業	118	109	139	134	137	145	140	132	79	43	44	51	53	64
農業以外	106	64	34	83	89	90	91	87	75	65	103	123	135	165
総　数	225	174	173	218	227	236	232	219	155	108	148	175	188	229

出所:Herbert, Ulrich, Geschichte der Ausländerpolitik in Deutschland, Bonn 2003, S.122 より作成。

た。1923年に定められた外国人労働者の就業および調整令により，労働市場の状態に応じて効率的に管理する目的で外国人労働者は短期労働許可をもつ短期就業労働者と長期労働許可を有する長期就業労働者に区分されたが，世界恐慌の過程で前者が恐慌直前の13万人から1932年には1万人に急減したのに対し，後者は10万人弱のままで目立った変化はなかったからである(阿部 55)。これを国籍別に見れば，容易に推察されるように，ポーランド人の大部分は季節的出稼ぎが含まれる短期就業労働者に属し，主として農業に就労していた。これに対し，オランダ，オーストリア，チェコスロヴァキア出身者は多くが長期就業労働者として工業部門で就労しており，ポーランド人と違い，大量失業にもかかわらずドイツにとどまったのである。

　このような相違の意味を把握するためには，ヴァイマル期のドイツに在住していた外国人の民族構成を見ておく必要がある。1925年の国勢調査によれば，ドイツには92万人の外国人が居住していた。その国籍別の内訳は，ポーランド人26万人，チェコスロヴァキア人22万人，オーストリア人13万人，オランダ人8万人などとなっており，これら4カ国で外国人の大部分を占めていた。しかし国籍とは別に同時に行われた母語についての調査結果を見ると，実に66万人がドイツ語を母語としていたのである。すなわち，オーストリアの97%を筆頭にして，チェコスロヴァキア91%，オランダ71%など長期就業の多い外国人ではドイツ系の人々が多数を占め，他方，短期就業が大半のポーランド人ではドイツ語を母語とするのは45%にとどまり，ドイツ系はそれほど多くなかったのである(阿部 49)。これらの数字からは，ドイツ語を母語とする者が長期労働許可を受けやすく，同時にドイツに居住しやすかったことが浮かび上がってくるであろう。国勢調査での「ドイツ語を母語とする者」はナチ時代に「ドイツ民族に属する者」という表現に改められ，ボン基本法116条のドイツ民族籍につながっていくが，ヴァイマル期に既に外国人であっても「ドイツ語を母語とする者」はある種の優遇を受けていたといえよう。

　ところで，ヴァイマル・ドイツでは敗戦後の中央労働共同体の成立に象徴されるように，労働側の力が伸長して労使関係が戦前から大きく転換した。労働権をはじめとする新たな社会的権利のカタログを掲げたヴァイマル憲法に見られる社会国家の骨組みが形成されたのはその帰結である(リッター 126ff.)。これに伴い，経営協議会法や労働協約・争議調整令などを軸として

労使の協約自治の仕組みが確立されるとともに、福祉政策の面から国家が社会に介入する領域が拡大したが、こうした流れを背景にして外国人労働者に関する法制が整備され、外国人雇用に対する国家による規制が強化された事実を看過することはできない。その中核になったのは、それまでの種々の法令を統一化した1922年の職業紹介法(Arbeitsnachweisgesetz)であり、中心的機関になったのは1920年に設置された帝国労働紹介庁であった。

　第二帝政期とは違い、階級的な力の均衡と妥協のシステムが土台になったところから、先に触れたように、外国人労働者政策にも大きな変化が現れている。すなわち、その柱とされたのは(Herbert(b) 121f.)、第1に、内国人労働者が見つからないことが確認された場合にのみ外国人労働者の雇用が許されること、つまり、既述の内国人優先の原則である。ドイツ人労働者に優先的に職場を提供すると同時に、労働市場での外国人との競合を回避することを意図するこの原則は、無論、第二帝政期には見られず、敗戦を契機とする11月革命で作り出された新たな権力構造の下で初めて可能になったものである。後述するように、第二次世界大戦後に西ドイツで外国人労働者が導入された際にもこの原則は再現してくるが、そのことは社会国家に内在する保護と排除の構造を映し出しているといえよう。第2の柱は、労使協定の面での外国人労働者の同権化である。労使間で賃率協定が結ばれても、外国人に適用されなければ、低賃金で就労する外国人労働者のためにドイツ人労働者の賃金が引き下げられ、あるいは協定が守られない危険が生じる。したがって、外国人を適用対象に加えることは彼ら自身のみならず、ドイツ人労働者の利益にもなるが、この原則もやはり戦後西ドイツに引き継がれることになる。もう一つの注目すべき第3の柱は、労使対等で構成された委員会による外国人労働者受け入れの検査制度である。この制度による監視で守られるのは直接には外国人労働者であるが、間接的にはドイツ人労働者にも有利に働いたから、雇用者からは厄介視された。そのため、民主主義勢力が弱体化したヴァイマル末期にこの委員会は廃止され、その任務は労働局に移された。いずれにせよ、これらの制度は外国人労働者の利益を重んじる狙いから形成されたのではなく、主眼はあくまでドイツ人労働者の利益を守る点に置かれていたことを忘れてはならない。つまり、「国民的労働市場の保護」というコンセプトがその中心であり、それが実現されたのは、第二帝政下で「帝国の敵」の烙印を押されていた社会民主党とその基盤である労働組合がヴァイ

マル共和制の担い手に変身したためだったのである。

　第一次世界大戦以前とは違い，ヴァイマル期のドイツではこのようにして外国人労働者に関する制度が整備された。この点についてヘァベルトは，「外国人雇用の諸組織の法制化，中央集権化，効率化」にこの時期の意義があると指摘している（Herbert(a) 121）。もっとも，制度面ではこれらの点が注目されるとしても，当時のドイツで就労していた外国人労働者は，インフレと世界恐慌の激震に見舞われたために，第一次世界大戦以前に比べ規模がかなり縮小していた。その面から見れば，ポーランド人季節労働者の流入の是非が激しく議論された前世紀末とは異なり，彼らは社会的には取るに足りない集団になっていたといえよう。

　これと並び，国外からの流入が減少するのと裏腹に，第一次世界大戦終結後の経済の混乱がプッシュ要因となって，再び人口流出の波が高揚したことも見過ごしてはならない。既述のようにアメリカ移民は19世紀末には下火になり，全体として国外移住の終焉について語ることすら可能だったが，1920年代には19世紀ほどではなくても移民の波が高揚し，とりわけ混乱が頂点に達した1923年には10万人以上が国外に流出して1880年代以来の短期的なピークが訪れたのである（Bade/Oltmer(b) 27）。相対的安定期に入っても平均すると年間の流出者数が第一次世界大戦勃発までの時期の2倍のレベルにあったが，この事実は，経済の低迷の反映であるだけでなく，先行きへの不安感が広範に存在していたことを物語っている。

　他方，経済の混乱に拍車をかける人的な要因が存在していた点も見逃してはならない。ドイツの敗北によりポーランドが再建されたが，それに伴って国境線が引き直されたために人の移動が起こったのである。その規模は後述する第三帝国崩壊に伴うそれに比べればかなり小さかった。それでも従来ドイツ帝国内で暮らしていたドイツ人のうち，再建されたポーランドに編入された地域から1925年までに88万5500人が狭小化したドイツの領土に移住してきた。一方，フランスに割譲されたアルザス゠ロレーヌ地方からは15万人がドイツに移り住んだ。これに加え，喪失した旧植民地からの引揚者が1万6千人存在しており，1925年の人口統計では失った領土に1914年の開戦時に居住していた人数が総計で135万人とされている（Bade(c) 278）。国境の変更によるこれらの人々の移動には強制性が看取できるが，同時に彼らが労働市場をはじめとして混乱状態にあった社会の様々な面に影響を及ぼしたことも無視

されてはならない。さらに強制性という面では共通する二つの集団が敗戦から数年の間にドイツに来たことも見逃せない。一つはロシア革命とその後の内戦から逃避しようとしたロシア人であり、もう一つは東南欧での新国家建設に伴って高まった排外的ナショナリズムのために故郷を捨てたユダヤ系の人々である。前者は1925年に総計で約15万人、後者は1921年までで7万人とされるが、彼らにとって混乱期のドイツもまた安全な土地ではなかった。そのため多くにとってはドイツは一時的な滞在地にとどまり、主にアメリカまでの長い旅が続けられたのである (Bade/Oltmer(c) 154)。

　ところで、ナチ政権が樹立された1933年にはドイツ経済に世界恐慌の打撃からの立ち直りの兆候が現れ、工業生産が上向くと同時に、失業者数も次第に減少した。そして1936年に開始された4カ年計画の進行に伴ってドイツ経済は本格的な回復軌道に乗るとともに、失業問題は解消し、完全雇用に近い状態が達成されたのである。再軍備を行い、戦争準備に着手したドイツ経済の足枷になったのは、原料、食糧、外貨、労働力の不足であった。これによってドイツ国内では再び追加的労働力を確保する必要が感じられるようになった。ヴァイマル末期の労働力過剰は短時日のうちにナチ政権下で人手不足に転じたのである。そのためポーランド政府やイタリア政府との協議の末、労働者派遣に関する協定が1937年に結ばれ、前者から1938年に3万7千人、39年に4万6千人が導入され、後者からは1938年と39年にそれぞれ6万人と9万人を受け入れた。また1939年にはユーゴスラヴィア、ハンガリーなどとも同種の国家間協定が結ばれ、近隣諸国から労働者が集められた。さらにオーストリア併合後は失業率の高かった同国からも労働力が提供され、ズデーテン地方を併合した後にも労働力が追加されたし、チェコスロヴァキアの解体を意味したボヘミアとモラヴィアの保護領化に伴い、戦争開始までに同地方からは10万人の労働者が徴募された (Herbert(b) 124f.)。無論、その場合、人種主義的民族政策によりドイツ系の前者がドイツ人として処遇されたのに対し、後者が外国人として扱われたのは指摘するまでもない。これらの施策の結果、1939年半ばの時点でドイツ国内では約38万人の外国人がアーリア系よりも価値序列の低い「異邦人労働者」として就労していたが、もちろんこの規模では拡大する労働力需要を満たせず、人手不足は切実な問題になっていた。人手不足は最初は農業部門で表面化したが、すぐに工業やサービス部門でも感じられるようになり、労働力の補充は生産活動全体を制約

し，戦争準備を遅滞させかねない重大問題として解決が迫られたのである。

　こうしたナチ時代の外国人労働者政策にもいくつかの特色が見られた。ナチ党が政権を掌握した翌1934年には国民労働秩序法が施行されたが，これによってヴァイマル時代を特徴づけた労使による協約自治の原則が労働運動とともに破壊され，それまでの労働の権利はナチ的民族共同体に奉仕する労働の義務に一変した。またこれに合わせて，労働者と職員の身分格差や階級的分断が否定され，指導者原理に基づいて編成された民族共同体に労働者が組み入れられた（井上 95ff.）。こうした労働政策の転換を土台にして浮かび上がってきたのが，ナチ特有の人種主義イデオロギーに基づく民族差別政策であり，これが第1の特色になる。それにより民族共同体の外部の外国人労働者は出身国別に労働許可の条件などが細かく区分され，民族の「価値」に照応する異なる扱いを受けた（Herbert (b) 157f.）。大別すれば，ゲルマン系の西欧労働者が最上位であり，下位にポーランドやソ連の出身者，最低に位置づけられたのがユダヤ人だった。この序列に応じ，もっとも優遇されたのが，ダンツィヒ，アルザス＝ロレーヌなど以前のドイツ領土の出身者だったのは当然だが，同時に価値序列だけではなく，出身国との政治的関係が考慮されたことも見落としてはならない。

　第2に指摘すべき特色は，外国人の大量導入が国家間の協定によって行われた点である。この方式が戦後西ドイツで復活し，より精巧になるのは後で触れるが，出発点がナチ時代にあり，その意味で連続性があることや，協定による規制がヴァイマル期の労働市場への国家介入の延長上にあることは留意すべきであろう。「国民的労働市場の保護」の名目による介入主義の拡大は，各種の社会権の保障と表裏一体であり，社会国家の重要な里程標といえるが，ナチ体制を社会国家の変種とみるか否かはともかく，内国人優先の外国人労働者政策と国家間協定に基づく導入政策は社会国家の文脈でつながっているのである。

　第3の注目点は，従来，プロイセンなどの邦レベルで異なっていた対応が，国のレベルで一元化されたことである。この方向はヴァイマル期にも看取されたが，一元性が強化されたのは権力を中央に集中する「総統国家」づくりの一環だったのは指摘するまでもない。その結果，出身国に応じた複雑な差別が全国で一律に実施されるシステムが形成されたが，同時に，治安対策の面から取り締まり体制が整備されたのも見過ごせない。人種的民族共同体

に所属しない外国人は監視の対象として位置づけられ，彼らの動きを捕捉し迅速に対処するために1938年にベルリン警察本部に外国人中央目録が設置されたほか，警察が容易に外国人を追放処分にできる外国人警察令が公布されたのである。またナチ体制に特有の逆説として，外国人労働者の導入に「ドイツ民族の血の純潔性に対する危険」や「異邦化」など人種主義に由来する懸念が表明され，あるいは外国人労働力への依存は確立さるべき経済的自給自足体制に逆行するなどの疑問が出されたが，そうした声が導入の阻害要因の一つになったことも付け加えてよいであろう(Herbert(a) 121)。人手不足が重大化し，打開策として外国人労働者の導入政策を推進したにもかかわらず，受け入れた実績が戦争直前でも40万人程度にとどまったのは，経済よりも政治の論理が優越するナチ体制下でナチ特有の人種主義イデオロギーが障害になったことを示していると考えられるのである。

　ところで，アーリア神話を柱とする人種主義イデオロギーとそれに基づくナチ独裁は他の面でも人の移動に深く関係していた。というのは，ヒトラーが政権に就いた1933年から1939年の開戦までに約50万人と推定される大量のドイツ人が故国を立ち去ったからである。その大きな部分を占めたのは，反ユダヤ主義の標的とされたユダヤ系ドイツ人であり，総数で28万人に上った(Oltmer(b) 42)。それ以外に亡命の途についたのは，政治的反対派に属す者，ナチ政権によって敵と見做され迫害を受ける者，様々な立場の芸術家，科学者，文化人などである。最後のグループについては，アインシュタイン，トーマス・マン，マレーネ・ディートリヒ，テオドア・アドルノなどの著名人によって代表されるのは周知の事柄であり，この面では頭脳流出について語ることが可能であろう。資産家や有名人，あるいは頼れる知人がある者を除けば，大多数にとり異郷での新生活に苦労が多かったことは容易に想像できよう(山口 359f.)。けれども，ドイツにとどまった人々の過酷な運命と比較すれば，亡命を認められた人々はやはり幸運だった。ナチ政権は不足する労働力の確保に躍起になる反面で，このようにして多数のドイツ市民に半強制的に辛苦の人生を歩ませ，人口を国外に流出させる結果になったのであった。

　それはともあれ，第一次世界大戦の場合と同じく，第二次世界大戦が1939年9月に勃発すると，膨張する軍需を充足するために労働力に対する需要は格段に高まった。開戦から最初の8カ月の間に400万人のマン・パワーが経済

活動から引き離されたが,その後もこのプロセスは進行し,1940年5月から1944年9月までにさらに700万人が経済活動から離脱した。このように膨大な労働力の収縮は,他の諸要因と相俟って外国人労働力の投入を不可避にした。その要因とは,女性を経済活動に従事させることに対するイデオロギー的制約,国民に一層の犠牲を強いることに対する指導層のためらい,政府による適切な労働力動員の不十分さなどである。これらの事情から戦争が長引くにつれて外国人労働力への依存が深まったが,初期には軍事的成功がドイツの必要とする労働力をもたらした。占領地から多数の市民が労働に徴用されたからである。これに加え,イタリアやベルギーなどでは労働者の募集が行われ,少なくとも表面上は自主的に応募した外国の民間人がドイツで就労した。こうして1940年5月末までに100万人以上の外国人市民と捕虜が既にドイツ国内で働くに至っていたが,それはまだドイツの労働力全体の3%に相当するにすぎなかった。しかし1年後にはその数は300万人に増大し,比率も9%に達していたのである(表2-3参照)。

1941年6月の独ソ戦の開始によって戦争が一挙に拡大し,一押しで勝利を収めるというヒトラーの目論見に反してソ連軍の頑強な抵抗のために戦争が長期化すると,ますます多くの労働力が兵士として引き抜かれる事態になった。それに対応して,捕虜による強制労働ばかりでなく,民間人の投入も拡大せざるをえなかった。しかも占領地域の民間人を労働に投入する場合,強制力の行使が前面に出るようになったが,それは人種差別と生存圏のイデオロギーによって正当化され,征服と略奪を目的とした侵略戦争の性格にも照応していた。

こうして総力戦の遂行のために外国人の労働動員が巨大化した。1939年5月には3,900万人以上のドイツ人が経済活動に携わっていたが,しかしその

表2-3 戦時期ドイツの外国人労働者(1939 - 1944年)

(単位:1,000人)

	1939	1940	1941	1942	1943	1944
ド イ ツ 人	39,114	34,891	33,212	31,537	30,067	28,604
外国民間人	301	803	1,753	2,645	4,837	5,295
戦 争 捕 虜	—	348	1,316	1,489	1,623	1,831
外 国 人 総 数	301	1,151	3,069	4,134	6,460	7,126
比 率 (%)	0.8	3.3	9.2	13.1	21.5	24.9

出所:Herbert, Ulrich, Geschichte der Ausländerpolitik in Deutschland, Bonn 2003, S.145 より作成。

数は1942年5月に3,130万人に，さらに1944年9月には2,850万人にまで落ち込んだ。そうした状況下で女性の動員を強める試みがなされたものの，成果が上がらなかった。実際，戦争が始まる直前の1939年5月に就業していた女性の数は総計で1,460万人だったが，1944年5月でも1,480万人でほとんど変わらなかったのである（Herbert (b) 144; 矢野 (a) 50)。それに代わって外国人労働者の規模が膨張の一途を辿ったのはいわば必然だった。すなわち，表2-3が示すように，1942年5月には400万人以上，翌年同月になると600万人以上，そして1944年8月には572万人に達する外国籍の民間人と193万人近くの戦争捕虜がドイツのために労働していたのであり，総計で765万人に及ぶその規模は，全労働力の26.5％にも上ったのである（Herbert (b) 146f.)。首都ベルリンで1943年夏に外国人強制労働者の数が40万人に達し，全労働人口の5分の1を占めたのは（ムーアハウス 168），その恰好の例証といってよい。

彼らの構成を国籍別でみたのが表2-4である。それによると，最大グループはソ連であり，276万人で3分の1を上回った。これに次ぐのはポーランドの169万人，フランスの125万人などであり，これらにはイタリア，オランダ，ベルギー，チェコスロヴァキア，ユーゴスラヴィアなどが続いた。また出身国は20を上回った（田村 36ff.)。一方，部門別では農業で外国人への依存度が高く，1944年には46％にも達しており，鉱山でも34％が外国人労働者で占められていた。なお，最大グループだったソ連人については，次の点に留意する必要がある。それは，ナチの人種主義的秩序で劣等と位置づけられていたために，当初はソ連軍捕虜は強制労働に従事させられなかったことである（矢野 (c) 35f.)。独ソ戦の始まった1941年だけでも330万人のソ連軍兵士が捕虜になったが，そのうちの半数が収容所への途上もしくは収容所内で同年のうちに殺害されるか飢餓のために死亡した。その理由は，労働力としての活用が眼中になく，むしろ「下等人間」として絶滅戦争の客体とされてい

表2-4 外国人労働者の国籍 (1944年)

	ベルギー	フランス	イタリア	オランダ	ソ連	ポーランド	総督府	総数
総　　数	253,648	1,254,749	585,337	－	2,758,312	1,688,080	－	7,615,970
民　間　人	203,262	654,782	158,099	270,304	2,126,753	1,659,764	280,273	5,721,883
戦争捕虜	50,386	599,967	427,238	－	631,559	28,316	－	1,930,087

出所：Herbert, Ulrich, Geschichte der Ausländerpolitik in Deutschland, Bonn 2003, S.148f. より作成。

たことによる。また1945年の戦争終結までに総計で570万人が捕虜としてドイツ側の手に落ちたものの，330万人ないし350万人は生きて勝利の日を迎えることができなかった。それは政策の変更によって強制労働につけられた場合でさえ，酷使や飢餓のような虐待のために生き延びることが難しかったことを示しているのである(Bade/Oltmer(b) 46f.; Niedersächsische Landeszentrale für politische Bildung 24)。

このように戦争捕虜の場合にも人種的価値による扱いの差が大きかったが，死亡した者や逃亡に成功した者，あるいは疾病などで就労不能になった者が多かったことを勘案し，戦時経済を支えた外国人労働者を特定の時点ではなく総体としてみるなら，戦時期にドイツ国内で働いた外国人は最低でも1,000万人，推定ではおよそ1,200万人から1,400万人に達すると見られる。また民間人であれ捕虜であれ，そのうちで強制労働者が占める比率は80%から90%に上ると考えられている(Bade/Oltmer(b) 44)。これらの数字に照らせば，外国人労働者が戦争遂行に不可欠な存在であり，「ドイツに対し恐怖を覚え，反感を抱いていたとしても，ドイツの戦時経済の，まさに礎石になった」(ムーアハウス 167)ことや，彼らを大規模に動員するのに強制力が広範に行使されたことは明白といえよう。無論，これらの人々の中には強制収容所に囚人として押し込められたユダヤ系市民も含まれているし，さらに1943年のイタリア降伏後にドイツ側に立って戦うのを拒んだためにドイツに送られた60万人に上るイタリア軍兵士も含まれていた。第二次世界大戦では空軍の役割が大きかったが，それを支えた当時の先端産業である航空機産業でさえ，外国人の強制労働なしには成り立たなかった(増田 27ff.)。同様に，戦争末期に報復兵器として開発された最新鋭のロケット爆弾も，岩山をくりぬいた秘密の工場で戦争捕虜によって生産されたのが実情だった。

ともあれ，このようにして1939年から1945年にかけて征服地域を含むヒトラーの「大ドイツ帝国」で労働に強制的に動員されたドイツ人以外の人々が大量に存在した。また一部には強制によらないで就労した外国人も存在していた。これらの人々の巨大さに照らせば，ナチスの戦争経済が様々な種類の外国人という大きな柱によって支えられていたのは明白であろう。別言すれば，大量の外国人労働力が存在しなければ，戦争経済はもっと早期に破綻をきたし，継戦能力の低下のために戦争は1945年5月以前に終結していた可能性があると考えられる。けれども現実には軍需生産は外国人の大量投入に

よって敗戦の前年にピークに達したのである。

　以上のように見てくれば、労働力の輸出であれ輸入であれ、大がかりな人の移住がドイツの近現代史を貫く太い糸であり、戦時期か平時かを問わず国境を越える労働力の移動を抜きにしてはドイツの経済発展を語るのが困難であることは容易に察知できよう。もう少し正確に言うなら、工業化に出遅れたドイツは19世紀後半まで労働力の送り出し国であり、人口転換による圧力も流出によって緩和されたが、工業化の急速な進展に伴って世紀転換期までに労働力不足に直面するようになり、国外からの労働力の受け入れ国に変貌していたのである。しかし同時に、戦時の捕虜や強制労働者に対しては無論のこと、平時でも外国人労働者に対しては厳重な管理体制を築きコントロールを加えることによって受け入れた労働力の移民としての定住を阻止する施策がとられてきたことも看過されてはならない。この点では労働輸入国に転じた第二帝政後半期からナチスの戦争期に至るまで基調は一貫しており、むしろヴァイマル期の社会国家で管理体制が整備されたことが注目されよう。たしかに30年戦争の荒廃から立ち直る過程でプロイセンなどの領邦に少なからぬ外国人が受け入れられた歴史がドイツにはある。けれども18世紀から19世紀にかけて大量のドイツ人を移民として国外に送り出したのに続き、19世紀末期から労働輸入国に変貌して以来、敗戦によるナチ体制の瓦解に至るまでドイツは労働力を外部から時には強制力を行使して導入しながらも、国内での彼らの定着は決して認めなかった。その意味では人の移動によって近現代史が彩られてはいても、ドイツは移民受け入れ国ではなかったのである。

第3章　ロシア帝国・ソ連の独系人
― アオスジードラーの系譜 ―

はじめに

　本書の第1章で移民問題の歴史的輪郭を見渡した際，ドイツにはアオスジードラーと呼ばれる集団が流入し，移民の一部として存在していることを指摘した。しかし，ドイツ現代史に関わる多くのテーマとは違い，これから俎上に載せるアオスジードラーに関しては，あらかじめ若干の説明を加えておくことが必要とされよう。アオスジードラーとはどのような人々のことを指すのか，彼らの存在がなぜ問題になるのかに関しては，わが国ではもちろん，当のドイツですらよく知られているとはいえないのが実情だからである。

　この集団には既に簡単に言及したが，ここでもう一度アオスジードラーのおおまかな輪郭を示しておこう。すなわち，一般的には，第二次世界大戦前までのドイツ東部領土に居住していたか，またはドイツから旧ソ連・東欧地域に移住した人々を祖先にもち，その意味でドイツ人の血を引く彼らの子孫であって，これまで住んでいた国の国民であるのにドイツ系であることを理由にして差別を受けているために故郷を立ち去り，父祖の出身地であるドイツに戻ってくる人々がアオスジードラーと総称されている。このように特殊な存在であるため，一語で的確に表現できる日本語を見つけるのは極めて難しい。それゆえ以下ではアオスジードラーという語をそのまま用いることにしたい。またアオスジードラーの貯水池ともいえる，ソ連・東欧圏に居住しているドイツ系の住民については，独系人という表現を充てたいと思う。

　それではこのようなアオスジードラーを主題にする意味はどこにあるのだ

ろうか。本書の視点とも関連するので，彼らの存在を通して何が浮かび上がってくるのかをしばらく考えてみよう。

　旧ソ連・東欧圏に居住しているドイツ系住民の正確な数は種々の事情で不明だが，敗戦から半世紀たつ1995年の時点でも総数で数百万人に上ると推定されている。それゆえ彼らの存在は，もしドイツにすべてを受け入れるとなれば重大な問題になるのは必至といえる。しかし，そうした論点を度外視した場合にも，旧ソ連・東欧圏にドイツ系住民が大量に存在するという事実は，それだけで西欧先進国の一つというわが国で根強いドイツ像で捨象された一面を見据えることの重要性を教えている。なぜなら，ヨーロッパの中央部に位置し，それゆえに東ヨーロッパ地域と濃密な関係を結んできたドイツという国の歴史とその民族の特性を彼らは雄弁に物語る証人といえるからである。このことは，ビスマルクの統一事業によってドイツの名を冠する国民国家が史上初めて登場した時，その外部に多数のドイツ語を母語とする人々が取り残されたために，その国家が果たしてドイツ民族の国家の名に値するか否かが問われたことや，第一次世界大戦の敗北とポーランド独立の結果，一層多くのドイツ語を話す人々が狭小化したドイツの外部に居住することになり，それがドイツ国内で「東方への衝動」を強めるとともに，民族至上主義の思潮やこれをバネとする急進的なナショナリズム団体が社会に根を張る一因になった経緯を想起すれば納得できよう。別言すると，ドイツ語を母語とする人々の3分の1がドイツという国民国家の外側に居住するという事実は，国家的境界と民族的境界との不一致をみせつけ，ドイツの歴史が東欧世界と深く結ばれていることを意識化させてきたのであり，ドイツ帝国が西欧的意味での国民国家ではないことを如実に示す境界のこの不一致は，ビスマルク帝国の建設以来，ドイツ人のナショナルな感情に重くのしかかっていたのである。

　こうした歴史に鑑みると，アオスジードラーに対する関心の薄さは奇異に感じられるかもしれない。しかし一見すると奇異に映る現象の中にドイツ史の基本線に関わる重要な変化が透視できるように思われる。それは，第二次世界大戦末期から占領期にかけ戦火を逃れて東部から避難した難民のほか，チェコスロヴァキアから追放されたズデーテン・ドイツ人をはじめとする被追放民が大量にドイツに押し寄せた結果，東西ドイツの外部に居住するドイツ系住民の数が激減し，これに伴って在外ドイツ人問題の重みが格段に軽く

なったことである。旧ドイツ領からの引揚者を含めドイツに帰還した者の総数が1,250万人にも達したことが、急減した在外ドイツ人に対する関心を希薄にする作用を及ぼしたのは当然だったといえよう。その意味で、アオスジードラーに対する関心の低さは、ドイツ人の民族的関心が敗戦によって縮小した東西ドイツの版図の中に概ね収まり、ドイツ帝国創建以降つきまとった境界の不合致が基本的に解消されるに至ったことの反映と見做しうる。第二次世界大戦終結に伴いヨーロッパ各地で強行された国境線の変更と強制移住によって「かつてない民族的均質性をもつ国民国家のヨーロッパ」(ジャット 38) が現れたが、ドイツはその代表例になったのである。このことは同時に、二度の世界大戦を中心にしてヨーロッパ近現代史を揺るがしてきた「ドイツ問題」の性格が決定的に変わったことを示している(グルーナー 11ff.)。もちろん、戦争終結から数年のうちにドイツが東西に分断された結果、「ドイツ問題」は片付いたのではなく、新たな構図で引き続き重大な問題となったことは多言を要しない。その意味では、「ドイツ問題」に終止符が打たれたのは、ドイツ統一によって分断が解消され、同時にH.A.ヴィンクラーのいう「西方への長い道」が終点に達した20世紀末と捉えることができよう(ヴィンクラー 601)。

　このような認識に基づき、これからアオスジードラーに接近するが、この章ではひとまず数百年前のロシアなどへの移住から第二次世界大戦に至るまでの時期に限定して考えたい。そして戦後については外国人労働者や庇護申請者などと並べて、第8章で取り上げることにしよう。また旧ソ連・東欧地域といっても広大なので、ロシア帝国ないしソ連に居住していたドイツ系住民すなわち独系人を主に取り上げ、これを補うかたちで、第8章で戦後史を扱う際にポーランドの独系人についても論及することにしたい。要するに、本章ではアオスジードラーそのものではなくて、その系譜を旧ソ連地域に視界を限定して鳥瞰するのである。

1. ロシア帝国への移住－18・19世紀

　旧ソ連の諸地域に住み、今日までその後継諸国で暮らしているドイツ系住民は、長らくドイツではロシア・ドイツ人と総称されている。この呼称はソ連解体後に登場したロシア以外の国々に住む人々については必ずしも正確とはいえない面がある。しかし、後継諸国のドイツ系住民自身がソ連解体後も

自らロシア・ドイツ人と名乗っているのが実情であり、その限りでロシア・ドイツ人という呼称は不適切とまでは言えない(Dietz/Hilkes(b) 7)。これらの人々については以下でどの後継国に居住しているかを問わず一括して独系人と呼ぶことにするが、近年のアオスジードラー問題で中心に位置しているのはこうしたロシア・ドイツ人すなわち旧ソ連の独系人にほかならない。なぜなら、従来はポーランドからの独系人がアオスジードラーの主流だったが、1987年以降ソ連からの移住者が増大し、ロシア・ドイツ人がアオスジードラーの大半を占め続けているのが実態だからである。

彼らは1世紀以上の期間にわたって行われた移住によってドイツからロシア帝国に移り住んだドイツ人の子孫である。その意味で、血統からすれば彼らがドイツ人の血を引いているのは間違いない。しかも旧ソ連に留まっている独系人の数はかなり多く、だからこそ彼らの「帰還」は社会問題化しているが、そのことはかつての移住の規模が決して小さくなかったことを物語っている。そこでアオスジードラー問題を検討する前提として、ロシア帝国へのドイツ人の移住の歴史を最初に概観しておこう。

ドイツ人がロシアに移住した歴史を振り返るなら、時期の面では前史と本史の二つに大別することができる。前史に当たるのは16世紀後半のイワン4世の治下に始まり、ピョートル大帝の治世(1682-1725年)を中心に行われたものである。その当時の移住は規模がかなり小さかった上に、ロシアに来ても限られた期間だけ滞在した者が多く、定住したのは少数だった。彼らは遅れたロシアの近代化のために招かれた人々であり、その中から政府や軍の要職を占める者が輩出したものの、基本的には一種のお雇い外国人であった。そのことは、この集団が家具職人、時計職人、印刷職人、金具職人などの手工業者をはじめ、官吏、将校、医師、建築技師などから成っていたことに示されている。そうした社会的属性の面でも、彼らはその後の移民とは性格を異にしていた(Dralle 134; ゲルマン/プレーヴェ 21f.)。さらに後の移住が主に農村部に住み着く形で行われたのとは違い、彼らのうちでロシアに住みついた者も主としてペテルブルク、モスクワなどの都市の住民になったのであり、当時のロシアでは極めて少ない都市市民層の一部を形成した(Brandes 86f.)。無論、その中からロシア社会に同化する者が現れたのは当然であろう。しかし多くは信仰や教育を自らの手で行う特権を認められていたことから、ドイツ人地区を形成して都市に居住した。現にピョートル大帝自身がモ

スクワのドイツ人地区で西洋風の生活様式に接し、軍事技術を教える外国人を知ったのである。

　こうした前史を受けて本格的に展開されることになったドイツ人のロシア移住は、エカテリーナ二世(1762-1796年)の治世に始まる。この時期を起点とするドイツ人のロシア移住は、二つの点で前史とは違っていた。第1に、前史に比べて遥かに規模が大きく、かつ長期にわたったことであり、その意味で本史と呼ぶに相応しい。また第2に、既述のとおり主として農村部に定住し、農業に従事した点でもそれまでの移住とは明らかに異なっている。

　ドイツの出身であるエカテリーナ二世の時代にロシアは度重なる戦役でトルコに対し勝利を収め、南へは黒海とバルカン方面に、西へはポーランドに領土を拡大した。しかし、新たに獲得した領土を含め、農奴制の桎梏のために自由な農民層が欠如していた貧しいロシアを豊かにするために、女帝は即位直後の1762年12月4日に布告を発し、外国人をロシアに招請し、人格的に束縛されない農民層として定住させる方針を打ち出したのである。また翌1763年7月22日の布告では、招請を促進する目的で外国人に対して種々の特権の付与が約束された。未耕地の大規模な提供、30年間の税の免除、土地の売却の許可、営業の自由、軍事的義務の免除、自由な宗教活動、文化面での自由と地域自治、自己の意思によっていつでもロシアを去る自由、移住に当たっての旅費の補助、定住までの資金援助などがそれである(Eisfeld(a) 16f.; 鈴木健夫(a) 142f.)。この宣言はロシアの外交使節団によって広められ、移住者を募るために特命の委員が任命されるとともに、民間人にも募集が認められ、報奨金が提供された。

　エカテリーナ二世のこの宣言にはヨーロッパ各地でかなりの反響があり、ドイツからも本格的な移住が始まった。1764年から68年までに約2万7千人のドイツ人がリュベックからバルト海を越えてロシアに入ったのが第1期をなす。彼らは割り当てられたヴォルガ川下流域のステップ地帯に住みつき、104の入植地を造ったほか、一部はペテルブルク周辺に居住地を形成した(図3-1参照)。彼らの多くはバイエルン北部、バーデン北部、ヘッセンなどの出身であり、ロシアへの移住の背景には故郷での凶作と土地不足のほかに、7年戦争がもたらした農民への重い賦課があった。一方、ザクセン、ファルツをはじめ、マインツ、トリアーのような大司教領では移住は禁止されており、移住を宣伝する者、それに応じる者、移住を手助けする者は死刑を含む

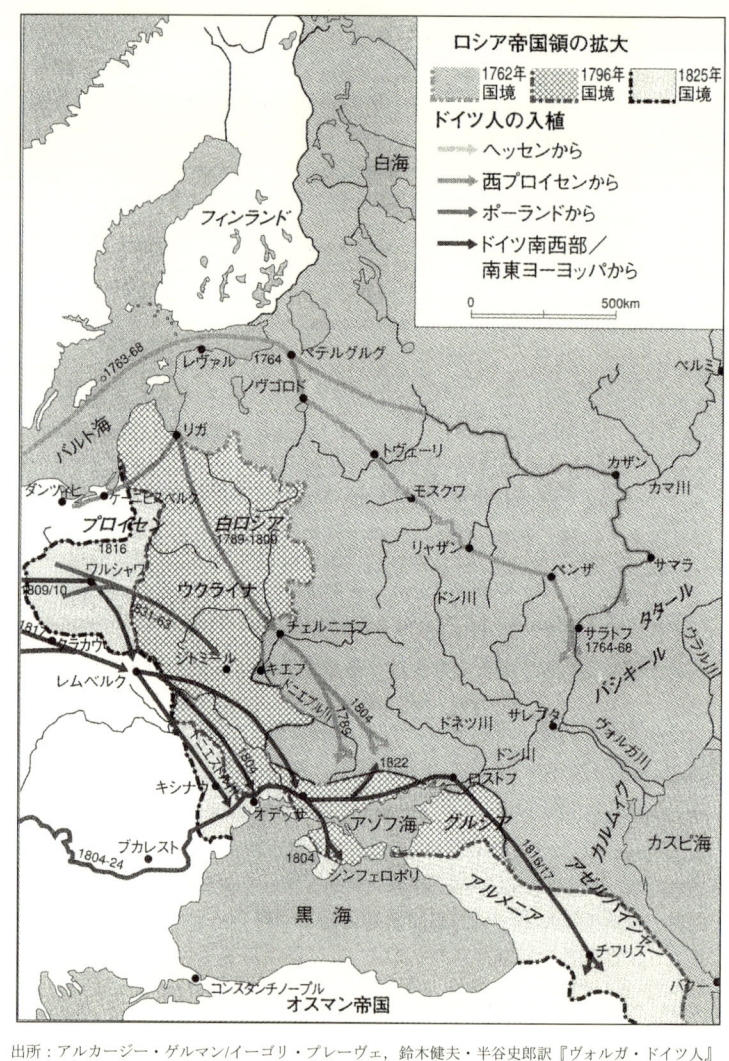

図3-1 ロシアへの入植経路（18世紀末－19世紀前半）

出所：アルカージー・ゲルマン/イーゴリ・プレーヴェ，鈴木健夫・半谷史郎訳『ヴォルガ・ドイツ人』彩流社，2008年，14頁。

厳罰に処された。そうした禁止はスペイン，フランスなどでも見られたものであり，国内になお人口の希薄な未開地があるところから，住民の流出を国

富の損失と見做す観念がそれを支えていた（Brandes 90）。

　ところで，移住したドイツ人たちに対しては一家族30ヘクタールの土地が与えられ，その相続も認められた。またその大部分には皇帝の宣言どおりに自由な農民の法的地位が与えられた。そうだとしても，入植当初の労働は困難を極め，場所によって相違があるものの，生活が軌道に乗るまでには10年単位の長期にわたる労苦を要した。彼らに提供されたのは望まれた肥沃な土地ではなく，しばしば塩分や砂を含んだ痩せ地であったし，洪水，冷害，長く融けない雪，ネズミによる被害など故郷ではほとんど経験したことのない困難に直面したばかりか，家畜泥棒や強盗団の跳梁にも悩まされ続けたからである。

　入植初期のそうした苦難に満ちた暮らしの中で注目されるのは，郷里から遠く離れたにもかかわらず，彼らがドイツ人であり続けようとしたことである。もちろん，当時はいまだドイツという集合体は存在しなかったので，出身地への同一性を保持しようとしたというのが正確であろう。同時代人の中には新天地アメリカに渡った人々もあり，その規模は19世紀になると飛躍的に拡大したことは第2章で述べたが，彼らが現地の社会に次第に同化し，子供たちにも英語を使わせてドイツ人としての性格を薄めていったのに反し，ロシアに移り住んだ農民たちはその地の社会に融け込もうとはせず，言葉もドイツ語を守り続け，社交，子供の教育，儀礼や宗教上の礼拝などもすべてドイツ語で行った。また労働の仕方，家族関係の基本はもとより，住居，家具・調度などを含む生活様式や祝祭などの慣習も故郷のそれにしたがった。彼らが故郷を去り，移住の長く苦難に満ちた旅に乗り出したのは，冒険心や野心のためではなかった。凶作による苦しみや領主の不当な税の重課などを逃れ，あるいは信仰に対する干渉から自由になり，移住した地で農民として束縛されずに働くことが移住を決意するに至った主要な動機だったのである（Schmidt 6）。

　女帝の宣言を起点とする本格的な移住の時期区分について見解は定まってはいないが，以上の第1期に続く第2期は，H.ヴィーンスによれば，1787年から1823年に及ぶ長い期間である（Wiens 2）。この時期の主な入植地になったのはウクライナ南部，クリミア，ベッサラビア，コーカサス北部であり，陸路以外にドナウ川から黒海を経る海路も使われた。この時期のドイツ人移住者の出身地はやはりドイツ南部が多く，移住の動機にはナポレオン戦争に

伴う重税に加え，度重なる凶作があった。実際，19世紀初期に南ドイツが頻繁に凶作に見舞われ，それが移民の波を高めたことは，プロイセンにおける食糧危機を扱った他の研究でも触れられている(バス)。同時に，移住した農民が階層的には文字通り生存の危機にさらされた極貧層ではなく，むしろ移住の用意を整える資力のある自営農民層が中心だった点も注意が払われるべきであろう。

　第3期とされるのは，1830年から1870年までである。この時期には主としてウクライナ北西部のヴォルィニやヴォルガ川流域が移住地になった。しかし，この時期の移住の規模は小さく，移住の大半が第2期に行われたことを考えれば，第3期についての説明はほとんど必要ではないであろう。それゆえ100年以上に及んだ移住の結果，どれほどの規模の独系人がロシアで定住するようになっていたかを1897年に初めて実施された国勢調査に基づいて眺めると，ドイツ語を母語とする住民は179万489人であり，ロシア帝国の人口1億2,564万0,021人の1.43%だったことが知られる(Hecker 44)。ロシア語を母語とするのが5,567万人，ウクライナ語は2,238万人であり，ドイツ語集団は8位の位置にあった。もちろん地域によって独系人の比率が遥かに大きかったことは，一定の地域に入植が行われたことから容易に推察できる。事実，表3-1に示されるように，独系人の地理的分布には著しい偏りがあり，たとえばヴォルガ川下流域と南ウラルでは22.48%にも達していたのに，中央アジアでは0.21%にすぎなかった。ともあれ，エカテリーナ

表3-1　ロシア・ドイツ人の地域分布(1897年)

(単位：%)

地　　域	全体	ロシア・ドイツ人
ポーランド	7.48	22.75
バルト	1.90	9.25
白ロシア・リトアニア	8.01	2.74
ウクライナ	13.64	11.68
新ロシア	8.59	21.10
北コーカサス	3.47	2.24
トランスコーカサス	3.93	0.93
中央アジア	4.20	0.21
ステップ	1.96	0.29
シベリア	4.58	0.30
ヴォルガ河下流・南ウラル	7.93	22.48
ヴォルガ河中流・北ウラル	8.91	0.20
北ロシア	5.30	4.03
中央ロシア	9.88	1.41
中央黒土地帯	10.22	0.39
合　計	100.00	100.00

出所：Hecker, Hans, Die Deutschen im Russischen Reich, in der Sowjetunion und ihren Nachfolgestaaten, Köln 1994, S.48f より作成。

二世が外国人を招請する宣言を発してから1世紀あまりの間に断続的にドイツ人の移住が行われたが，19世紀末に180万人を数えるまでになったことが示すように，その規模はかなり大きいものだったのである。

2. ロシア帝国の独系人

それではこうしてロシアに定住したドイツからの移住者たちは，どのように暮らしていたのだろうか。次にその生活の一端を覗いてみよう。

1897年の国勢調査によれば，ドイツからの移民たちは福音派67%，カトリック14%，メンノー派4%などだったが，彼らはそれぞれの宗派ごとに分かれて自分たちの入植地を形成した(Hecker 62)。そして故郷の村や町の名前がその居住地に付けられた。招請に当たって彼らには種々の自律性が認められていたことは先に述べたが，それらを基に彼らは入植地で周囲の社会とは異なる独自の生活世界を作り上げ，長くそれを維持した。彼らが建てた学校ではすべての教科がドイツ語で授業が行われたし，教会は彼ら自身の信条に従って築かれ，礼拝はドイツ語で行われた。どの独系人の村にもそれ自身の学校と教会が建てられ，それらには生活上の重要な価値が置かれた。

それぞれの入植地では運営の中心になる村長は独系人によって選ばれたが，村長は自治体行政機関の下位に立って行政事務を所掌すると同時に，下級裁判権も行使した。こうしてドイツ語は行政と司法において用いられる公用語の一つになった。日々の暮らしの中で人々は，故郷から持ち込まれ，父祖から伝えられた地方訛りのドイツ語を話した。混合した形で入植地が形成されたところでは，各地の訛りは相互に影響しあって変化した。こうしたことは故郷以来の習俗や習慣についても当てはまるが，それらもまた家族や居住地の行事を通じて強固に守られ，その多くは後述する迫害や追放の苦難にもかかわらず，今日まで継承されてきている。ドイツ語を満足に話せない独系人が増えてきてはいるものの，その反面で，ドイツへの帰還者たちが音楽，歌，踊り，衣装，家庭的習慣などを古くからのままの形で受け継いでおり，社会変動が著しいドイツ国内のどこよりもいわば純粋な形でドイツ古来の地方的文化を維持しているといわれるのは，そうした事情に基づいている。H.マティゼクがアオスジードラーを論じた著書に『新参の古風なドイツ人』というタイトルをつけたのも，ここに理由がある(Matissek)。

ところで，ドイツからの入植者たちには一家族平均6ないし7人の子供があ

り，比較的多産だったが，そのことは世代をそれほど経ないうちに土地の不足という問題を引き起こした。というのは，入植者たちは基本的に農民であり，都市に出るよりは農村にとどまることを選択したからである。例えば黒海地方ではロシア人あるいはウクライナ人地主から土地の賃借もしくは買い取りなどが行われたが，それでも1834年の調査では入植当時に一家族につき平均数十ヘクタールあった土地が一人当たり5.6ヘクタールに減少していた(Eisfeld (b) 23)。そのため，入植の際に独系人に与えられた特権，すなわち耕作などに現実に利用する限りの土地をわがものにしうるという権利が行使されることになり，新たな入植地の建設に適した土地を見つけるために偵察団が送り出された。こうして1830年代を中心にして広大なロシア帝国を西から東に向かう独系人の移動の波が生じ，その流れはようやく1920年代末にアムール川流域に村落が築かれたことで終息を見たのである。

このようにして304の入植地を母型にしてロシアのヨーロッパ地域に限らず，アジア地域にも展開する形で総計3,232の新しい入植地が建設された。そして1914年には約170万人の独系人がロシアに定住し，1,340万ヘクタールの土地が彼らによって耕されるまでになっていたのである(Kotzian 105)。

無論，独系人たちにとって入植当初には生活を成り立たせるのは極めて困難であり，多くの難問を克服しなければならなかった。厳しい気象条件，土壌などの全く異なる土地，見知らぬ外界などがそれである。これらの条件が多大の労苦と犠牲を強いたのは想像に難くなく，勤勉，忍耐，倹約をひたすら実践することによってのみ初期の困難は乗り切ることが可能だった。そうした苦しい時期の後には経済的に恵まれた時代が到来したが，困苦と闘った時期に一層強固になった信仰心は独系人たちの生活に強い刻印を押すことになったのである。

ところで，独系人の多くが携わったのは，既述のように農業であった。すなわち，ライ麦，小麦などに加え，地味によってはカラス麦，大麦など各種の穀物生産がその中心であり，それと並んでトウモロコシ，ヒマワリの栽培や牛，馬，羊の飼育も行われた。そのほか果樹栽培や野菜作りにも力が注がれ，クリミアやコーカサスではワイン造りも営まれた。そして自家消費に必要とされない余剰部分は都市に持ち込まれて販売されたが，独系人農家の農産物は好評を博したといわれる(Richter-Eberl 103f.)。

一方，独系人の間では工業や手工業の発展は極めて緩慢であり，存在して

も主として農業での需要に向けられたものだった。代表的なものとしては水車や風車，レンガ，搾油機，荷車の製造などが挙げられる。そうした手工業経営からはやがて農機具・農業機械の製造に携わる者が出現したのも見逃せない。著名になった独系人企業家のJ.ヘーンは第一次世界大戦前に南ロシアで犂の最大の生産者になっていたのである。

独系人による穀物生産と取引は特に黒海地方では港の建設と交通路の整備によって活発化した。モスクワ，オデッサ間，セバストポル，サラトフ間の鉄道開設は穀物の大量輸送を可能にし，独系人農業をロシア経済の構成部分の地位に押し上げることになったのである。労働力の確保も1861年の農奴解放以降困難はなくなり，その結果，独系人居住地の周辺には賃金雇用される農業労働者が集まった。高い現金収入だけでなく，独系人に特有な農業経営のノウハウを自らの経験として実地に習得できたからである(Eisfeld(a) 42)。

独系人のこうした成功と繁栄を背景にして，実務的知識の伝授だけでなく，彼らの文化とアイデンティティの支柱でもある学校の拡充が広範に推し進められた。既に1822年に最初の上級学校としてモロチュナにオルロフ団体学校が開設されたが，それはその後各地に造られた2年から4年制の中央学校のモデルになった。またそれらの中央学校は女子学校，商業学校，農業学校として発展したほか，一部にはギムナジウムに改組されたものもある。多くの場合，こうした学校の運営主体として学校協会が独系人の間で組織されたが，富裕な者の私財や財団の資金で費用が賄われるケースもあった。

ところで，ロシア社会の実情を反映して独系人の大多数は農村に住み，農業に従事していたが，工業の発展の先頭集団に独系人が含まれていたように，都市に移って成功した者ももちろん存在していた。もっとも，1897年の国勢調査によれば，都市部で生活していたのは独系人の4.4％でしかなかった。最大だったペテルブルクでは7万5千人を数えたものの，モスクワでは1万2千人，オデッサ1万人，サラトフでもその数は1万5千人を数えたにとどまる。けれども，そのように少数であったにもかかわらず，彼らの文化面での影響はロシアのヨーロッパ化に少なからず寄与した。彼らは各都市で高い定評を得た学校を設け，教会を建てたほか，ドイツ様式の住宅，事業所を建設し，都市にはドイツ風の街区が出現した。またサンクト・ペテルブルク新聞，オデッサ・ドイツ新聞，サラトフ・ドイツ新聞のようなドイツ語新聞を発刊し，農村部にも送り届けてアイデンティティを支えるとともに，活発な

文化的活動を展開した。そうした彼らの影響は立法，軍制から科学，建築，技術にまで及び，独系人の学校，社会施設，教会は各都市で高い声望を獲得した。そのため例えばペテルブルクでは多数のロシア人子弟が独系人の学校に通ったといわれる。こうして全体として独系人は経済的に成功を収めるとともに，信頼性，規律正しさ，勤勉などの評価を受け，少なくとも入植から100年ほどの間はロシア社会との間に大きな摩擦を生じさせることなく，多くは農村に，そして一部は都市に定住したのである。

このような独系人を取り巻く環境に暗い影が兆すようになったのは，1850年代半ばに起こったクリミア戦争以後である。クリミア戦争敗北の衝撃はロシア社会を揺さぶり，その立ち遅れを強く印象づけた。そのため，政府は内政面で広範な上からの改革に乗り出した。そしてこの改革が引き起こした社会変動は独系人の上にも押し寄せたのである。

最初に挙げられる重大な変化は，入植の際に永久的なものとして約束された様々な特権が廃止され，独系人はほかのロシア帝国の市民と法的に同等な存在に変えられたことである(Schmidt 10; Hecker 24f.)。自治の特権はそれとともに消滅し，軍事的義務は独系人にも拡張された。兵役はとりわけメンノー派の下で深刻な問題を呼び起こした。というのは，彼らはその信条に基づき，兵役に就かない原則を固守したからである。

さらに重要な変化としては，アレクサンドル二世治下のロシアでスラブ派が台頭したことが指摘できる。彼らはロシアにおけるドイツ問題に注意を喚起し，特に国境地帯のゲルマン化の危険を強調して独系人農民の排除の必要を唱えた。1887年に制定された外国人法はこの主張に沿うものであり，その結果，数万人の独系人が海外に流出した。また「一人の皇帝，一つの信仰，一つの法律，一つの言語」の合言葉の下にロシア化政策が推進されたことも忘れることはできない(Kotzian 105)。そのうちで特に注目されるのは1891年に発布された勅令であり，それによって独系人の学校は国民教育省の管轄下に組み入れられたばかりでなく，ドイツ語，宗教，歌を除くすべての教科はロシア語で教えられることとされたのである(Hecker 71f.)。

ただその一方で，大抵の独系人教師は学校にとどまることが許され，授業時間以外にはドイツ語で会話することも制限されなかった。また家庭はもちろん，独系人にとって交流の面でも主要な施設である教会でもドイツ語で話すことは禁じられなかったので，勅令が与えた打撃はアイデンティティ維持

のうえではそれほど大きくはならなかった。しかも1905年の第一次ロシア革命の影響で初等教育の4学年についてはドイツ語で授業を行うことが再び許され，独系人が運営する学校を新たに設立することも認められた。これらを見れば，第一次世界大戦までは汎スラブ主義の高まりにつれて独系人を取り巻く環境は次第に険しくなっていたものの，経済的成功をつかむことができるほどに彼らはロシア社会で活動できたのであり，その後に降りかかった苛酷な抑圧を考えれば，その予兆がかすかに感じられるにすぎない平穏で満ち足りた生活を彼らは享受していたのである（Stumpp 29f.）。

3. 二つの世界大戦の間の独系人

ところで，第8章で説明する1941年の独ソ戦の開始が独系人に第二の，そして最大の破局をもたらしたとすれば，第一次世界大戦の勃発は第一の，そしてやがて来る最大のそれを予兆する破局を引き起こした。皇帝の軍隊には約30万人の独系人兵士がおり，彼らは概ね忠実に義務を果たしていたが，戦前までのスラブ主義の浸透を土壌にして，戦時期の特殊な雰囲気の中でドイツとドイツ的なものに対する敵意が燃えさかり，銃後と前線兵士たちの故郷では独系人に対して厳しい措置が取られるようになったからである（ゲルマン/プレーヴェ 98）。例えば公共の場で敵の言葉であるドイツ語を話すことはもはや許されず，ドイツ語新聞や書籍の発行も停止されたほか，教会での礼拝もドイツ語で行うことは禁止された。また4人以上の独系人が集まることも禁じられ，ドイツ的なものに対する憎悪が煽られた結果，モスクワでは1915年5月27日に騒乱が起こり，独系人の商店と住宅が破壊と略奪の標的になったほか，40人の独系人が負傷し，3人が死亡する事態さえ発生した。さらにドイツ軍の捕虜になった独系人兵士に対してドイツへの帰化が奨励され，1918年初頭までに2,000人がこれに応じたが，そうした行為によって強められた寝返りの心配から独系人兵士たちはドイツ軍と対峙する前線から引き離され，コーカサスでのトルコ軍との前線に配置を替えられたのである。

これらと並んで重大なのは，1915年にいわゆる整理法が制定されたことである。これによって西部国境およびバルト海と黒海の沿岸から150キロ以内の独系人の土地は接収され，農民たちは強制的に移住させられた。この法律はさらに拡大されるはずだったが，1917年の2月革命の勃発によって実施には至らなかった。その結果，整理法の適用を実際に受けたのはヴォルィ

ニ地域に住む15万人から20万人と推定される独系人だけに終わったが，彼らの一部はシベリアへの移送に耐えられず，目的地への途上で命を失っている。また当時の軍事情勢から見て整理法による独系人の締め付けは軍事的に必要ではなかったばかりか，経済的にも有害であったという（Eisfeld(b) 43; Schippan/Striegnitz 145f.）。その意味では，それは戦争前までにロシア社会に潜在していた独系人に対するコンプレックスが戦時下で敵意に結晶したことの表れだったともいえよう。

独系人が置かれたこうした状況は，1917年2月の革命でケレンスキー政権が誕生すると一変することになる。臨時政府は3月の布告で皇帝ニコライ二世の退位を告げると同時に，ロシア帝国内のすべての住民に市民権を約束したが，それによって独系人に対する差別から法的根拠が除去されただけでなく，各民族の自決権を求める運動の土台が与えられたのである。

こうした約束に加え，整理法の実施が中断されたこともあって，ケレンスキー政府は独系人によって歓迎されるところとなった。そして自治を求める独系人の運動は革命によって点火され，1917年4月20日には15の地域から集まった86人の代表者によって「ドイツ民族ロシア市民連盟」が結成された。この運動は同年のうちに各地に広がり，サラトフ，オデッサ，モスクワなどに運動の地域的中心が形成された。また8月1日には各地から代表者がモスクワに集結し，祖国ロシアへの忠誠を表明する一方で，独系人に対する特別法と権利制限を撤廃することを要求したのである（Steenberg 21）。けれどもその運動が盛りあがる前にボルシェビキが権力を掌握し，これを契機にして始まった内戦が熾烈化するに及んで局面は再び転換することになった。

1918年夏以降，例えばヴォルガ地域ではそれまで富裕な層に担われていた自治運動はヴォルガ地方ドイツ問題委員会に主導権を奪われた。そして新政権はこれによって宣言されたヴォルガ・ドイツ人地域労働コミューンを正式に自治地域として承認するとともに，その確認と併せてヴォルガ・ドイツ人問題委員部の設置を告げる布告が1918年10月19日にレーニンによって署名された。布告には「ヴォルガ地域のドイツ人労働者の社会的解放のための闘争は民族的対立を引き起こすのではなく，逆にドイツ人労働者とロシア人労働者の接近に寄与する」旨の期待が表明されていた。けれども，そのヴォルガ地域では民族間の融和や社会的解放に取り組むどころか，反革命勢力に対する激しい戦闘や戦時共産主義の名の下に仮借ない食糧徴発が展開さ

れたために，住民は塗炭の苦しみを嘗めなくてはならなかった(Steenberg 22; Schippan/Striegnitz 162f.; 鈴木健夫(b) 56f.）。一方，コーカサス，カザフスタン，ウラルなどの地方は内戦の過程で比較的長く反革命軍の支配下におかれたために異なる展開を辿った。また1918年2月にドイツ軍に占領されたウクライナでは，ロシアから分離したウクライナ国家建設の構想が独系人の間で有力になったが，ドイツの敗北後さまざまな勢力によって蹂躙された結果，いくつもの独系人居住地が消滅した。

　このように革命から内戦の期間にはそれぞれの地域の動きに大きな相違が見られたが，この国内情勢の混乱期に一部の独系人はロシアを去り，同じく敗戦後の混沌状態にあるドイツに向かった。その数は1918年から1921年までで12万人に及んだ。もっとも彼らの半数はドイツに定住せず，むしろアメリカ，カナダ，南米諸国への移住のための通過点として一時的にドイツに滞在しただけであった。なお敗戦に伴い，同時期にドイツにはフランスに編入されたそれまでの帝国直轄領エルザス＝ロートリンゲンから12万人，喪失した海外植民地から1万6千人が流入したほか，復活したポーランドの領土となった東部地域からは1925年までに85万人のドイツ人が縮小した国土に移り住んだことも付け加えておこう。

　ところで，ロシアでは激しかった内戦が終結し，戦時共産主義からネップの時期に移るのに伴い，混乱は収束に向かった。しかしこれに代わって今度は凶作が人々を脅かした。国際社会への呼びかけにもかかわらず，ボルシェビキ政権に敵対する国々からの援助を得られず，多数の餓死者が出たのは今日ではよく知られるようになっている。独系人社会もその直撃を受け，例えばヴォルガ地域の居住地では飢餓と移住のために1921年に一挙に人口が26.5％も減少したといわれる。さらに内戦による荒廃からまだ立ち直っていない1924年にも再び凶作に見舞われ，人口の5.1％が失われる結果になった。その意味では，第一次世界大戦の勃発から凶作の被害までの打ち続く悲運を越え，独系人が生活の再建に本格的に取り組めるようになったのはようやく1920年代も後半を迎えてからであった。1926年に行われた国勢調査で確認された独系人の数は120万人だったが，1897年のそれから大きく落ち込んでいることからしても，第一次世界大戦の開始からネップに至る間に独系人を襲った苦難の程が偲ばれる(Dietz/Hilkes(a) 4)。

　この間，ボルシェビキ政権は社会主義建設に対して種々の民族の協力を得

るために民族自決の原則を掲げるとともに，自治共和国の創設を含む民族問題解決のためのさまざまな方策を提起した。これを受けて1924年にヴォルガ地域の独系人の下で造られたのが，ヴォルガ・ドイツ人社会主義自治共和国である。またウクライナでは独系人居住地は独系人を主体とする五つの郡に編成され，その数は1931年までに八つに増えた。同様にグルジア，アゼルバイジャン，クリミアなどにもそれぞれ独系人の郡が一つずつ設けられたが，独系人居住地が少ない地域では民族単位の村落ソビエトが設置された。その結果，1929年にはソ連全土で総数550の独系人の村落ソビエトが存在していたという(Ponten 105ff.)。

こうした民族主体の行政単位の組織化と並び，ボルシェビキ政権によって土着化を意味する「コレニザーツィヤ」政策が推進され，各民族語に官庁と学校で使える公用語の地位が与えられた(ゲルマン/プレーヴェ 125)。独系人の場合，戦時期に公共の場でドイツ語を話すことが禁止されていただけにその心理的効果は大きかったと推測される。というのは，抑圧による屈辱感などの感情問題は別にしても，独系人の多くはロシア語やウクライナ語を必ずしも上手くは使えず，生活面に支障が生じていたからである。また民族主体の教育機関が1930年代に入るころから順次整備されたのも注目に値する。独系人に限っていえば，例えばウクライナでは1931年までに就学年齢の子供の98％が学校に通っていたとされ，1932年には14の専門的高等教育機関が数えられた(Eisfeld(a) 103)。同様にヴォルガ自治共和国には1930年代末までに五つの単科大学と11の専門的高等教育機関が設けられていたが，そのほかに独系人向けの劇場，ドイツ語の新聞，雑誌などが存在していた。そしてエンゲルスにあった国営のドイツ語出版所からは1933から1935年までの間だけで176種の教科書を含む555種類の著作が送り出され，部数を合計すると，教科書の147万部を併せ総計で286万部にも上ったという(Richter-Eberl 170)。

このように民族を主軸にした行政組織の形成や教育・文化の基盤整備が社会主義建設の一環として推進され，独系人社会は安定したかのように見えた。けれどもそれは表面上であって，その裏では富農層の収奪という苛酷な政策によって農業の集団化が強行された事実を忘れることはできない。農業集団化が多大な人命の犠牲などを伴う凄惨な出来事に終わったのは，今日では周知のところであろう。特に独系人にはヴォルガ，ウクライナ，黒海沿岸地域に富裕な農民層が多かっただけに，クラークを標的にした収奪は他の集

団にも増して重く彼らの上に降りかかった。1925年から28年まで年平均の死者数が1万2,565人だったヴォルガ自治共和国で1933年に5万0,139人にも達したのはその一例であり（ゲルマン/プレーヴェ 138），それ以外にもシベリア，カザフスタンのほか極北の僻地に強制的に移住させられる者が続出することになった。その結果，1931年7月までに例えばヴォルガ自治共和国では他の地域を遥かに上回る全農地の95%が集団化されるに至った（Eisfeld(a) 104f.）。そしてクラークとして排除された独系人とともに，自治的な組織としてのヴォルガ自治共和国は実質的に壊滅状態に陥ったのである。

　これと前後して宗教攻撃が一段と強化され，各地でロシア正教会の建物が破壊されたが，独系人の教会も例外ではありえなかった。入植以来彼らが大切に守り，社交の場ともしてきた教会は次々に閉鎖もしくは破壊され，聖職者たちは宗派を問わず逮捕され，人知れず連れ去られた。またドイツ国内で共産主義を敵視するヒトラーが政権に就くと，独系人に対する不信と警戒が強まった。そして1934年にはドイツからの亡命共産主義者をも含む独系人すべてについてブラックリストが秘密裏に作成された。無論，このリストが独ソ戦開始後に実施された後述の追放に当たって利用されたのは指摘するまでもない。

　さらに1935年にはヴォルィニにある独系人の一つの郡が解散させられ，そこに住む独系人の一部が強制移住させられた。そしてこの年には他の地域でも抑圧が強化され，アゼルバイジャンでは600人の独系人がカレリアに移送された。1937・38年の大粛清の頂点ではスパイ活動，外国との非合法な連絡，反ソ・プロパガンダなどの容疑で逮捕者が続出し，労働能力のある男性がほとんど見当たらない独系人居住地すら出現したといわれる（Eisfeld(a) 109f.）。またオーストリア併合やズデーテン危機で国際関係が緊張したのを背景にして1938年秋以降ヴォルガ地域以外の学校ではすべての授業はロシア語もしくはウクライナ語で行うことが強制され，ドイツ語は外国語として教えることが許されるだけになった。そして例外とされたヴォルガ地域でも特別扱いは3年足らず続いただけで，独ソ戦の開始とともに例外は存在しなくなった。これに続き1938年11月にアルタイ地方で独系人の郡が，そして1939年3月にはウクライナですべての郡が解散された。こうして革命，内戦，飢饉を経てネップの時期に認められた民族集団としての独系人の権利は，第二次世界大戦が勃発するまでに大幅に骨抜きないしは廃絶されるに至ったが，

第8章で通観するその後の苦難と比較すれば，それはまだ序曲にすぎなかったのである。

第 2 部

戦後ドイツの移民問題

― ドイツ統一まで ―

第2部のあらまし

　第1部のこれまでの叙述では，国家としてのドイツが存在しない時代から始めて，第二次世界大戦で第三帝国と自称したドイツが瓦解するまでの長い時期を人の移動に焦点を当てて眺めてきた。同時に，戦後のドイツに登場するアオスジードラーと呼ばれる集団の重要性を念頭に置き，その由来を突き止める狙いから，ロシア帝国・旧ソ連の独系人についても概観を試みた。この章からは第二次世界大戦終結以降のドイツに舞台を移し，そこで繰り広げられた国境をまたぐ人々の多彩な動きを追跡することにしよう。

　ヒトラーが始めた戦争が敗北に終わった結果，東部領土の喪失などにより戦後ドイツの国土は東西合わせてもヴァイマル期に比べて4分の3，第二帝政期と比較すると5分の3に縮小した(図1-1参照)。しかし，その狭小化したドイツには1945年の敗戦以降今日までに約2,000万人に上る人々が流入し，生活の拠点をドイツに移し替えた。そのためごく僅かの年を除き，ほぼ毎年人口の流入と流出の差はプラスになり，国境を越える人口移動はドイツの人口の増加要因として作用してきている。このことは図II-1に掲げた1954年以降の旧西ドイツへの流入人口と流出人口との差であるネットの増加分を一見しただけで明白になる。多死多産を特徴とする農業的人口様式から少死少産の産業的人口様式へのいわゆる古典的人口転換はドイツでは1955年頃に完了したといわれるが，これを反映して戦後のドイツでは1960年代以降出生力が置換水準を大きく下回る低水準で推移し，1970年代初期からは人口の自然減が現出するに至った(桜井 120)。現に旧西ドイツ地域で見ると，1970年から1998年までの人口の自然減は152万人に達し，旧東ドイツ地域の同期間の84万人を加えると236万人もの自然減が生じた計算になる。それにもかかわらず，旧西ドイツの人口は増加を続けてきたし，緩慢な人口減少を記録した東ドイツと合わせた場合でも，長く増加基調が継続してきた(エーマー 11)。それが可能だったのは，改めて指摘するまでもなく，自然減を上回る外部からの移動による社会増があったからにほかならない。このことは，裏返せば，仮に人口の流出入がなかったならば，ドイツの今日の人口は実際よりもかなり縮小していたことを意味している。例えばR.ミュンツたちの試算では，その場合のドイツの人口は現状よりも800万人少なくなっていたであろうという結果になった(Münz/Seifert/Ulrich 17)。

　ところで，旧西ドイツにおける人口の流出入による増加が1980年代後半から拡大するようになったことは，1990年にネットで100万人以上の増加を記録したことからも看取される。これは全人口の1.6%に相当し，流出者を考慮に入れないグロスの流入者数165万人は全人口の2.6%にも達している。これらの比率は古典的な移民国アメリカをも凌ぐものであり，ドイツが国際的人口移動の高波に洗われていたことをよく示しているといえよう。

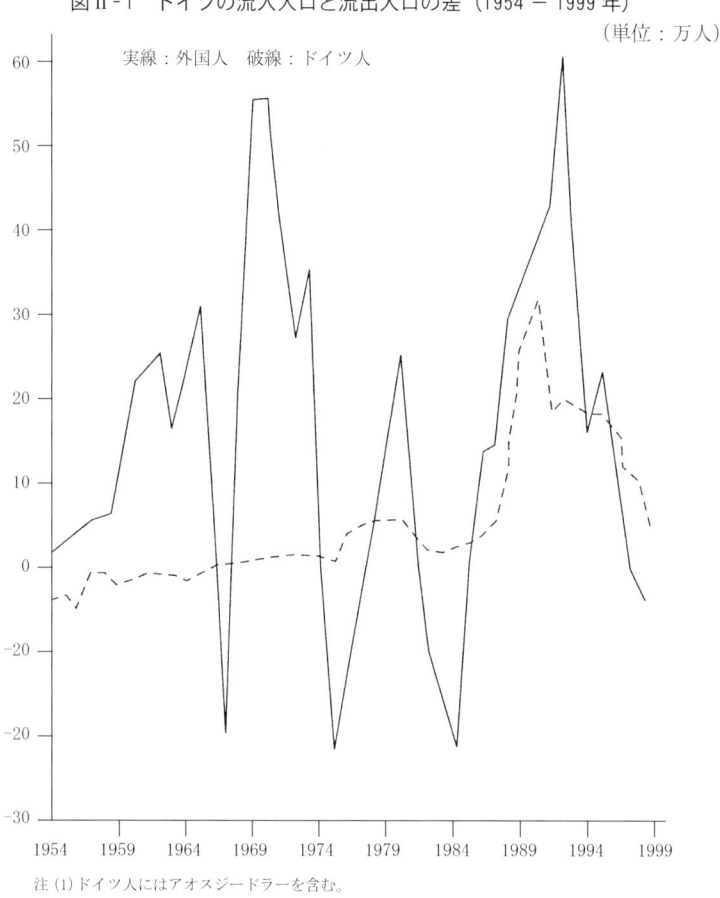

図II-1　ドイツの流入人口と流出人口の差（1954－1999年）

（単位：万人）

実線：外国人　破線：ドイツ人

注 (1) ドイツ人にはアオスジードラーを含む。
(2) 1991年までは西ドイツのみ。
(3) 1990年までの東西ドイツ間の移住は含まない。

出所：Bundesministerium des Innern, Modellrechnungen zur Bevölkerungsentwicklung der Bundesrepublik Deutschland bis zum Jahr 2050, Berlin 2000, S.20 より作成。

　しかしながら，大規模な人口移動をドイツが経験するのはこれが最初ではないことを忘れてはならない。この問題を巡る近年の論議の激しさは，それが恰も初めて直面した重大問題であるかのような印象を与えはするものの，規模の点では類似の経験を旧西ドイツは積んできているからである。今日から振り返れば，旧西ドイツには第二次世界大戦の終結以来，人口流入の三つの段階が存在するといえる（表II-1参照）。第1段階に当たるのは，

表 II-1 戦後移民史の主要な集団

第1段階	第2段階	第3段階
1945年(第3帝国崩壊)〜	1961年(ベルリンの壁建設)〜	1990年(ドイツ統一)〜
避難民・被追放民 ユーバージードラー	外国人労働者 ユーバージードラー	庇護申請者 アオスジードラー 請負契約労働者・季節労働者

著者作成。

　敗戦から建国を経て1960年代初期に至る期間である。この時期の早い局面では、敗戦によって喪失した東部領土からの避難民や、東ヨーロッパの諸地域に古くから住み着いていたのにドイツの敗北を契機に故郷を追われたズデーテン・ドイツ人などの被追放民たちが流入の中心になった。ソ連の影響下に入った東ドイツでは退去の強制の色合いを希釈するため彼らはウムジードラーと呼ばれたが、呼称はともあれ、避難民・被追放民の巨大な流れはおおよそ1950年まで続いた。しかし1950年代になると、これに代わって別の集団が西ドイツへの人口流入の中心的位置を占めるようになる。それは当時は難民と呼ばれた東ドイツからの逃亡者である。この人々は合法・非合法を問わず東ドイツから西ドイツに移住した広い意味でのユーバージードラーに含まれる。しかし、周知のように、その流れは1961年のベルリンの壁の建設で事実上ストップし、以後は命懸けの脱出などで政治的には注目されても、人口移動としては大幅に意義を失うことになった。

　続く第2段階の主役になるのは外国人労働者である。この段階はさらに三つの時期に区分できる(表II-2参照)。第1のそれは、復興から高度成長に局面が移行する中で顕在化した労働力不足を補うために積極的に外国人労働者を導入した時期である。始点は最初の労働者募集協定がイタリアとの間に結ばれた1950年代半ばだが、本格化するのは東ドイツからの人口流入が途絶えた1960年代に入ってからである。そしてオイル・ショックの影響を受けて募集を停止した1970年代初期まで続いている。これに対し、第2の時期は1973年に始まり、1990年頃で区切られる。この局面を特徴づけるのは、

表 II-2 外国人労働者の変容

第1期	第2期	第3期
1955年(募集開始)〜	1973年(募集停止)〜	1990年(外国人法改正)〜
外国人労働者	外国人	移民

著者作成。

外国人労働者が家族を呼び寄せて定住化していったことであり，政策面では定住化の事実を認めないまま，帰国奨励と一時的な統合を図る矛盾した政策のジグザグが見られたといってよい。これに続く第3の時期は，定住化した外国人労働者とその家族を移民として半ば認知する1990年の外国人法改正とともに始まるが，その一方で，定住化の可能性の排除を前提にして，請負契約労働者のような新たなタイプの外国人労働者の導入が行われるようになったことが特徴となっている。すなわち，定住化した外国人にはその地位を強化する反面，ドイツを移民国とは認めない政策が当初は継続されたわけである。もっとも，この政策もやがて行き詰まり，21世紀を迎える頃からドイツは移民国に向かって大きく舵を切ることになる。

こうして1955年に始まった外国人労働者問題は公認されざる移民問題に変容し，遂には移民国への転換につながっていったが，外国人労働者という文脈から離れてより広い視野で眺めれば，この第3期はもはや第2段階ではなく，次の第3段階に属していると捉えるべきであろう。その際，注目されるのは，1990年以降の第3期の初期には社会的関心の集まる外国人問題の重点が外国人労働者とその家族というよりは，庇護申請者など別のカテゴリーの外国人に移っていたことである。別言すれば，外国人労働者の移民化が問題となる第3期は，人口流入の第3段階に含まれ，そのためにこの時期には種々のカテゴリーの外国人の問題が錯綜し，もはや一口に外国人問題とは呼べない複雑な様相を呈するに至った。そしてまさにそのことが，従来の政策的対応では巨大化する問題を処理できないことを白日の下にさらし，すべてのカテゴリーを総体として把握する基本的なコンセプトを必須にしたといえよう。こうして今日までの第3段階は，それまで頑なに拒否してきた現実を正視するところから出発して移民国へ転換していく移行期として把握できるのである。

ところで，東西ドイツの統一の年1990年頃を起点とする第3段階に前面に押し出されてきた集団は二つある。一つは基本法の庇護権規定を足場に庇護を求めてドイツに殺到した難民である。そしてもう一つの集団が，東ヨーロッパ各地に散らばるドイツ系住民の子孫であるアオスジードラーである。これら二つの集団は，冷戦が終結に向かうにつれて国境が越えやすくなったのを受けてドイツに流れ込んだ。しかし，時期的には重なっても，両者の性格は全く違う。大半が経済難民と見られた前者が従来の南北問題の新たな形態だとすれば，後者は軍事的対立に彩られた東西問題の延長線上にあったといえよう。両者の規模が瞬く間に膨らんだため，統一して間もないドイツ国内にパニックに近い反応が生じたのは周知のとおりである。旧東ドイツ地域から始まり，全国で頻発した排外暴力事件はそのことを裏書きしている(近藤潤三(e) 303ff.)。そうした事態を前にして，1992年末の

与野党の合意に基づいて基本法などが改正され，1993年半ばから庇護申請者に対する規制が強化されると同時に，アオスジードラーについても従来の手厚い処遇が改められ，受け入れ数についても上限が定められた。その結果，これら二つのカテゴリーの流入者数は減少し，政治的危機すら招いた深刻な事態はひとまず沈静化した。しかし，それでもなお1990年以前と比較すれば高いレベルで二つの集団の流入が続いたことを見逃してはならない。

　もっとも，世紀が替わってからは規模の縮小につれてそれらの存在自体が目立たなくなり（表終-1参照），社会の関心も薄れるようになってきている。それに代わって耳目を集めるようになったのは，国籍法改正から移民法制定に至る基本政策の転換である。とりわけ2004年の画期的な移民法の制定によって，定住を予定して国外から人を受け入れる方針が明示されたことの意義は大きい。これに加え，来歴の違いにかかわらず，ドイツに定住したすべての移民を社会に統合することが，大きな課題として正面に押し出されるようになったことも重要であろう。他方，受け入れの裏側で膨らみつつあるドイツ市民の国外流出に関心が向けられ，グローバルな人材獲得競争の激化と重なって憂慮の念が聞かれるようになってきたのも，見逃せない変化の一つといえよう。実際，近年では全体として見た人口流入よりも人口流出が上回るようになり，トレンドの転換すら指摘されるまでになっているのが現状といえる。これらの変化の帰着点が定かではないことを考慮すれば，移民国への転換を基調とする第3段階はいまだ区切りを迎えたとはいえないのである。

　以下では，ここで略述した3段階区分に従って第1と第2の段階に中心となった集団の輪郭を素描するとともに，彼らがいかなる扱いを受け，どのような形でドイツ社会に居住しているかなど主要な点の概略を描いてみることにしよう。ただ第3段階については，外国人ないし移民政策が転換に向けて動き出したことを考慮して，その説明は本書の続編に譲ることにしたいと思う。なによりもドイツの統一が移民政策の面でも主要な分水嶺になっていることを重視する必要があると考えるからである。

第4章　第三帝国の崩壊と避難民・被追放民

はじめに

　第二次世界大戦が終結してからの西ドイツないしドイツへの人口流入は，上述のように，大きく三つの段階に分けることができる。また流入の中心になった集団についても，避難民・被追放民，ユーバージードラー，外国人労働者，庇護申請者・難民，アオスジードラーなどが区別され，各々が特定の段階に一種の主役の役割を演じる形になっている。無論，どの段階にも庇護申請者もいれば，アオスジードラーも見出されるように，そのことは，段階が替わると主役たちが完全に舞台から退場したことを意味するわけではないのは付け加えるまでもない。膨大な犠牲者を生んだヒトラーの大ゲルマン帝国の野望が潰え，第三帝国が崩壊するのと前後して東部領土をはじめとしてドイツ人の追放が始まったが，ドイツに流入した被追放民に続いて様々な集団があるいは並行し，あるいは前後してドイツに到来した。被追放民の大波が沈静した1950年から1998年までに限っても，上記の集団のどれかに所属してドイツに流入した数は3,000万人にも達したのである。

　もちろん，これらの人々の全てがドイツに定住したわけではないことは，誤解を避けるためにも断っておかなければならない。実際，外国人労働者の帰国や庇護権を認定されずに出国した庇護申請者，あるいは外国に移住するドイツ人などドイツから流出した人口も2,000万人に上っている事実には十分な考慮が払われるべきであろう（Münz/Seifert/Ulrich 18）。それにとどまらない。最後に挙げたドイツ人の国外移住は，ドイツの移民問題について語る時，外国人に注意が奪われがちであるだけに慎重な姿勢が求められることを

教えているといえよう。これについても波動が見出せるが、国際的な人材獲得競争が強まっている近年では、高学歴層を含んだ国外移住は、頭脳流出に対する懸念と相俟って、重大性を増してきている（近藤潤三(i) 77ff.）。18世紀から19世紀にかけてドイツが移民流出国だったことは第2章で既に説明したが、近年のドイツは流入と流出の両面で文字通り本格的な移民国になりつつあるといえるかもしれない。

いずれにせよ、第二次世界大戦の終結以降、ドイツの地で展開された多彩で大規模な人の移動を振り返り、その重みを考えれば、戦後ドイツが他の先進国に類を見ない国際的な人口移動の大波に洗われている事実は銘記されるべきであろう。この基本的事実を踏まえたうえで、第1段階と第2段階に主役の役割を演じた集団について順次概観するのが、第4章からの課題になる。ただ第2部全体を通して主要な集団だけが照射され、重要な位置を占めない集団に関しては主題化されないことを断っておく必要がある。例えば第3段階で庇護申請者は中心的存在として登場するが、それ以前には規模が小さかったために以下では扱われていない。またドイツ人の国外移住も、経済の奇跡と呼ばれた高度成長が始まる1950年代半ばまでは増大したものの、その後に縮小して再び拡大基調を示すようになるのは、21世紀を迎えてからになる。そのため、これについても第2部では取り上げていないことを予め指摘しておくべきであろう。

1. 第二次世界大戦末期の避難民

戦後ドイツの移民問題を考えるに当たり、最初に避難民と被追放民に照準を合わせることにしよう。時間軸で見た場合、まずもって登場するのがこの集団だからである。

これら二つの集団は一括りにして論じられることが多い。法的な面からみればそのように扱うのがたしかに簡便であろう。また両者が連続していることもその理由として挙げられよう。けれども、そうした方法では避難民までも追放の対象になったかのような誤解が生じやすい。その上、実は一括して処遇する政策には故意に両者を一体として扱うことによって受難の側面を大写しにする意図が働いていたのも否定できない（Frantzioch/Ratza/Reichert）。そうした事情を勘案し、両者を区別した上で、以下ではまず避難民について概観しよう。

既述のように，第二次世界大戦は外国人の強制労働という点だけでも大規模な人の移動を引き起こしたが，ドイツでは別の面でも戦争勃発直後から既にかなりの規模の移住が生じていた。すなわち，1939年9月28日にドイツとソ連の間で締結された国境友好条約に基づき，ソ連国内やソ連の勢力圏に編入されたバルト諸国あるいはソ連占領下のポーランドなどの諸地域から1941年までに38万9千人のドイツ系住民が民族ドイツ人として「帝国への帰還」の名で占領したポーランドのゲルマン化のために移住させられたのである（Rautenberg(b) 21f.)。この移動には住民交換と他国への侵略という二つの側面がある。また他方では，国家を失い，再び異国の支配下に置かれたポーランド人がダンツィヒ周辺やヴァルテラントから追い出されて新設された総督府に強制移住させられた。民族浄化に当たるこの悲運に見舞われたポーランド人の数は120万人にも上った（Bade(c) 285f.)。このような強制力による大規模な住民の入れ替えが，民族に価値序列を持ち込む人種主義的妄想に基づいていたのは指摘するまでもない。

しかしながら，ドイツ人の間でより大規模な移住が見られるようになったのは，第三帝国の敗色が濃くなった第二次世界大戦の末期から敗戦直後にかけての時期である。というのは，この時期に避難民と被追放民が出現したからである。上述のように，時間的に連続する形で両者の集団が現れたことや，法的な面でのひとまとめにした処遇から，これら二つの集団は一括して扱われるケースが多い。また日常的な用法でも区別はなされず，「難民（Flüchtlinge）」という語で「戦争の結果，故郷を去らなければならなかったすべての人々」が包括されているのが一般的といってよい。さらに1982年の連邦内務省の文書では，これらに加えて戦争障害者，政治難民，戦争捕虜などを包括するカテゴリーとして「被災者（Geschädigte）」という用語も使われている（Der Bundesminister des Innern）。しかし，呼称自体が示唆しているように，両者は発生の時期も経緯も異なっているし，出身地域にも重なり合わない部分が見られる（Benz(b) 10f.)。

避難民が出現したのは，スターリングラード攻防戦を境に優勢に転じたソ連軍が初めてドイツ本土に到達し，東プロイセンに侵攻した1944年8月以降と考えてよい。これに伴い，同地域の住民たちは戦闘に巻き込まれるのを避けるために自発的もしくは軍の退去命令により，家財の多くを残したままより安全な場所に向けて，追い立てられるようにして避難を開始したのであ

る。頑強な抵抗にもかかわらず戦況は好転せず，ドイツ軍の敗走とともにソ連軍の本土への侵入範囲が広がるにつれて避難する民間人の数が膨れ上がっていったのは当然だった。また当初は一時的だと思われていた避難もやがて故郷の放棄の色彩を強めていくことになった。そうした混乱した状況の渦中で，1944年10月に東プロイセンの小村ネマースドルフをドイツ軍が奪回した際に明るみに出た事件は民間人の間にパニックを引き起こした。そこでは子供，老人，女性など多数の住民がソ連軍によって虐殺され，死体となって発見されたのである (Grube/Richter 148f.; Mühlfenzl 130f.)。この種の事件はネマースドルフに限られず，赤軍が通過した村のいくつかでは生者より死者のほうが多かったと指摘されるように，同種の惨劇は各地で起こった。T.ジャットによると，アメリカ外交官として当時モスクワに駐在していたジョージ・ケナンはその光景について回想記にこう記しているという。「ソヴィエト軍の進入によってこの地方を見舞った災厄は，近代ヨーロッパのいかなる経験をも絶している。現存するすべての証拠で判断する限り，ソヴィエト軍が通過した後，地元住民が男も女も子供も一人として生き残っていない地域がかなりあったのだ。…ロシア軍がこの地の住民を掃討したやり方は，かつてのアジア遊牧民以来その類例を見ないものだった」(ジャット27)。この一文からはケナンの驚愕ぶりが伝わってくるが，ネマースドルフが惨事のシンボルになったのは，ソ連軍のドイツ本土侵攻初期に発生したためであり，恐怖心を煽り，抗戦意思を高揚させるために宣伝大臣ゲッベルスによって徹底的に利用された。当初は相変わらずの誇大宣伝とみて半信半疑だったドイツの一般市民も，避難民がもたらす情報や各地の様子についての噂が広がるにつれてドイツ人に向けられたソ連軍の憎しみを悟らざるをえなかった。「怒りこそ兵士たちの力の源泉だった。ドイツ人がすべての悪の根源だった。親友の死から，焼け落ちた街，故郷の子供を苦しめる飢餓，砲弾の雨がまた降るのかという恐れまで，全てがドイツのせいだった」(メリデール343)。C.メリデールのこの文章は，スターリンによる反ドイツ宣伝の効果を考慮に入れても，ソ連で暴虐の限りを尽くしたドイツ軍の行為とそれに対するソ連民衆の憎悪と怨恨を考えれば，決して誇張とは思われないのである。

　いずれにせよ，ドイツ側では，ネマースドルフの事件は，ヒトラーが宣伝した「下等人間」であるロシア人の野蛮さの証明とされただけでなく，焦土作戦や住民虐殺など独ソ戦開始以降ドイツ国防軍と親衛隊 (SS) 特殊部隊が

ソ連国内で繰り広げた人種主義的偏見に基づく数知れない蛮行に対する報復と見做された。他方，ソ連側では，ナチと一般のドイツ人とを区別するという公式に掲げていた立場に反して，実際にはソ連指導部は住み慣れた土地からドイツ人を追い払う政治的計算から報復行為を黙認し，ドイツ軍将兵に対してばかりでなく，民間人を含むドイツ人そのものに対する憎悪を煽っていたのである (Zayas(a) 61ff.)。その結果が，占領したドイツ各地でソ連軍兵士が大規模に繰り広げた野放図な略奪や暴行にほかならない。とりわけ激しい攻防戦の末に陥落した首都ベルリンで吹き荒れた蛮行は凄まじく，なかでも高齢者から少女までを含む女性に対するレイプが無数に起こり，ショックによる自殺や無理な堕胎で命を落とした人が少なくなかった。凄絶を極めたその様子は，著者不詳ながら反響が大きく，2008年にM.フェルバーボェック監督によって映画化された『匿名―ベルリンのある女』(邦訳『ベルリン終戦日記』白水社 2008年)をはじめとする数々の記録に克明に描かれており，今日では周知の事実になっているといってよい(ザンダー／ヨール；アンドレーアス＝フリードリヒ；Mühlhauser)。実際，『ベルリン陥落 1945』(白水社 2004年)などの戦記で知られ，『ベルリン終戦日記』にも序文を寄せているA.ビーヴァーによると，一般的には200万人のドイツ人女性がレイプ被害者になったと推定され，ベルリンでの被害者数は9万5千人から13万人に達したとみられるという。また，R.ムーアハウスはこの数字を引きつつも，「本当の数字はそれより遙かに高いのは疑いない」と述べ，ソ連のある従軍記者がソ連軍を「強姦者の軍隊」だったと回想していることを伝えている(ビーヴァー 15; ムーアハウス 494)。

　ともあれ，こうした事情からソ連軍の侵攻がドイツ東部地域の住民たちを恐怖に陥れたのは当然だった。それでも拠点の死守を命じられていた軍は住民に対して直ぐには避難することを許さず，それどころか高齢や年少の男性までもが急遽防衛に駆り出された。そのために避難の時機を失して混乱が拡大し，多大の犠牲を招く結果にもなった。しかし一旦軍や官憲から避難の許可や命令が出ると，ソ連軍が接近した地域からは続々と故郷を退去する民間人があらわれ，持ち出せるだけの家財を積んだ荷車や僅かな貴重品を詰めたリュックサックを背負った人々の西に向かう長蛇の列が出現したのである(クロコウ 60ff.; 川口 115ff.; 永岑 418ff.)。

　もちろん，これらの人々がすべて安全な場所に到達できた訳ではない。安

全と思われた場所にも間もなくソ連軍が迫り，再び逃避しなければならなかったし，途中で食糧の欠乏や酷寒のために斃れた人も少なくなかった。その上，進撃スピードの速いソ連軍に追いつかれて拉致されたり，殺害されたりした人々も存在したのである。その一方で，ヒトラーによってベルリン陥落直前に後継者に指名されることになるデーニッツの指揮下にドイツ海軍は，ソ連軍に追い詰められた避難民をキール周辺の安全地帯へ海上輸送する作戦を多数の小型船舶をも動員して展開した (Schön 11f.)。それによって救出された市民は200万人から300万人にも上ったとされている。けれども，その過程で，救出に当たっていた歓喜力行団所属の客船ヴィルヘルム・グストロフ号がバルト海でソ連潜水艦によって撃沈され，乗船していた9,000人近くの避難民たちが厳寒の海に投げ出されて死亡する悲劇や，同じく6,666人もの犠牲者を出したゴヤ号の沈没のように海難史上最大級の惨事が発生したのである (Aust/Burgdorff 37ff.; ドブスン/ミラー 124ff.)。なかでもグストロフ号の惨劇は，ノーベル賞作家でダンツィヒ生まれのギュンター・グラスが2002年の作品『蟹の横歩き』（集英社 2003年）で主題に取り上げ，2007年にはJ.ヴィスマイヤー監督により『グストロフ』という船名そのままのタイトルで映画化されたことによって広く知られるようになっている。こうした出来事に見られるように，海路もまた安全にはほど遠かったが，それ以上にわずかな家財を積んだ荷車を引き，子供や老人を伴って行列を作り，一団となって西に向かう逃避行は危険に満ちていた。しかもその危険は，真冬を迎えて凍りついた干潟や広大な雪原を徒歩で越えなければならなかったために倍加されていた (Grube/Richter 155ff.)。避難の過程で数知れない犠牲者が出たのは不可避だったのである。

　さらに1945年2月13日から翌日にかけての連合軍による空爆で一夜にして焦土と化したエルベ河畔の古都ドレスデンでは，3万5千人とも6万人ともいわれる犠牲者の中に多くの避難民が含まれていた (Böddeker 199; Gretzschel 97)。同様に，ヒトラーの自殺を挟んで攻防が繰り広げられた首都ベルリンでは，安全を求めて流れ込んでいた避難民たちが，建物の一つ一つを争う激しい市街戦に巻き込まれた。これらの事例が示すように，たとえ安全と思われる地域に逃れても，民間人をも無差別に標的にする戦争そのものの恐怖から逃れることはできなかったのである (邦 183ff.; ドイッチュクローン 267ff.)。その意味で第三帝国が無条件降伏するまでの間，避難民たちはどこ

に逃れても辛苦を嘗めねばならなかった。

　けれども，注意を要するのは，敗戦によってようやく戦火が止んでも，彼らの苦難と悲嘆には終止符が打たれなかった事実である。交通機関の壊滅や食糧事情などの悪化に加え，故郷が昨日までの敵国によって軍事占領されていたため，帰郷という選択肢は彼らにはほとんど存在しなかった。しかし他面で，危険を冒して辿り着いた土地も戦争のために多かれ少なかれ荒廃していた。しかも見知らぬ地には生活基盤もないうえに，辛うじて持ち出した家財も多くは逃避行の途中で失っていたので，避難民の大半は文字通り無一物で困窮の日々を過ごさなければならなかった。こうして避難民たちが茫然自失の状態に陥っていた様子は，敗戦前後の光景を活写した数々の記録に克明に書き残されている。しかしそれと同じ頃，もう一つの悲劇が始まったことにも視線を向けなければならない。追放がそれである。

2. 第三帝国崩壊後の被追放民

　戦後処理の一環としてドイツ人追放の構想を最初に提起したのは，ナチス・ドイツによって解体されたチェコスロヴァキアを脱出してロンドンに亡命政権を樹立した大統領のエドヴァルド・ベネシュであった。そして彼の粘り強い説得工作の結果，その基本線は連合国指導者によって受け入れられるところとなった。これに基づき，ドイツ降伏直前から既に一般市民の報復の対象になっていたズデーテン・ドイツ人の上には大量追放の嵐が吹き荒れ，故郷を追われた者の数はモラヴィア地方からも含めて総計で約300万人，追放の過程での死者は30万人にも上ったといわれる（Habel 93ff.）。けれどもチェコスロヴァキアをも上回る規模で追放が遂行されたのは，再建されたポーランドにおいてであった。

　ヤルタでの合意に基づいてドイツ東部地域はソ連軍の占領下におかれたが，ドイツが降伏する直前の1945年4月にソ連は活動を始めていたポーランド臨時政府に施政権を委譲した。無論，その臨時政府はポーランド消滅に伴ってロンドンに逃れた亡命政府ではない。ソ連軍の侵攻とともに共産主義者の組織がルブリンで活動を開始したが，施政権を行使するようになったのは，このいわゆるルブリン委員会を母体とする，ソ連に忠実な政府である（伊東 183f.）。一方，第二次世界大戦勃発時にドイツとソ連に分割されて消滅したポーランドの再建に絡み，ソ連はかつてのカーゾン・ラインを事実上

復活させ、独ソ戦開始後にソ連も同意した大西洋憲章に示された領土不変更の原則に反して、ソ連の領土を西に拡張した。この国境線の変更によりポーランド領土は縮小せざるをえなかったが、その代償としてソ連がポーランドに提供したのが、オーダー川とラウジッツ＝ナイセ川より東に広がるドイツの領土であった。

　かつてのカーゾン・ラインまでのソ連の領土拡張がヤルタ会談の場で合意されていたのとは異なり、この地域はポツダム会談でも最終的帰属が決定されず、暫定的にポーランド臨時政府に管理が委ねられた。しかし、当然ながらそこにはなお故郷の立ち退きを拒否した多数のドイツ人住民が残留していた。戦火が止むと、彼らの一部は強制収容所に入れられたほか、ソ連に送られて強制労働させられたり、中央労働収容所を通してポーランド各地で労働を強いられた者もあり、死亡率は高かったといわれる。それ以外にもドイツ人には白い腕輪などの目印をつけることが義務づけられ、ポーランド市民による野放図な暴行の対象にされた（Grube/Richter 176ff.）。その背景には戦時期に第三帝国の名において繰り返された残虐行為に対する復讐心があったのは指摘するまでもない。

　こうした措置と並行して、再生ポーランドの領土としての既成事実を作ることによって上記の地域を組み込む狙いから、ドイツ人を一掃し、代わりにポーランド市民を定住させる動きが現れた。同様にドイツ人が長らく暮らし、歴史的にドイツの都市であるダンツィヒや、結果的にソ連とポーランドに分割・併合された東プロイセンなどでも残っているドイツ人住民の強制的排除が推進された。民族浄化と表現してよいこのプロセスでは、初期には統制が欠けていたためにポーランド人民兵によるドイツ民間人に対する虐待が頻発した。その結果、暴行はもとより、病気や疲労、飢餓などのためにオーダー川以西への強制移送の途上で命を落としたドイツ市民が少なくなかった。こうした事態を黙視しえなくなったためにポツダム会談ではこの問題が話し合われ、領土の帰属が明確化されないまま、ドイツ民間人の移送を秩序正しく人道的に実施すべきことが決定されたほどである。これを受けて虐待には一部に改善が見られたものの、同時にドイツ人追放が認知されたことからその規模が拡大し、再生ポーランドにはほとんどドイツ人が見当たらないといわれるところまで追放が続けられた。こうして残留していたドイツ人の多くが1949年までに財産の大部分を残したまま故郷から放逐され、ソ連に編

入されたポーランド東部のポーランド人218万人が住民交換の形でドイツ人が立ち退いたあとに入植したのである(伊東 179)。

　この過程でドイツの一般市民が体験した苦難については多くの証言があるが(Mühlfenzl 140ff.)，同じような追放の悲劇は，上述したチェコスロヴァキアばかりでなく，ハンガリー，ルーマニア，ユーゴスラヴィアなどでも見られた。そのなかでも追放の規模が大きく，陰惨な事件が付随したのはチェコスロヴァキアの場合だった。ズデーテン地方の割譲が国家の消滅に直結する形になったこの国では，ナチスの尖兵となり，暴虐な支配に協力したズデーテン・ドイツ人は文字通り国家の裏切り者であり，反逆者と見做された。彼らに激しい憎悪が向けられ，追放の過程が凄惨にならざるをえなかったのはそのためである。なかでもウスティ・ナド・ラヴェム(ドイツ名アウシッヒ)で移送途上の数千のズデーテン・ドイツ人が惨殺された事件はドイツ側では長く語り継がれ，ドイツ・チェコスロヴァキア関係の修復を阻む刺の一つになってきた(Böddeker 298f.)。事件の原因や被害の規模など真相はいまだに明らかになっていないものの，その種の事件の多発は一般市民が抱く怨念にも似た心情と切り離すことができないのは確かであろう。無論，農地を含めてズデーテン・ドイツ人が残した財産が政府によって無償で接収されたことも看過できない。というのも，その価値は国富の4分の1に達するほど巨額だったからである。ズデーテン・ドイツ人追放の詳細は省略せざるをえないが，共産党独裁体制を瓦解させたビロード革命で大統領に就任した反体制派作家のV.ハベルが，追放に関し，チェコスロヴァキア側にも非があったのを認めたのは，市場経済化に対する統一ドイツの援助の期待からばかりでなく，歴史的和解のためには追放に財産没収のような明らかに不当な面があった事実を率直に認めなければならないという判断によると思われるのである(Frankfurter Allgemeine Zeitung vom 2.6.1995.)。

　それでは避難と追放によってどれだけのドイツ人が移住を余儀なくされ，またその過程でどれほどの犠牲が生じたのであろうか。

　これを見る場合，2つの点に注意する必要がある。一つは用語である。西ドイツでは1950年代にこれらの人々を処遇する法令が整備されたが，既に冷戦の時代を迎えていたため，ソ連・東欧圏の体制の邪悪さを強調する反共主義的な意図を込めて，避難民と被追放民を一括して被追放民と呼ぶようになったことである。上述のように，この用法を踏襲して両者を区別しない文

献が少なくないが，前者が戦争末期に前線が接近してくるなかで避難のために自己の判断に基づいて，もしくは軍や官憲の命令によってやむなく故郷を去ったのに対し，後者が戦争終結後に避難の必要が消滅した段階で故郷からの退去を強制されたという相違は軽視すべきではない。なぜなら，例えば約950万人を数えた東部領土のドイツ人住民のうち半数は敗戦までに避難したと見られるが，これらの人々をも被追放民と呼ぶと追放の規模が大写しされる結果になるからである。無論，避難民たちも故郷に帰ることは事実上不可能になり，残してきた財産なども失った点では被追放民と同じ境遇に置かれたことが軽視されてはならないのはいうまでもない。

　もう一つの点は，避難民にせよ被追放民にせよ，敗戦前後の混乱の中の出来事であるため，正確な数の把握が困難なことである。戦争開始の時点については，それまでの国勢調査から住民の数を知ることができる。けれども，戦争が始まってからは，戦時下で軍務に就いたり，他の地域に移動した人々の数をはじめ，西部地域の空襲を避けて疎開してきていた人々などが多数存在するため，戦時期の人口の変動はもはや明らかにならない。その意味で，各種の文献に挙げられているのはいずれも推定値であることを銘記しておく必要がある。とはいえ，それらがおおよその変化を掴むうえでは十分に役立つのは間違いないであろう。

　これら2点に留意しつつ，A.-M.ド・ゼーアスが整理している表4-1-1から表4-1-4までの数字を眺めよう。

　それによれば，1939年にドイツ東部領土にはシュレージエン地方458万人，東プロイセン地方247万人など合わせて957万5千人のドイツ人住民が生活していた。そしてドイツ以外の国々ではズデーテン・ドイツ人を抱えるチェコスロヴァキアに348万人，ポーランド137万人，ルーマニア79万人，ハンガリー62万人など総計742万4千人のドイツ系住民が暮らしていた。これらを合計したうえで，1939年から45年までの出生数の超過分を加えると，敗戦の頃には1,765万8千人になる。そのうちドイツ東部領土の110万人をはじめとして故郷に残留したのは264万5千人であった。また軍人や軍属として戦闘で死亡したり行方不明になったりした者は110万人程度と推定される。そして残りの大部分を占める1,173万人が避難民もしくは被追放民として1950年までに故郷を追われ，東西ドイツに分断される地域に流入したのである。その結果，1950年9月に実施された国勢調査によれば，西ドイツに居住する彼ら

表4-1-1　避難と追放以前の人口
（単位：1,000人）

1939年のドイツ東部領土	9,575
東プロイセン	2,473
東ポンマーン	1,884
東ブランデンブルク	642
シュレージエン	4,577
チェコスロヴァキア	3,477
バルト諸国・メーメル	250
ダンツィヒ	380
ポーランド	1,371
ハンガリー	623
ユーゴスラヴィア	537
ルーマニア	786
小計	16,999
＋1939年－1945年の出生超過	659
総計	17,658
－戦争による喪失	1,100
敗戦時のドイツ人人口	16,558

表4-1-2　避難民と被追放民（1945－1950年）
（単位：1,000人）

ドイツ東部領土から	6,944
チェコスロヴァキアから	2,921
その他の国から	1,865
総計	11,730

表4-1-3　故郷に留まった者
（単位：1,000人）

ドイツ東部領土	1,101
チェコスロヴァキア	250
その他の国	1,294
小計	2,645
＋生きて捕えられた者の推定数	72
総計	2,717

表4-1-4　避難と追放での死者・行方不明者
（単位：1,000人）

ドイツ東部領土から	1,225
チェコスロヴァキアから	267
その他の国から	619
総計	2,111

出所：Zayas, Alfred-Maurice de, Anmerkungen zur Vertreibung der Deutschen aus dem Osten, 3.Aufl., Stuttgart 1993, S.216 より作成。

の数は797万7千人に達し，総人口の16.1％を占めることになった（Reichling (b) 30）。また戦争で兵士のみならず民間人にも膨大な戦死者と行方不明者を出したにもかかわらず，西ドイツ地域の人口は戦争直前の1939年5月の3,934万人から1950年9月に4,670万人へと21％も増加したが，その主因が彼らの流入にあるのは多言を要しないであろう。

　因みに，以上の被追放民たちを出身国ないし地域で区別すると次のようになる。最大グループはオーダー＝ナイセ線以東のドイツの旧東部領土の出身者であり，700万人近くに達する。これに次ぐのは300万人弱のチェコスロヴァキア出身者である。これには140万人を数えた戦前のポーランドの領域の出身者が続き，さらに戦間期に国際連盟の管理下にあった自由都市ダンツィヒの住民だった30万人，ユーゴスラヴィアからの30万人弱のグループ，ハンガリーからの20万人，ルーマニア出身の13万人などがその下に並ぶのである（Bade/Oltmer（(b) 53）。

これらの数字を一瞥すれば，東部領土を喪失して狭小になったドイツの地に流れ込んだ人口がいかに膨大であり，かつまた多様だったかは改めて説明を要しないであろう。そして戦火で国土が荒廃していたことを考えるなら，この人々が最低限度の衣食住の確保という面だけでも重大な負担になるなど戦後復興の中心問題の一つとなったのはすぐに了解できよう。その一端は，1949年に連邦政府が正式に発足した際，負担調整を主軸にして被追放民を中心とする戦争被災者を支援する目的で，他国に例のない連邦被追放民省が設置された事実から看取することができる。同様に，ソ連の占領統治下にあった東ドイツ地域では西ドイツ以上に人口比率が大きかった被追放民たちの受け入れは深刻な問題を引き起こした。追放の意味合いを抹消するためにウムジードラーと総称された彼らは，主に農村部に定着して「新農民」になったが，割り当てられた未知の地で大土地所有を解体する土地改革の渦中に直ちに投げ込まれたからである（足立123ff.）。

　東西ドイツでは国土が戦場になったことに加え，日本と違って直接占領が行われたため，行政機構は機能不全に陥ったが，そうした状態で戦前を上回る人口を抱えねばならなかったことに着目するなら，敗戦後にドイツが直面した困難の深刻さが容易に推し量れよう。それにとどまらない。戦争が終わるとドイツの地は巨大な人口移動の波に包まれた。爆撃を避けて農村部に疎開していた人々の帰還，捕虜として収容所にいた兵士の復員，膨大な外国人労働者の帰国，強制収容所から解放された囚人の彷徨などがそれである（Uhl 63ff.; Plato/Leh 24ff.; ゾンマー 125ff.）。これらの錯綜した動きによって敗戦後の困難が加重されていたことを考慮すれば，「ドイツの戦後史にとってこの人口動態上の変化はいくら重視してもしすぎることはない」（クレスマン 49）というCh.クレスマンの言葉が決して誇張ではないことは自明であろう。なかでも避難と追放に関しては，その過程で211万人もの人命が失われたと推定されることに加え，無一物に近い状態で故郷を退去せざるをえなかった辛さ，虐待，疲労，飢餓による恐怖と絶望などが想像を絶していたことは，退去のプロセスそのものがいかに凄惨だったかを物語っている。別言すれば，避難と追放の苛酷さが第三帝国の犯した罪悪に対する反動だったとしても，その苦難を直接に体験した人々の心のうちに深く刻み込まれ，怨恨に近い心情を作り出したのは無理からぬところであったといえよう。たしかにクロコウが記しているとおり，「不幸な目にあったのはドイツ人ばかりで

はなかったし，またドイツ人が最初でもなかった。むしろドイツ人がみずからの手で不幸を招いたのだ。彼らが『下等人間』と呼んだ人々を不幸に陥れたことが，あらゆる不幸の始まりだった」(クロコウ 312)というのが歴史の真実だった。けれども，悲惨な体験が身体化して被害者感覚が凝固した人々の間では，加害者と目される人々自身の不幸にまで視野を広げた冷静な反省が根付くのは困難だった。しかも，この困難はドイツ人全般に当てはまる次の事情によって加重されていた。それは，「自分たちが抱えた戦後の困難－食糧不足や住宅不足など－のほうに心を奪われていて，ヨーロッパ中の占領地域で自分たちの犠牲となった人々の苦しみには思い至らなかった」(ジャット 75)ことである。例えば追放を目撃した『ニューヨーク・タイムズ』紙の記者はこう書いた。追放という「この再移民の規模とそれが実施される状況は，歴史に前例がない。その恐怖を目の当たりにする者なら，これこそ人道に対する罪であり，恐ろしい歴史の報いが必ず来ると確信するだろう」(ジャット 36)。西側の観察者がこのように不気味な予言を書きつけるほど追放が凄絶を極め，深い禍根を残した事実は直視しなければならないが，同時に，来るべき報いの原動力とみられたのが，自分たちこそが犠牲者だという意識だった点を見落とすことはできない。1950年に定められたドイツ故郷被追放民憲章では第1条で「復讐と報復を断念する」ことが謳われたが，そのことはかえってそうした感情がいかに広範に存在していたかを裏書きしているとも解されるのである(Czaja 15)。

けれどもその一方で，なるほど初期には重荷になったものの，その同じ被追放民たちがやがて戦後復興に大きく貢献する存在になったことも指摘しておかなくてはならない。今日から振り返れば，彼らがよく訓練され労働意欲をもつマン・パワーとして戦後ドイツの経済的繁栄の基礎を築くのに不可欠であったことに関しては広範な一致がある(Frantzioch-Immenkeppel 8; Böddeker 462ff.; Djekovic/Gross 128ff.; 佐藤 59)。

既述のように，1930年代中期から第二次世界大戦の敗北までの間，軍需景気と戦時経済のためにドイツ産業の生産能力は著しく拡大した。工業生産の増大は，しかし軍務に就くドイツ人労働者の離脱が生じたことも加わり，外国人の強制労働と戦争捕虜の労働力を大規模に投入することによってのみ可能だった。その数は1944年夏には約770万人に達していた。これに対し，潜在的労働力としての女性については，ナチ・イデオロギーによる制約などの

壁があったために，実際に戦時下で就労した人数は比較的一定していた。戦争終結後，占領とともに自由になった外国人強制労働者と戦争捕虜の大半は故国に帰った。もっとも，そのなかには捕虜として生き延びたソ連軍将校のように対独協力の嫌疑をかけられて死刑に処される懸念や，一般のソ連軍兵士のように収容所送りになる不安から帰国を拒否した者も少なくなかった。事実，ソ連国民として1953年までに帰国させられた550万人のうちの5人に1人が銃殺かグラーグの略称で恐れられた強制収容所送りに処されたほか，さらに多くの人々がシベリア追放となるか，あるいは強制労働部隊に組み入れられたといわれる。その一方で，戦禍で故郷が荒廃したり，家族をすべて失ったためにもはや故郷と呼べる土地を喪失したことや，あるいはバルト3国出身者やウクライナ人，ルーマニア人のように祖国を支配下においたソ連もしくは共産主義勢力に対する反感から帰国を断念した者も存在した。彼らは流民すなわちDPと略称されたが，西側占領地区に残った人数は1946年で76万人に上った。またそのうちの半数近くは祖国の復活を待望していたはずのポーランド人であった(Wetzel 34ff.; Jacobmeyer 370f.)。いずれにせよ，多数の強制労働者たちの帰国で生じた労働力の空隙は，さしあたり復員してくるドイツ兵によって埋め合わされたが，しかし不十分だった。これに物資輸送やエネルギー供給の難点が加わったため，全てが失われて戦後はゼロから出発したといういわゆる「零時」の通念に反して，実際には工場疎開などの措置によって比較的多くの生産設備が爆撃や戦闘による破壊を免れたにもかかわらず，戦後初期にはそのかなりの部分は稼働させることができなかった。

　1948年に通貨改革が断行され，三つの西側占領地区で経済の再生が始まったが，それは二つの要因によって支えられていた。第1はアメリカの対外援助としてマーシャル・プランの形で資本が流入したことである。第2は十分な数の労働力が存在していたことである。この関連で重要になるのが次の事実である。すなわち，1950年までに膨大な数の被追放民と避難民がかつての東部領土をはじめ，ソ連の勢力圏に組み込まれた東欧諸国から西ドイツに流れ込んでいたことである。しかも1950年から1960年の間で見ても，西ドイツでの人口増加の90％以上が避難民と被追放民に負うていたことも指摘しておくべきであろう。この結果，被追放民と避難民のグループは1960年には当時の西ドイツ人口の約4分の1を占めたのである。また東ドイツからも少なくと

も270万人の「共和国逃亡者」が西ドイツに流入していたことも忘れてはならない。ともあれ，これらの数字から差し当たり次のことが明瞭になる。経済再建過程で生じた労働力の不足を埋めたのが避難民と被追放民にほかならなかったことがそれである。彼らが存在しなければ，既に1950年代にかなりの労働力不足が生じ，そのために再建は進捗しなかったであろうということは，単に被追放民団体の一方的な主張であるだけではなく，今日では広く認められた定説になっている。例えばU.ヘァベルトはこう記している。「経済の奇跡がなければ避難民と被追放民の統合は不可能だったであろうし，また彼らの追加的な労働力ポテンシャルがなかったなら，経済の奇跡は可能ではなかったであろう」(Herbert(a) 182)。

　ところで，一般に人の移動に関しては，移住者の統合の過程は摩擦なしに直線的に進展することはないといえるが，このことはドイツについても当てはまる。以前のドイツの東部領土からの被追放民や避難民にソ連占領地区もしくはその後の東ドイツからの逃亡者を加えた人口は膨大な数に達するが，敗戦後の荒廃した社会にこれらの人々を受け入れ，統合することは大きな軋轢を生み，様々な懸念を広げることになったからである。占領国はこれらの人々の移送に関する技術的行政的指示を与えることと彼らの間の騒擾の防止に自己の役割を限定し，それ以外は再建途上のドイツ側の行政機関に委ねたので，被追放民たちを多く抱えた農村部の自治体の負担は大きかった(Klemt 66f.)。特に1950年に総数の23.2%を引き受けていたニーダーザクセン州をはじめとして，「難民州」と呼ばれたシュレスヴィヒ＝ホルシュタイン，バイエルンの3州に被追放民たちは集中する形になり，分布に顕著な偏りが生じたことが表4-2に示されているが，それによる著しい人口変動に照らしただけでも，これらの州で深刻な紛争が憂慮されたのは当然だった(Wiesemann 218f.)。実際，戦災で住宅が激減した社会に戦前を大幅に上回る人口が居住する事態になった結果，被追放民たちは窮屈な緊急収容施設に詰め込まれることが多かったが，そのことは住宅の確保を巡る軋轢を生じさせた。また1951年の統計では西ドイツの失業者数は166万人だったが，そのうち55万7千人が被追放民・避難民であり，彼らの失業率は従来の西ドイツ住民の2倍にも達していたので，生活再建の足場となる職場の獲得を巡って摩擦が生じた。しかもこれには他所者に等しい新参者と土着の住民との間の感情的な対立が重なった。初期には間もなく立ち去る「強制的休暇の東部ドイツ人」と

表 4-2　避難民・被追放民の地域分布

州	人口 1939年5月17日	人口 1950年9月13日	増減(%)	難民	難民の比率(%)
シュレスヴィヒ＝ホルシュタイン	1,589,000	2,594,600	63.3	856,943	33.0
ハンブルク	1,711,900	1,605,600	-6.2	115,981	7.2
ニーダーザクセン	4,539,700	6,797,400	49.7	1,851,472	27.2
ノルトライン＝ヴェストファーレン	11,934,400	13,196,200	10.6	1,331,959	10.1
ブレーメン	562,900	558,600	-0.8	48,183	8.6
ヘッセン	3,479,100	4,323,800	24.3	720,583	16.7
バーデン＝ヴュルテンベルク	5,476,400	6,430,100	17.4	861,526	13.4
バイエルン	7,084,100	9,184,500	29.6	1,937,297	21.1
ラインラント＝ファルツ	2,960,000	3,004,800	1.5	152,267	5.1
西ドイツ全体	39,337,500	47,695,700	21.2	7,876,211	16.5

出所：Bade, J.Klaus / Jochen Oltmer, Normallfall Migration, Bonn 2004, S.60.

して容認されていたのに，定住が避けられなくなるにつれ，数々の差別語に見られるように，被追放民たちは排斥の対象とされたのである(Theisen 31)。わが国の例を引けば，この点には，敗戦後の日本で外地からの「引揚者が日本の内なる他者として普通の日本人の引き立て役」にされ，「劣った日本人として日本社会の周縁的な位置を与えられた」のと共通する心理的機制が働いていたと考えられる(五十嵐 22)。ともあれ，差別に晒されて不満を募らせた被追放民や難民たちが結束を強め，失地回復を叫ぶ国粋主義と東のブロックに対する強烈な反共主義に駆られて右傾化する可能性が高まったが，今日確認されるところでは，社会的緊張や政治的危険は当時懸念されたほどには実際は深刻ではなかったといわれる。

　人の移動に伴う摩擦という面から見れば，戦後の被追放民・避難民とその後の外国人労働者とその家族が置かれた状況には多くの点で構造的な類似点が存在する。しかし他面で，基本的な相違があるのは指摘するまでもない。被追放民・避難民の場合には主としてドイツ国籍をもち，ドイツの生活習慣とドイツ語を話す人々が中心になるからである。したがって彼らについては外国人法を巡る種々の問題や言語の困難などは現れず，外国人について見られるような人種主義的なトーンの排外主義的な言動はもとより，ドイツの異邦化の不安やそれによる反感なども現出する余地は殆ど存在しない。また被追放民・避難民自身の側でも住み着いた土地は未知の異国ではない上に，かつての故郷に帰還する可能性はないという現実を長期的には受け入れる以外

になく，新たな土地に定住するほかなかったからである。言い換えれば，外国人労働者とは違い，彼らには帰ることのできる国や故郷は存在しなかったのである。こうした事情が統合への彼らの積極姿勢の背後に存在していた。それに加えて，この姿勢を強めた要因として，占領した連合国とドイツの官庁が彼らを定着させる方針を立て，1952年に制定された負担調整法を頂点に政治的・経済的な同権と社会的統合を促進する施策を推進したことにも注意を払う必要がある (Kleinert 55f.)。

　さらに外国人の大半が労働者であるのとは異なり，避難民・被追放民は社会成層の面では均質な集団ではなく，定住した西ドイツでも社会の上層や中間層に属した人々が少なからずいたことや，外国人が政治的・社会的に弱体な集団であるのとは対照的に，故郷被追放民・権利被剥奪者同盟 (BHE) や被追放民同盟のように，彼らが共通の利益を主張し，政治的に貫徹できる圧力団体を形成できたことなども見落としてはならない。特に後者の点については，単に彼らの数が極めて多かっただけでなく，ドイツ国籍を有する市民として当然ながら選挙権を行使しえたことが重要である。なぜなら，選挙で勝利を収めようとする主要な政党はいずれも少なくとも彼らの票を逃さないためだけでも，彼らの要求を顧慮せざるをえなかったからである (近藤正基 (b) 49f.; 安野 107f.)。そればかりか，1950年に占領国による制限が撤廃されたとき，共通の利害をバネにして彼らはBHEを結成した。そして，1953年の連邦議会選挙では23の議席を獲得しただけでなく，アデナウアー政権に二人の閣僚を送り込みさえした。このようにして彼らは独自の政治勢力として無視しがたい地位を占めたのである。このことは被追放民・避難民の社会的統合が十分には進まず，それだけ彼らが共通の主張で結束しやすい状況にあったことを示している。そうだとするなら，BHEが1957年の連邦議会選挙で泡沫政党を排除する5％条項の壁に阻まれて議席を失ったのを皮切りに，1960年代に入って凋落していったことや，その過程で事実上キリスト教民主同盟に吸収されていき，それに応じて被追放民団体の政治的影響力が低下していったのは，彼らの社会への統合が進展したことを物語っていると解することができよう。実際，H.-W.ラウテンベルクが確認しているように，「遅くとも1960年代末までには連邦共和国の戦後社会への数百万人の避難民と被追放民の統合は完了したと見做される」のであり (Rautenberg (c) 36)，被追放民団体とのパーソナルなつながりを除けば，社会生活の面では特殊性は殆ど消失

したといえるのである。

　被追放民に関する近年の文献では，追放という歴史的事実と被追放民の存在が忘却の中に沈みつつあり，無関心が広がっていることがしばしば憂慮を込めて指摘されている(Theisen 20)。そうした状況が現出したのは，彼らの社会的統合に伴って被追放民としての輪郭が目につかなくなると同時に，被追放民の内部でも追放の記憶をもたない第二・第三世代が増大し，悲痛な経験が薄れてきていることが一つの原因になっているのは間違いない。被追放民同盟の会長E.シュタインバッハが中心になって2000年に「追放に反対するセンター」が創設されたのには，そうした変化への危機感がある。そこに集まった人々は東欧圏からの追放とドイツ社会への被追放民の統合について常設展示を行う記念館の設置を要求し，これを批判するポーランドとの間に感情的な摩擦を引き起こしている(佐藤 317; 川喜田)。他面，議論の過程で追放がその一種である強制移住の被害に遭ったのはドイツ人だけでなく，周辺諸国でも同様の悲痛な経験があることに視界が広がるようになっているのも，見落とせない変化といえよう。2010年に連邦政治教育センターは『強制移住，逃亡，追放 1939-1959年』という歴史地図を中心にした著作を刊行したが(Bundeszentrale für politische Bildung)，ドイツだけでなく，ポーランド，ウクライナ，ユダヤ人にもほぼ同等のスペースが割かれ，ベラルーシ，リトアニア，チェコなどにも触れられているのは，それを裏書きしている。

　西ドイツでは1950年代半ばから外国人労働者の導入が開始され，ベルリンの壁の建設後に外国人労働者の募集は本格化したが，以上で見たように，復興から経済の奇跡の初期までは不足する労働力は主として被追放民たちによって補われた。換言すれば，この時期には外国人は労働力としてはそれほど必要とはされず，故郷を失い多くがプロレタリア化した被追放民たちによって復興と急速な経済成長は支えられたのである。というのは，マン・パワーとして彼らが多様な職種の労働現場で直接的に貢献したのはもとより，失業率を高める要因になったがゆえに，一方では平均以下の労働条件の部門に甘んじて就業するとともに，他方では，追加的労働力として賃金上昇を抑制する働きをし，間接的に企業利潤の増大と投資の拡大に寄与したからである。こうして経済復興を担いつつ，その過程で避難民・被追放民たちは労働市場に編入され，生活基盤を徐々に固めることができたが，そのために当初は困難さが憂慮されていた彼らの社会的統合は次第に進展し，重大性と尖鋭

さを失っていくことにもなった。つまり、戦後の復興と経済成長は、被追放民たちの存在のゆえに初期の局面では外国人の労働力に依拠せずに実現されたのであったが、しかしその裏側では、一つの看過しえない結果を伴った。すなわち、戦時期に大規模に推し進められた外国人の強制労働は戦争に起因する例外的な出来事であって、過去の一つのエピソードとして片付ける傾向が強まり、意識の片隅に押しやられるようにもなったのである。外国人労働者の大規模な導入が始まったのはこの段階である。「戦争終結から15年が経過する頃には、戦争時の『異邦人労働者』に対する姿勢が1950年代に批判的な検証に晒されないまま、無前提性というフィクションの下に外国人の大量雇用が再び社会的に受け入れられえた」のである (Herbert (a) 190f.)。

ところで、西ドイツへの人口流入の面から見ると、ほぼ1950年を境にして主役の座が避難民・被追放民からユーバージードラーに移ったことを見逃すことはできない。1950年代に東ドイツから西ドイツに移住する人々の流れが大きく膨らむとともに、経済成長につれて拡大した西ドイツの労働力需要は、避難民・被追放民に続き、ユーバージードラーの流入によって充足されるようになったからである。

この事実に着目するなら、ユーバージードラーを正面に据えて考えることが必要になる。この用語はわが国では聞きなれないし、ドイツでもほとんど忘れ去られるようになっている。それは、ユーバージードラーがドイツの東西分断に密着した集団であり、分断に終止符が打たれたことによって表面上は消滅したからである。けれども、それだけに彼らはドイツ分断という現代史の証人ともいうべき人々といえるし、しかも規模が大きいために、移民史の観点からも逸することのできない集団でもある。現代史と移民史というこうした二重の観点から、次にユーバージードラーに焦点を合わせることにしよう。

第5章　ドイツ分断とユーバージードラー

はじめに

　多年にわたりドイツ民主共和国(以下DDRと略す)の国家評議会議長として君臨したE.ホーネッカーは，1989年1月19日に開かれたトマス・ミュンツァー委員会の席でベルリンの壁の見通しについて次のように表明した。「ゲンシャー氏(西ドイツ外相)とシュルツ氏(アメリカ国務長官)の力強い行動にもかかわらず，建設に至ったときの諸条件が変わらない限り，壁は存在し続けるだろう。それを必要とした理由が取り除かれないなら，それは50年，いや100年でも存在し続けるだろう」(Lehmann 359)。この発言は社会主義統一党機関紙『ノイエス・ドイッチュラント』で直ちに伝えられたが，そこには同年秋に壁が崩壊することへの予感は微塵も見られず，DDRが今後も存続することは自明視されていた。この点は一人ホーネッカーに限らず，DDR指導部をはじめ，西ドイツ側でも同様だった。さらに東西ドイツの観察者の場合でも，DDRの崩壊につながる壁の開放を予想したものはいなかったといわれる。

　1956年のハンガリーと1968年のチェコスロヴァキアの改革の動きがソ連の戦車によって封じられ，社会主義が実力によって維持されている印象が強かった1950年代，60年代には，東欧研究者の間に東欧諸国の社会主義体制の崩壊を予測する者が存在していた。しかし平和共存の形で冷戦体制が固定化した1970年代になると，なるほど東欧型社会主義の経済的パフォーマンスの低さと正統性の欠如は相変わらず指摘されていたとはいえ，大勢としては中期的に見たそれらの安定性はもはや否認しがたいものと見做された

のである。
　ところで，DDRでは最初に尖鋭な経済危機が発生し，それを背景にして体制反対派が勢力を拡大して体制の崩壊に至るというプロセスを辿ったのではなかった。むしろ崩壊のプロセスを始動させたのは，1989年夏以降に国外で急速に増大したDDR脱出者の巨大なうねりだった。その意味で，DDR変革のきっかけは，最初に国境を開いたハンガリーの決定や不介入を守ったソ連の方針などDDRの外部での発展にあったといえる(Maier 109)。ここに他の東欧諸国と比べたDDR崩壊のドラマの独自性が見られるのであり，そこにDDRという分断国家の独特な性格が映し出されていたといってもよい。つまり，ソ連の承認を得たベルリンの壁の建設によってDDRが安定したのと同様に，壁の開放に伴うDDRの統治能力喪失は，ソ連のペレストロイカをはじめとする国際環境に規定されていた面が大きいのである(グレースナー33)。
　それはともあれ，ベルリンの壁が崩壊してからもDDR脱出者のうねりは収束せず，むしろ一段と水嵩を増す展開になった。そして，これと歩調を揃えて高まった民主化要求から東西統一の期待に重心が移った結果，DDRは安定化のチャンスを掴めないまま，脱出の高波と国内のデモの嵐によって瓦解に向かったのは周知のとおりである。このような展開を踏まえるなら，民主化を始動させる契機になったばかりか，DDRの存続を不可能にもしたDDR脱出者のうねりの大きさとそのダイナミズムを解明することは，体制としてのDDRの生存能力の強度を吟味することにもつながるであろう。こうした連関に注意しながら，以下ではユーバージードラーと呼ばれるDDRから西ドイツへの離脱者の動きを辿り，併せて，西ドイツから見れば彼らが西ドイツ域外からの流入者にほかならない事実に着目して，外国人労働者，アオスジードラーなどと並ぶドイツにおける移民問題の一端をスケッチしてみよう。

1. ユーバージードラー問題の輪郭

　最初に用語について一言しておこう。
　1990年10月3日の統一により国家としてのDDRは消滅したが，その少し前に一つの言葉が官庁用語としては葬られ，公式統計にも現れなくなった。DDRと西ドイツとの通貨・経済・社会同盟がスタートし，通貨などが統一さ

れた同年7月1日以降ユーバージードラーという語は使用されなくなり，したがって公式にはユーバージードラーと呼ばれる集団も姿を消したのである。

　ドイツが分裂していた時期に長く用いられてきたユーバージードラーという語は，法的意味では次のような人々を指していた。「DDRの官庁の出国許可を得，DDR国籍を喪失して長期にわたり連邦共和国に居住するDDRからの移住者」がそれである(Ronge 643)。したがって，厳密な意味ではユーバージードラーの概念にはベルリンの壁の建設までのようにDDR官庁の許可のないまま西ドイツに移住した人々を始め，第三国を経由したりドイツ内部国境を乗り越えるなど非合法な方法で西ドイツに移った人々や，あるいはDDRにおける政治犯などとしていわゆる「自由買い」によって西ドイツに引き取られたDDR市民は含まれない。けれどもこの語の用法としては，法的には除外されるべきこれらの人々も含めDDRから西ドイツに移住してきた市民の全体を包括するのがかなり一般的になっている。そのために混乱が生じているのが実情だが，そうした点を考慮し，以下では従来の法的意味でのユーバージードラーを狭義の，また非合法移住者をも含む場合には広義のユーバージードラーと呼ぶことにし，特に断らない限りは後者を指すものとして用いることにしたい。

　それでは一般の外国人とは異なり，このようなユーバージードラーが支障なく西ドイツに受け入れられるのは何故だろうか。それは，彼らがドイツ国籍を有する市民として扱われるからにほかならない。両独間で1972年に基本条約が締結されるまでは，DDRは西ドイツによって国家としては承認されず，ハルシュタイン・ドクトリンと呼ばれた指針に見られるように，DDRと国交を結んだ国との外交関係は断絶された。国交のある通常の国家とは異なり，DDRには固有の国籍が存在しないとされたのは，こうしたDDR否認の立場の論理的帰結だった。そのためDDR市民には1913年に制定された帝国国籍法が適用され，西ドイツ市民と同様にドイツ国籍の保持者として扱われた。また基本条約締結後は相互の領土高権を認め独立性を尊重する建前からDDR国籍の存在を無視できなくなったが，それでもDDR市民をドイツ国籍者と見做す立場は堅持された。すなわち，DDR市民はDDR国籍者でありながら，同時にドイツ国籍者であるという二重の構成がとられたのであり，これに基づいてユーバージードラーはそれまでと同じく西ドイツに受け入れられたのである(広渡(a) 31f.)。

ところで，DDRの公式統計には変革に至るまで西ドイツへの移住者であるユーバージードラーに関する明示的な記述は存在しない。また壁が崩れた後でも移住者の数についてDDRでは信頼しうる調査は実施されなかった。壁崩壊後の時期については移住者の一部しかDDR官庁に移住を申告しなかったので難点が存在したものの，少なくともそれまでは狭義か広義かを問わずユーバージードラーの存在自体が内外に公表さるべきものとは考えられなかったからである。それどころか，H.ガイガーがいうように，「DDR市民がDDRを立ち去るという考えやその十分な理由をもつことはありえず，そうした市民は国外の敵によって影響されたに違いない」というのがDDR指導部の立場であり，DDRを捨てるユーバージードラーとはそうした観点からは社会主義に背を向ける裏切り者であり，存在してはならない人々であった(Geiger 5)。そして存在を許されない人々は公然たる議論の的になってはならず，存在しないものとして黙殺するのがDDRの通例にほかならなかった。別言すれば，DDRでは彼らの存在そのものが隠蔽されねばならない恥部を意味していたといえよう。

そうだとすると，DDRと対峙した西ドイツではこれとは逆に彼らはDDRの非人道性や社会主義の非道さの生きた証明と見做されたのは当然であろう。彼らについては対立する二つの体制に対する「足による投票」を行ったと言われたが(Ritter 33)，そうした表現からも推察されるように，彼らは西ドイツの道徳的優越はもとより，政治面，経済面などでの優位を立証する歓迎さるべき人々であり，冷戦下では反共宣伝のこの上ない手段でもあった。こうした理由から西ドイツでは「二重の建国」から1年を経ずして緊急受け入れ法が1950年8月22日に施行され，ギーセンを中心にユーバージードラーの一時的受け入れ施設が設置されたほか，彼らに関する統計も整えられた。また緊急受け入れ法の西ベルリンへの適用の是非を巡る議論を経て1953年にベルリンのマリーエンフェルデに緊急受け入れ施設が開設されたが，西ベルリンがDDRからの主要な脱出路になるのに伴い，マリーエンフェルデ収容所がユーバージードラーの歴史を凝縮した施設という色合いを強めていったのも見落とせない(Effner/Heidemeyer 30ff.; Köhler 108ff.)。ともあれ，連邦全ドイツ問題省(1969年に連邦ドイツ内関係省に改称)のまとめによれば，緊急受け入れ施設では1949年9月から1961年8月15日までに約270万人のユーバージードラーが登録された(Bundesministerium für gesamtdeutsche Fragen 15)。こ

れに加え，同時期に少なく見積もっても約100万人が緊急受け入れ施設に登録されることなくDDRから西ドイツに移住したと推定されている(Ulrich 3)。

DDRの統計年鑑に掲げられている人口統計を一瞥すると，建国時に1,880万人を数えた人口が消滅までにほぼ一貫して減少しつづけ，特に1961年を境にそれまで急速に減りつつあったのが横這いに移行していることが明らかになる。そこで1961年までの人の移動による増減に注目すると，表5-1が示すように，その数字がほどの年度も西ドイツのユーバージードラー受け入れ数を数万人下回っているのに気付く。例外は1950年と56年であり，特に50年の32万人の差は大きいが，これは1950年8月31日付で実施された国勢調査による数字の修正によって生じたものと考えられる。このことを考慮して全体的に見れば，ユーバージードラー数よりも移動による増減が小さい結果になっているのは，一つには増減の計算のもとになるDDR官庁のデータが正確さを欠いていることに起因しており，いま一つには戦争捕虜の帰国のような要因が計算上適切に扱われていないことにあると見られる。

西ドイツに住み着いたユーバージードラーには緊急受け入れ施設で登録された人々と未登録のままの人々が存在するが，1961年に行われた西ドイツの国勢調査に基づいてそれまでの推計は改めて上方修正された。それによれば，西ドイツに移る前に一時的であれ恒常的であれDDRに居住したことのある人々（移住後に出生した子供を含む）の数は590万人だったが，そのうち

表5-1 DDRの人口と移動による増減

年度	人口	移動による増減	西ドイツの受け入れ数
1949	18,793,282		129,245
1950	18,360,000	−517,566	197,788
1951	18,350,128	−111,844	165,648
1952	18,300,111	−134,345	182,393
1953	18,112,122	−274,295	331,390
1954	18,001,547	−184,458	184,198
1955	17,832,232	−248,529	252,870
1956	17,603,578	−297,238	279,189
1957	17,410,670	−241,056	261,622
1958	17,311,707	−149,255	204,092
1959	17,285,902	−87,887	143,917
1960	17,188,488	−156,640	199,188
1961	17,079,306	−187,261	207,026

出所：Statistisches Jahrbuch der DDR 1970, Berlin 1970 および Frankfurter Allgemeine Zeitung vom 21.10.1989 より作成。

には戦争末期に流入した避難民や被追放民が含まれている点に注意を要する。ソ連軍の侵攻に伴って故郷を立ち去った避難民に加え，オーダー＝ナイセ川以東のかつての東部領土やズデーテン地方をはじめとするチェコスロヴァキア，ルーマニアなどの東欧圏から追放された人々は，調査では約280万人だった (Bundesministerium für Vertriebene, Flüchtlinge und Geschädigte 4)。この数字を考慮すれば，それゆえ，DDR地域に1945年以前から居住していたドイツ市民で1961年8月までに故郷を立ち去り西ドイツに移住したのは300万人を超えるのは確実であろう。また連邦調整庁の統計では1961年8月のベルリンの壁建設から1988年までにDDRから総数で616,066人が西ドイツに移住している。さらに89年に移住したのは1年間で343,854人に上っており，DDRの歴史で最高を記録した。これらの数字を合計すれば，1949年から89年までにDDRから約400万人が西ドイツに流出したことになる。その規模の大きさは，今日のノルウェー一国の人口に匹敵することからも推し量れよう。なお，この数字は，DDRの統計年鑑から算出される，1950年から88年までの間の人の移動による310万人の減少と大幅な齟齬がないこと，また，当然ながら人の流れはDDRから西ドイツへの方向ばかりではなく，逆向きのそれも存在し，その数は89年末までに47万1千人で前者の約10分の1にとどまったことも付け加えておこう (Wendt 387)。

　DDRからのこのような人口流出の結果，建国時の人口で測ると西ドイツには8％に相当する人口増大がもたらされる形になった。そしてとりわけ1950年代には被追放民・避難民とその後身であるアオスジードラーとともにDDRからのユーバージードラーが経済の奇跡を労働力面で支え，繁栄の基礎を築くのに貢献したのは周知のとおりである。他方，DDRからこれを見れば，崩壊までの40年間に当初の人口の20％を喪失したことになるが，このような「現実に存在する社会主義」に背を向ける市民の多さはそれ自体国家としてのDDRの威信を損なったばかりではなかった。戦災からの復興を果たし，西ドイツと比べた資源の乏しさや賠償による産業施設の撤去などの困難な条件を乗り越えて産業活動を拡大していくうえでも，この喪失が文字通り大量出血に等しい重大な痛手になったことは容易に推察しうるであろう。特に壁の建設までの300万人を上回る移住者では若い年代の占める比率が高く，そのために労働力人口をなす生産年齢に相当する年代や出産可能な年代の女性の割合が人口構成において低下していったことは深刻な事態を予想さ

せるものであった。この点に関し，例えばK.ルングヴィッツは1951年1月1日から1961年1月31日までに西ドイツへの大量脱出の影響でDDRは28万人の新生児を失ったと推計しているが，これが正しいとすると，同期間のDDRの新生児数は291万人だったから，この面でも損失がいかに大きかったかが容易に推察できよう(Lungwitz 73)。

さらにDDRの人口問題という観点から見て，先進国に共通する少子化がDDRでも現れていたことに注意する必要がある。長期的に眺めた場合，死亡率が低下し，平均余命が伸びる一方で，出生率が置換水準に達しなかったために人口減少の危機に直面していたのは，DDRも他の先進国と同じだった。しかしユーバージードラーの流出に起因する出生数の落ち込みが加わったために，DDRではこの危機が早くから顕在化していた点を看過することはできない。実際，J.ドァブリッツたちが強調するように，先進国のうちで「1950年から1980年までの30年間にDDRは人口が減少した唯一の国だった」(Dorbritz/Speigner 68) のである。その上，大量で特定の年齢層に偏った人口流出は人口減少にとどまらず，人口構成にも重大な影響を与えないでは済まなかった。DDRの人口を年齢別にグラフ化してみると単純なピラミッド型ではなく，凹凸が極めて大きいのが顕著な特色として目につくが，戦争による犠牲者が多かった年代のほかにより若い年代で窪みが大きくなるのは，ベルリンの壁の建設までに生じた大量脱出の帰結といえよう。このような面から見ても，社会主義の建設と発展を目指すDDRにとってユーバージードラー流出が文字通り存亡に関わる重大問題になっていたことが察知できるのである。

2. DDR建国からベルリンの壁建設まで：前期

先に触れたように，DDRの人口統計を眺めると減少傾向が続いているのが分かる。けれどもその一方では，1961年を境にそれまでの急減にブレーキがかかり，横這いに近くなっていることも明白になる(表5-1参照)。同年に西ベルリンの周囲に壁が築かれた事件を想起するなら，この変化が主としてユーバージードラーの起伏によるものであることは容易に推察できよう。そこでユーバージードラーの波の高低の変化とその背景を振り返ってみよう。

図5-1は年度ごとのユーバージードラーの数を示したものである。これを見ると，第1に，壁が構築された1961年を転換点にして決定的な変化が生じ

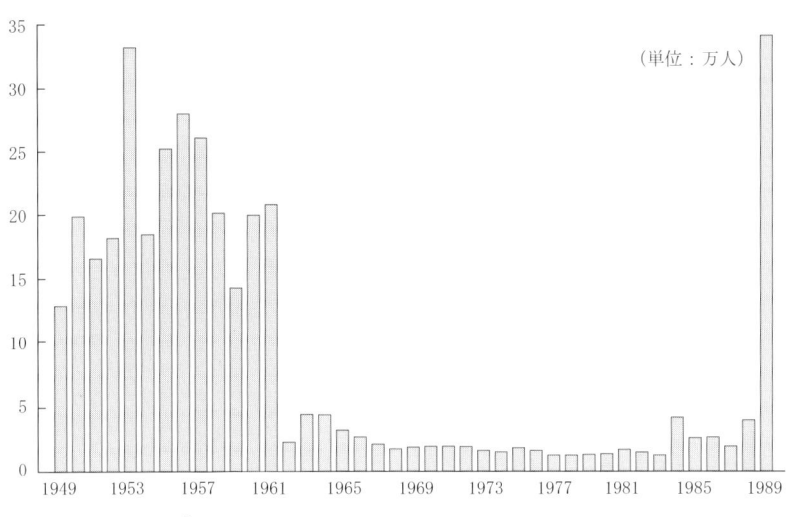

図 5-1　ユーバージードラー数の推移（1949 – 1989 年）

（単位：万人）

出所：Ulrich, Ralf, Die Übersiedlerbewegung in die Bundesrepublik Deutschland und das Ende der DDR, Berlin 1990, S.5.

ており，その効果が歴然としているのが読みとれる。また第2に，1984年からユーバージードラーが増大するようになったことと並び，ドイツ内部国境とベルリンの壁が開放された1989年の激増ぶりが際立っている。これらの特徴を考慮し，ひとまず1961年を境界にして前期と後期に区分した上で，それぞれの時期を考察することにしよう

前期については，図5-1に見られるように，1953年にユーバージードラーの波は最高潮となり，1年間に西ドイツの官庁が把握しているだけでも33万人を記録した。これはDDRの主要都市エアフルトとポツダムの住民の合計にほぼ匹敵し，1年だけで2都市が消滅したに等しい。その数は翌54年に急減したものの1955年に再び増大し，57年までの3年間は毎年25万人を超す状態が続いた。その後，再度減少に向かい，特に59年には1949年を除くと最低の14万4千人まで下降したが，60年になると20万人のレベルにまで上昇した。そして61年には，壁の建設が始まった8月13日までだけで15万5千人を数え，前年を大きく凌駕しそうな状況が現出したのである。

1950年以前に関しては，米英仏の西側占領地域もしくは新たに成立した西ドイツへの東からの移住は説明を要する重大な現象ではなかったといってよ

い。今日の統一ドイツの空間に旧東部領土やソ連の影響下に入った東欧諸国から膨大な避難民・被追放民が流入したのは第4章で説明したとおりであり，1950年の追放の終結時点で1,100万人にも達した。この数字を見れば，ドイツの地で大規模かつ広範囲にわたる移動が生じていたことは容易に想像できるが，そのほかにも疎開先の農村部から故郷の都市に復帰する人や復員する兵士の流れなども生まれた。これらの動きと並べれば，ソ連占領地域から西側3カ国占領地域への移住は，敗戦から間もない混乱期における多様な人の移動の一環をなすものだったといえよう(Marschalck 87f.)。

　ところが1950年代に入ると状況は大きく転換した。冷戦の激化とともにドイツの分裂が既成事実になると，東から西に向かうユーバージードラーの存在は二つのドイツ国家の正統性や体制の優劣にかかわる問題に発展し，イデオロギー的な様相さえ帯びるようになったからである。実際，社会主義の建設に着手したDDRでは1950年代に社会主義の英雄を讃美するプロパガンダが強力に展開されたが(Gries/Satjukow 10)，そうしたDDRの側からは内部国境を挟んで対峙する西ドイツは独占資本が支配し帝国主義的野望に駆られたナチズムの後継国家と見做された。そして，これに吸引される移住者には，ファシズムのイデオロギー的影響を克服できない者という烙印が押され，アンティファすなわち反ファシズムを建国の原点とするDDRで生活の展望を描くことのできない頑迷な人々として片付けられたのである。無論，このような公式的説明は，当時既に気付かれていたように，完全な誤りとまではいえなくても極めて一面的であったことは否定しがたい。そのことは，1950年代半ばから61年までのユーバージードラーの約半数が25歳以下の青年であり，学校生活のかなりの部分を戦後に過ごした年代だった事実に照らしただけで納得できよう。それにもかかわらず，東西に分断され，国家の正統性などに直結すると考えられたために，ユーバージードラーの波が生じる原因は真剣に検討されないまま，イデオロギー的裁断によって覆い隠されてしまったのである。

　1960年から翌年にかけてユーバージードラーの波は再び高揚したが，それはもはやイデオロギー的非難を浴びせるだけでは済まない次元に達しているという判断にDDR指導部を傾かせることになった。なぜなら，社会主義の建設をバラ色の夢として描くプロパガンダの傍らで西ドイツとの間の国境管理が強化されてきたにもかかわらず，戦勝4カ国の共同管理下にあるため

に障壁のないベルリンを最終的な迂回路にして東から西に向かう流れが途絶えなかったからである。その上，その累計から導き出される中・長期的予測は，国家としてのDDRの存立基盤を脅かす危険を明確に示していた。実際，当時の推計では，年平均20万人がDDRを離脱する状態が続けばDDRの人口は1971年には1,500万人に減少し，20年後の1981年になると1,300万人，つまり建国時点の69％にまで縮小すると予想されたのである。その面から見れば，ユーバージードラーの流出を防止することは，たとえファシズムの呪縛を脱しえていない市民であっても，人的資源を確保して社会主義建設を軌道に乗せるという意味で必要だったし，それ以上に人口流失による国家の人的基礎の消失という危険を予防する意味でも喫緊の課題になっていたといえよう。1961年8月から西ベルリンの周囲に張り巡らされた壁はDDR指導部によって「反ファシズム防護壁」と命名されたが，実態はむしろDDRからの離脱を望む市民に対して国家としてのDDRを守るための防護壁にほかならなかった。事実，図5-2から明らかなとおり，壁の構造は西側からは突破しやすく，例えば壁に沿って築かれた車両通行阻止の溝は西から見ると緩やか

図5-2　ベルリンの壁

① コンクリート板壁
② コントロール帯
③ 照明灯
④ 車両阻止の塹壕
⑤ 走行道
⑥ 監視塔
⑦ パトロール犬走行設備
⑧ 通過者をつまずかせるため地上すれすれに張った有刺鉄線の通報設備
⑨ 境界線通報柵
⑩ 遮断機（保護地帯との境界）

出所：Feist, Peter, Die Berliner Mauer 1961-1989, Berlin 1997, S.14.

な勾配なのに，東からは垂直で溝を突破できないように造られていた(Feist 20)。同じく内部国境についても，DDRからの逃亡を防ぐように作られていたことが，図5-3に明示されている。西ドイツ側からDDRに侵入するのを阻止するための妨害物は見方によっては手薄なのに，逆方向には死の危険すら伴う厳重な防止柵が構築されたのであり，この事実から，「境界上の障害物は西の敵に向かってではなく，味方に対して，つまり自分たちの市民に向けられていた」ことが判明するのである(Lapp 6)。

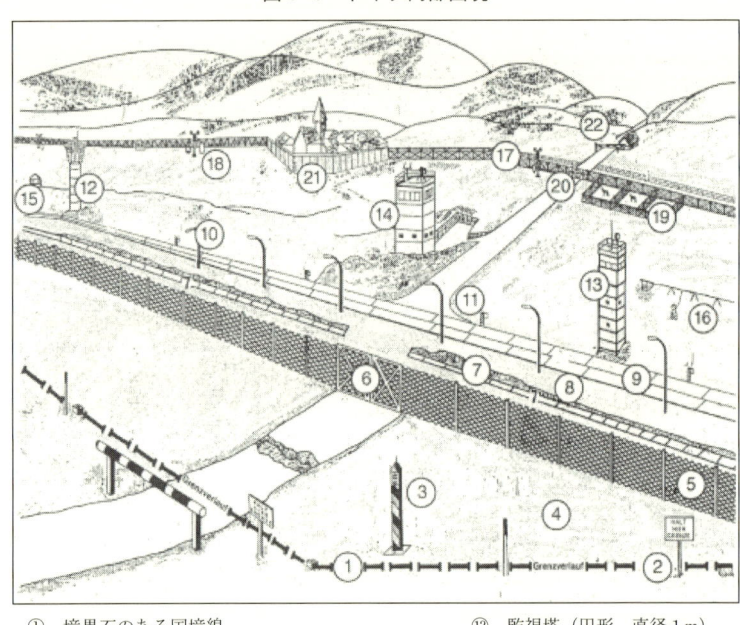

図5-3 ドイツ内部国境

① 境界石のある国境線
② 国境の杭（一部に国境という表示あり）
③ DDRの国境柱石（主権を示す黒赤金の三色塗り）
④ DDRの「前に突き出た主権領域」
⑤ 国境柵
⑥ 通路の門
⑦ 車両阻止の塹壕
⑧ コントロール帯
⑨ 走行道
⑩ 照明灯
⑪ 通話設備
⑫ 監視塔（円形 直径1m）
⑬ 監視塔（四角形 一辺2m）
⑭ 司令所
⑮ 監視小屋
⑯ パトロール犬待機所
⑰ 国境標識・防止柵
⑱ 配電装置
⑲ パトロール犬放し飼い所
⑳ 通用門
㉑ コンクリート製遮断壁
㉒ 国境地帯通用路の検問所

出所：Lebegern, Robert, Mauer, Zaun und Stacheldraht: Sperranlagen an der innerdeutschen Grenze 1945-1990, Weiden 2002, S.48.

図5-4　月別に見たユーバージードラー数の推移

（単位 1,000 人）

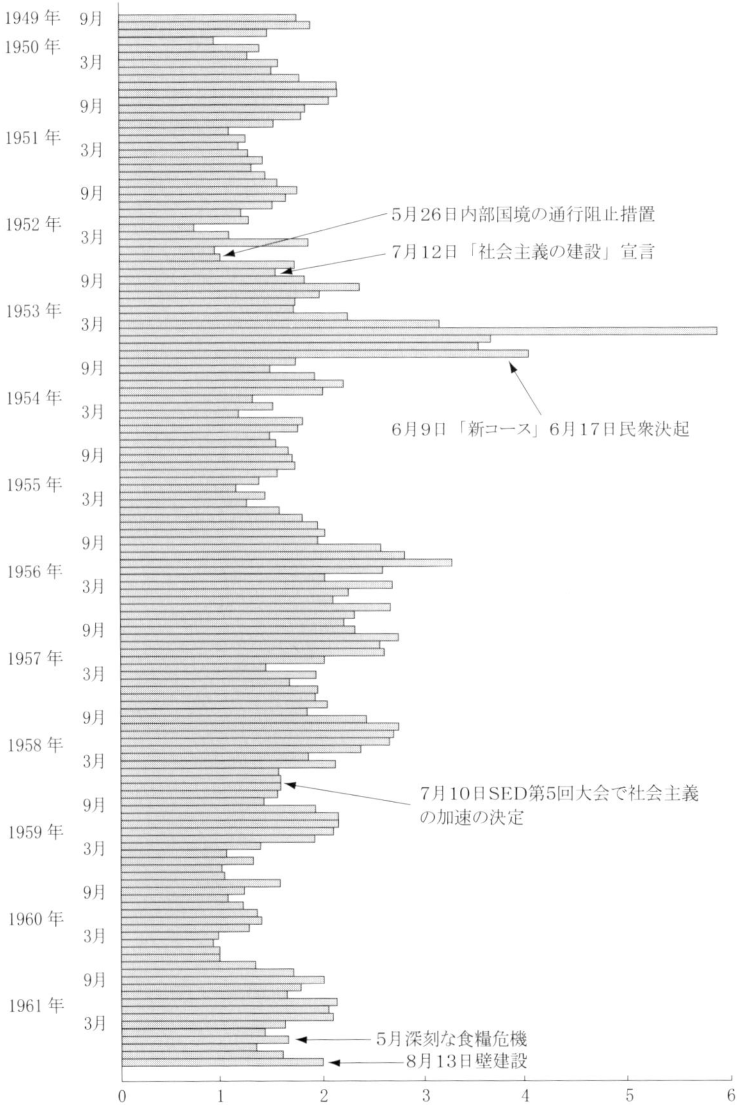
1949年
9月
1950年
3月
9月
1951年
3月
9月
1952年
3月
9月
1953年
3月
9月
1954年
3月
9月
1955年
3月
9月
1956年
3月
9月
1957年
3月
9月
1958年
3月
9月
1959年
3月
9月
1960年
3月
9月
1961年
3月
5月26日内部国境の通行阻止措置
7月12日「社会主義の建設」宣言
6月9日「新コース」6月17日民衆決起
7月10日SED第5回大会で社会主義の加速の決定
5月深刻な食糧危機
8月13日壁建設
0
1
2
3
4
5
6

出所：Ulrich, Ralf, Die Übersiedlerbewegung in die Bundesrepublik Deutschland und das Ende der DDR, Berlin 1990, S.7.

ところで，前期におけるユーバージードラーの波動の高低を社会主義建設過程で生起した出来事と照合してみると，興味深い関連が浮かび上がる。図5-4には月別のユーバージードラー数と主要な出来事の発生した日付とが示してある。DDRの歴史と照らし合わせてこれを丹念に眺めれば，移住者の波を高めた原因は次の三つだったことが浮かび上がる。一つは親族・友人のいる西ドイツをはじめとする外国旅行の自由を制限し，監視体制で移動を妨害するDDRの政策である。第二は経済状態とりわけ消費物資の供給状況と生活水準の悪化・低下である。第三は社会主義建設に向けての方針や施策の一方的な決定と上からの強引な実施である。これら三つの原因は個別に作用する場合もあれば，重なり合い相乗効果を生んでユーバージードラーの波を押し上げた場合もあった。後者の例を月間最高記録を残した1953年前半と1960年から61年にかけての時期に即して一瞥しておこう。

　1953年初頭にDDR経済はかなり逼迫した情勢を迎えていたことが今では知られている。第1四半期に経済計画は目標を達成できなかったばかりでなく，食糧をはじめとする消費財の供給も著しく悪化していたからである（Judt 95ff.）。

　その前年7月に開催されたDDRの独裁政党である社会主義統一党（SED）第2回党協議会で「社会主義の建設」が決定され，この方針に沿って同年末には農業の集団化が強力に推進された。既に農業分野では戦争終結直後にユンカー的大土地所有の解体を中心とする土地改革が実施されていたが，これを前提にして今や農業の社会主義化が日程に上ったのである（足立 189ff.）。1952年12月から53年3月末までだけで農業生産協同組合（LPG）の数は1,906から3,789に倍増したが，その急速さからだけでも手法の強引さが推測できよう。けれども，土地改革で形成され経営困難に直面していた新農民を別にすると，自分の土地に対する農民たちの執着は強く，彼らの自由意思を尊重する外観をまだ完全には捨てていなかったため，農業生産協同組合の数は増えても，全農地にそれが占める割合は低かったのも事実だった。同時にこれと並行して，生産者である農民の手元に残るべき政府供出の残余分も削減され，彼らに対する圧力が次第に強められた。その結果，集団化に抵抗したことを理由に逮捕され，見せしめとして処罰される農民が出るようにもなった。そうした状況を考えれば，集団化に応じる意思のない農民の中からDDRを去る者が続出したのは当然の成り行きだったといえよう。このため

農業従事者であるユーバージードラーは1952年から翌53年にかけて3倍に膨れ上がり，ユーバージードラー全体に占める比率も7.5%から11.9%に上昇したのである (Bundesministerium für gesamtdeutsche Fragen 17)。彼らが放棄した農地の一部は管理機関を通じて農業生産協同組合に編入され，これによってその面積は拡大したが，そうした形の拡大を成功と呼ぶことはできないであろう。このように「社会主義の建設」とともにスタートした上からの集団化は農民の抵抗のために出発段階で困難に逢着しただけではなかった。それはまた4万人に上る農民の流出を招くことによってDDR経済を一段と悪化させることにもなったのである。

これと同様のことは手工業についても指摘できる。ここでは社会主義化に同調しない自営手工業者の一部に対して食糧切符を与えないという強硬手段がとられたほか，税率の引き上げが一方的に決定された。これらの措置は手工業者に多い自営層をいわば狙い撃ちするものであり，上からの協同組合化の強行は，当該社会集団にとっては抑圧ないし不利益処分を意味しただけであった (Krakat 369f.)。こうした押し付けが農民の場合と同じく反発を招いたのは当然であり，DDR離脱の流れを加速する結果になったのである。

一方，1952年末からユーバージードラーが増加の兆しを示したのを受け，53年2月25日にDDR指導部はこれを抑制するためにドイツ内部国境の通行を制限する措置をとると同時に，監視体制を強化した。けれども，これらはかえって逆効果をもたらすことになった。というのは，これらの措置のために今後西ドイツに移るのが不可能になるという不安が広がり，焦燥感に駆られた市民が一挙にユーバージードラーの波を押し上げたからである。現に1953年3月のユーバージードラー数は2月を大幅に上回ったばかりか，4月には2倍に跳ね上がり，5万8千人以上がDDRを立ち去ったのである。

急激に勢いを増す移住者の高波は，DDR国内で充満していた不満の表現でもあった。社会主義建設に向けてソ連をモデルにして推進された重工業優先路線は消費財生産を圧迫して生活物資の不足と国営商店の商品価格の高騰を招いたし，その強行は農民，手工業者への集団化の強制措置だけでなく，工業労働者に対する生産ノルマの引き上げを伴ったからである。ユーバージードラーの激増や不満の高まりに加え，53年3月のスターリンの死と直後のソ連指導部による社会主義建設からの方針転換を求める圧力に動揺した独裁政党SEDの政治局は6月9日に「新コース」を決議し，それまでの措置の

一部撤回と窮乏状態の是正を約束して事態の収拾を図ったが，6月17日の反抗の火の手を未然に防止するにはもはや手遅れだった（ウェーバー 73f.; 石井 87ff.）。その先頭に立ったのは東ベルリンの建設労働者であり，ノルマの一方的引き上げが直接的な契機だったが，反抗は直ちに自由選挙の要求のような政治的性格を帯び，SEDの一党支配の根幹を揺さぶったのである。反乱自体はソ連軍の戦車によって鎮圧されたが，首都東ベルリンをはじめとし，多数の労働者・市民が参加した決起に強い衝撃を受けたDDR指導部は，7月下旬に開いたSED中央委員会総会で「新コース」の完全実施などの改革を約束して人心の鎮静に努め，その結果，秋にはユーバージードラーもかなり減少するようになった。ルールのような工業地帯がなく，賠償のために産業設備が仮借なく撤去されたDDRの経済は当時西ドイツに比べてかなり立ち遅れ，生活物資の配給制が続いていたことに見られるように生活水準の開きも大きかった。そのため「新コース」路線は国民の消費レベルの向上と強制措置の緩和に主眼をおくものであり，10月からは食料品をはじめとする消費財の値下げが実施されたほか，例えば農民に対しては農業生産協同組合を脱退することが認められ，年初に設立された協同組合の一部も解散された。このような「新コース」に加え，ソ連に対する賠償が減額され1954年1月からは停止されたことも安定回復に寄与し，その影響で移住者の高波も収束していったと考えられる。いずれにせよ，以上で概観した1953年前半の状況から判断すると，先述の3要因の相乗作用が典型的な形でユーバージードラーの波を押し上げていたのは確実といえよう。

　もう一つの事例である1960年から翌年にかけての時期についても簡単に眺めよう。

　この時期を見渡すと，1953年前半に類似した状況が現出していたことに気付く。それ以前の1957年にはDDRの工業生産は約8％増大し，翌年はそれ以上の伸びを記録する一方，1958年5月に食料配給制が撤廃されたことから窺えるように，住民の生活水準も次第に向上しつつあった。1949年を除くと1959年にユーバージードラーが最低になったのは，DDRのこのような経済実績によるところが大きいと思われる。けれどもDDR指導部はこうした経済成長と安定化を過大に評価し，再び社会主義建設を強行する路線に転換したのである。こうして1959年のSED党大会で決定されたのが，西ドイツに「追いつき追い越す」という目標であった。というのは，DDRにとって競う

べき相手は建国以来常に西ドイツであったし，ポーランドやソ連より生活水準が高くなってもあまり意味がなく，西ドイツに後れをとっていることが一般市民ばかりでなくDDR指導部にとっても重大問題だったからである（グレースナー 266）。こうしてソ連の経済計画に合わせて中断された5カ年計画に代えて10月1日に人民議会で可決されたのが7カ年計画であった。この決定は次のような目標を掲げている。「数年以内に資本主義的支配に対する社会主義的社会体制の優位性が包括的に証明されるように国民経済を発展させる」ことである。この目標が具体的に意味したのは，主要な食料品と消費財の労働人口1人当たり消費量が西ドイツの住民1人当たり消費量より多い状態が達成されねばならないということであった。その結果，種々の指標から判断して無理というほかない経済計画が策定され，西ドイツを「追い越す」時点が1961年に設定されたことによって，1953年の状況が再現される伏線が敷かれたのである。

　1960年初頭には，こうした無理を重ねた計画の下に「農業における社会主義の春」と呼ばれた農業集団化が改めて推進された。1952年に始められたそれと異なり，今回の集団化は事実上強制に近く，反対する農民には逮捕という懲罰が加えられるケースも少なくなかったといわれる。農村で展開されたプロパガンダと並び，このような恫喝の効果もあって，同年の最初の5カ月で農業生産協同組合は10,465から19,261に増大し，全農地面積に占める集団農場のそれも45.1%から84.2%に急伸した。また「自由意思の尊重」という名目の背後で加えられた圧力により最初の3カ月間に既存もしくは新設の農業生産協同組合に52万人を超す農民が新たに加入した。この数に比べれば1960年に西ドイツに移住した農民は遥かに少なく，1万4千人にとどまった。

　1961年までに西ドイツの経済レベルに追いつくためには労働生産性の向上が不可欠だったが，その方策の一つとして打ち出されたのは，以前と同じく自営手工業者層を生産組合に編入することだった。彼らは1958年には手工業生産の93%を担っていたが，農業の場合と同様な圧力により61年までにその比率は65%まで低下した。しかし手工業における社会主義化は強い反発を招かざるをえず，自立性を失うよりは他所の土地で技能を活かすことを選び，故郷を去る者が続出したといわれる。また西ドイツとの間で結ばれていた通商協定が1960年9月に西ドイツ側から破棄されたことも加わって経済情勢は全般的に悪化していたが，61年初頭になると特に食糧事情が深刻化し，一時

的ながら肉やバターなどの配給制が復活する事態になった。その重大さは，同年6月に副首相W.シュトフが生活物資供給状況の困難さを認めなければならないほどだったことからも推し量れよう(Cornelsen 262f.)。無論，農業集団化に対する不満と非協力が食糧生産の低下を招いた原因だったのは指摘するまでもない。とはいえ，このような情勢下でユーバージードラーが増加しつつあったにもかかわらず，DDR指導部は差し当たり旅行の自由の制限のような強硬策をとらず，むしろ静観に近い姿勢を保っていたことは注目に値しよう。

　ところで，この頃までにはドイツ内部国境は厳重に管理されるようになっていた。人口の流出に危惧を抱いたDDR指導部は建国から間もない1952年にこれを阻止する目的で1400キロに及ぶ内部国境に金属柵などを構築し，同時にその監視に当たる国境警察を創設したのである。この国境の構築物がやがて拡充され，国境線から内側に幅5キロメートルに達する立ち入り禁止地帯と多数の監視塔の設置によって世界でも類を見ないものものしい国境になったのは周知のとおりである。そのため，国境の乗り越えが困難の度を増すにつれて，DDRから西ドイツへの流出の多くはベルリンで生じるようになった。事実，陸の孤島西ベルリンを経由して西ドイツに向かうユーバージードラーは例えば1955年には全体の61%だったが，1960年になると76%に上昇し，脱出口としての西ベルリンの役割は拡大していったのである(Presse- und Informationsamt des Landes Berlin 23)。

　一方，社会主義路線の強化と生活状態の悪化のために1960年からユーバージードラーは増加の気配を示していたが，経済運営に自信を深めてスタートさせた7カ年計画の進行につれてその数の減少が期待されていただけに，増大する人口流出がDDR指導部に与えた衝撃は一層深刻だった。無論，国家としてのDDRの存亡にも関わるこれ以上の人口の喪失はいかなる方策によってでも阻止しなければならない至上命題だったが，その反面では，1953年のような反乱の再発も回避しなくてはならなかった。こうした困難な問題を解くためにまずもって考え出されたのが，1961年7月6日に人民議会で決議されたドイツ平和プランである。これには先例があり，1958年11月にソ連のフルシチョフが人工衛星や大陸間弾道弾の開発でアメリカに先んじたことに自信を深め，懸案のベルリン問題に最終決着をつけるべく，ベルリンの共同管理を定めたロンドン議定書を見直し，西側軍隊を撤退させて西ベルリンを

「非武装の自由都市」にすることを提案して攻勢をかけたのはよく知られている（永井(a) 149ff.）。これと同様に今回のそれもまた，西ベルリンを非軍事化された中立都市にすることを骨子とするものであったが，しかし西ドイツとの空路をテーゲルから東ベルリンのシェーネフェルトに変更することなどを含んでいたことに見られるように，このプランの主眼は何よりもDDR政府の許可のない移住のための通路になっていた西ベルリンの役割を停止することに置かれていた。西ベルリンという「逃げ穴」を塞ぐこのプランは，当時尖鋭化していた東西間の緊張を和らげる平和攻勢の外観を伴っていたために西側のメディアで大きな反響を呼ぶ反面，DDR市民の間に疑心暗鬼を広げることになった。すなわち，西ドイツを含む外国への旅行の自由がさらに厳しく制限されるのではないかという懸念がDDR国内で急速に高まったのである。6月15日に国家評議会議長W.ウルブリヒトが記者会見の際，『フランクフルター・ルントシャウ』紙の記者の質問に答えるなかで，「壁を築く計画があるのを私は知らない。誰ひとり壁を作る計画をもっている者はいない」と述べて疑念の払拭に努めたにもかかわらず，その確言も人心を鎮めるのには役立たなかった。それどころか，DDR首脳の口から壁という言葉が語られたのはこれが最初であり，今日から振り返れば，ウルブリヒトは壁を作る計画があるのをむしろ間接的に認めてしまう形になったといえよう（Flemming/Koch 33; Hertle 39）。こうして上記の三つの要因の一つである旅行の自由制限の不安が募った結果，7月のユーバージードラーは一挙に3万人台に跳ね上がるとともに，その数は引き続き増大する見通しが強まった。ソ連はじめ東欧諸国の首脳の了解をとりつけて，DDR指導部が政治的リスクを冒しても西ベルリンの周囲に壁を築く決断を下したのはこうした状況下においてであり，この最後の強硬手段を発動したのは，事態を放置すれば人口流出によってDDRの存立が揺らぐという危機感ゆえにほかならなかったのである。

3. ベルリンの壁建設から崩壊まで：後期

それではベルリンに壁が作られたことによってユーバージードラーの流れは完全にストップしたのであろうか。壁建設後の後期の推移を次に眺めよう。

西ベルリンが壁に取り囲まれたためにベルリンという最後の「逃げ穴」が

塞がれたのは周知の事柄といえよう。このことは，視点を逆転させれば，DDRが厳重な監視下にある内部国境に加えて堅固な壁によって取り囲まれ，外部から遮断されたことを意味している。実際，それらの構造を見れば，遮断しようとする政治的意思がいかに強力だったかが伝わってくる。しかし，その強力さは，DDR市民の側に立つなら，抑圧の強さに等しかった。事実，これらの障壁によってDDR逃亡の可能性が力づくで断ち切られたために，不満が鬱積して暴発する危険が憂慮されたのは不思議ではない。けれども，不満が内向して「壁病」と呼ばれた心理障害を広く引き起こした反面(永井(a) 176)，時の経過とともに壁がDDRの国家と社会の安定要因に変わっていったことについては今日では広範な見解の一致がある(ウェーバー 100)。人口の大量流出が止まったDDRでは，壁による物理的遮断を条件にして社会主義建設にエネルギーを傾注することが可能になったばかりでなく，西側世界からの隔離と東のブロックへの完全な組み込みという代償を払ってではあれ，西ドイツとの経済競争という重荷が大幅に軽減されたからである。また当初は西側の介入を期待した市民もやがて見捨てられたという感情を抱くようになり，壁の中で生きる以外に選択肢のない現実を諦念とともに受け入れたが，そのことは私生活に閉じこもる傾向を助長し，ガウスのいう「ニッチ社会」を形成することにもなった(近藤潤三(d) 129ff.)。こうしてDDRは壁の存在に支えられて1960年代後半以降比較的順調な経済発展を遂げ，またブラント政権下の西ドイツと締結した1972年の基本条約や翌年の国連加盟に見られるように，西側諸国を含めて国際的にも承認された。この意味で，「1961年のベルリンの壁建設は，1949年に続く民主共和国の第2の誕生だった」と呼んでも必ずしも誇張とはいえない(ヴォルフルム 65)。仮に1960年代を通じて毎年20万人のユーバージードラーが西ドイツに流入していたとするなら，これらのことが可能だったか否かは疑問視せざるをえないからである。この点を考慮すれば，離脱を希望する市民がDDRに閉じ込められたのは間違いないにせよ，ベルリンの壁の構築がDDRの安定化効果を有したのは明白といえよう。そしてそのことは同時に東西ドイツの関係をも安定させ，「ドイツ問題」という火種を冷やすことによってひいてはヨーロッパの安定にも寄与したのである。

　もちろん人口流出が阻止されてDDRが安定に向かったとしても，壁という最終手段に依存していた以上，その安定が本質的に脆弱だったことに留

意する必要がある(Mählert 98)。この観点に立てば，壁の構築後にユーバージードラー発生の原因が除かれたか否か，あるいはそのための努力が払われたかどうかが問われなくてはならなくなる。それは，別言すれば，DDRが壁によって守られなければ存続できない国家になり，その意味で壁はDDRの死活的条件になったのか，それとも改革によって開放のチャンスを持ちえたのか否かを問うことを意味する(Wendt 391)。

そうした文脈を念頭に置き，壁建設以後30年近く存続したDDRの現代史すなわち1961年以降の第2段階を振り返ると，少なくとも壁を築いた自己の手でこれを壊すことはもはやDDR指導部によっては目指されなかったといってよい。そのことは，例えば本章冒頭に掲げたホーネッカーの言葉からも読み取れる。実際，1年も経たないうちにベルリンの壁の開放がドイツ統一とDDR消滅に帰着した展開を考えると，DDR市民を閉じ込めた壁はDDRの土台の一部に化し，それを撤去することはSED独裁の巨大な政治機構の否定なしにはほとんど不可能になっていたといえよう(Lapp 5f.)。その意味では，物理的な壁がSED独裁体制とDDR国家を存立させていたのであり，その崩壊がそれらの消滅を伴ったのは構造連関から見て必然だったのである。

もっとも，正確にいえば，西ベルリンを壁で囲むことによってDDR自身が西ドイツから自己を遮断したといっても，ユーバージードラーの流れが完全に途絶えた訳ではない。確かに壁が構築されるまでの前期に比べると数は激減したものの，後期にもユーバージードラーは細流として存在していたのであり，1960年代でも2万人台から4万人台の規模で毎年DDR市民が西ドイツに移住していた。無論，ベルリンという最後の脱出口が塞がれたことによってその動向に決定的転換が生じたのは多言を要しない。その転換は，巨視的に見るなら，無統制な奔流から管理された細流への移行と表現できよう。これに伴い，ユーバージードラー自体に種々の変化が現れた。第1の変化は，表5-2が示すように，彼らがもはや一括りにされるのではなく，いくつかのカテゴリーの集合体として把握されるようになったことである。すなわち，ベルリンの壁の建設以降，ユーバージードラーの中心になったのはDDR政府の正式な許可を受けた狭義のそれであり，これとは区別される無許可の移住者も西ドイツへの入国の態様に即して3種類に分かれたのである。

また第2に，狭義のユーバージードラーの比率が半数を大きく上回るようになったのも見逃せない変化といえる。さらに構成面でのそうした変化につ

れて,年齢面に見られる第3のそれも顕著になった。彼らの平均年齢が一気に高くなったことが,その変化である。例えば1952年で見るとユーバージードラー全体のうちで25歳以下は48％,25-45歳は32％であるのに対し,65歳以上は2％であり,1960年でも同じ順序で各々53％,23％,7％であった。前期にはこのように25歳以下の年齢層が約半数を占め,若年層が多い点に特色があったが,これに対し,壁の建設以降では高齢者の比率が急上昇した。

表5-2 1961年以降のユーバージードラー数の推移

年度	総数	狭義のユーバージードラー 人数	％	第三国経由のユーバージードラー 人数	％	内部国境突破のユーバージーラー 人数	％	自由買いによるユーバージードラー 人数	％
1961	51,624		0	43,117	83.5	8,507	16.5		0
1962	21,356	4,615	21.6	10,980	51.4	5,761	27.0		0
1963	42,632	29,665	69.6	9,267	21.7	3,692	8.7	8	0.0
1964	41,873	30,012	71.7	7,826	18.7	3,155	7.5	880	2.1
1965	29,552	17,666	59.8	8,397	28.4	2,329	7.9	1,160	3.9
1966	24,131	15,675	65.0	6,320	26.2	1,736	7.2	400	1.7
1967	19,578	13,188	67.4	4,637	23.7	1,203	6.1	550	2.8
1968	16,036	11,134	69.4	3,067	19.1	1,135	7.1	700	4.4
1969	16,975	11,702	68.9	3,230	19.0	1,193	7.0	850	5.0
1970	17,519	12,472	71.2	3,246	18.5	901	5.1	900	5.1
1971	17,408	11,565	66.4	3,611	20.7	832	4.8	1,400	8.0
1972	17,164	11,627	67.7	3,562	20.8	1,245	7.3	730	4.3
1973	15,189	8,667	57.1	4,050	26.7	1,842	12.1	630	4.1
1974	13,252	7,928	59.8	3,255	24.6	969	7.3	1,100	8.3
1975	16,285	10,274	63.1	4,188	25.7	673	4.1	1,150	7.1
1976	15,168	10,058	66.3	3,010	19.8	610	4.0	1,490	9.8
1977	12,078	8,041	66.6	1,846	15.3	721	6.0	1,470	12.2
1978	12,117	8,271	68.3	1,905	15.7	461	3.8	1,480	12.2
1979	12,515	9,003	71.9	2,149	17.2	463	3.7	900	7.2
1980	12,763	8,775	68.8	2,683	21.0	424	3.3	881	6.9
1981	15,433	11,093	71.9	2,602	16.9	298	1.9	1,440	9.3
1982	13,208	9,113	69.0	2,282	17.3	283	2.1	1,530	11.6
1983	11,343	7,729	68.1	2,259	19.9	228	2.0	1,127	9.9
1984	40,974	34,982	85.4	3,459	8.4	192	0.5	2,341	5.7
1985	24,912	18,752	75.3	3,324	13.3	160	0.6	2,676	10.7
1986	26,178	19,982	76.3	4,450	17.0	210	0.8	1,536	5.9
1987	18,958	11,459	60.4	5,964	31.5	288	1.5	1,247	6.6
1988	39,845	29,033	72.9	9,129	22.9	589	1.5	1,094	2.7
1989	343,854	101,947				241,907			
合計	959,920	484,428	50.5	163,815	17.1	40,100	4.2	29,670	3.1

出所:Frankfurter Allgemeine Zeitung vom 21.10.1989 および Wendt, Hartmut Die deutsch-deutschen Wanderungen, in: Deutschland Archiv, H.4, 1991, S.390 より作成。

例えば，65歳以上が占める比率は1955年には4%にすぎなかったが，1965年に52%, 1974年に39%に上ったのである(Wendt 391)。この事実が物語るのは，1961年まで労働能力のある人口の流失に苦しんだDDRが壁の構築を境に労働能力を失った高齢者を送り出す方針を取り，年金生活に入って経済的負担となる市民を減らすことで負担軽減を図ったことである。さらに実態が長らくヴェールに包まれていたいわゆる「自由買い」もDDRの管理下にあったが，ドイツ統一によって明るみに出てきた連邦司法省の資料などによれば，実数は前出の表5-2のそれにほぼ合致する数字であった(Bundesministerium der Justiz 232)。ここでは細部に立ち入るのは避けるが，「自由買い」を容認したDDR側の狙いが，政治的反対派や不満分子を排除すると同時に，西側の外貨の不足を緩和するために西ドイツ・マルクを獲得することにあったのは間違いない(Quillfeldt 87)。つまり高齢者の送り出しが負担軽減策だったとすると，「自由買い」は外貨稼ぎの手段だったといえよう。

　この二種のユーバージードラーがDDR政府の許可を受け管理されていたのに対し，数は少ないものの非合法のそれが存在した。表5-2に見られるように，この人々はベルリンの壁もしくは厳重に監視されたドイツ内部国境を越えた者と第三国経由の人々に区別されるが，許可を得ないでDDRを去り西ドイツに移った点では同じである。DDR刑法にいう「共和国逃亡の罪」を犯し，逮捕や射殺の危険を冒したこれらのDDR市民の中で，西ドイツへの出国を正規の手続きで申請した割合は明らかではないが，労働能力のある年代の場合には許可を得るのは極めて困難だったうえに，出国を希望していることが明白になることで生じる職場での配置や昇進，家族の職業選択や進学など様々な面での差別や嫌がらせを甘受しなければならなかった。というのも，出国希望がDDRの国家目標である社会主義の拒否と同一視される一方で，憲法の美文に反して人権保障のシステムが事実上存在しなかったために，訴訟によって差別が公の場で問題にされたり，救済策が講じられたりする可能性はなかったからである。

　それはともあれ，壁の建設によって数は激減したものの，ユーバージードラーそのものは消滅したわけではないので，1961年8月以後の後期における人数の推移を見ておこう。

　1960年代には波の高さに変動が認められ，特に63年と64年にはそれぞれ約3万人と比較的多くのDDR市民が正規の手続きを経てDDRを立ち去った。そ

の主たる理由は，壁の出現によって離別させられた家族の合流をDDR政府が容認したことにある。その後，DDR政府の許可を受けたユーバージードラーは毎年1~2万人程度で推移し，1984年から再び増加した。1961年から88年までを合計すると，DDRの出国許可を携えて合法的に西ドイツに移住した市民は38万人になる。一方，16万4千人が非合法に第三国経由で西ドイツに辿り着くのに成功し，さらに西ドイツの統計では4万人以上が射殺などの危険をくぐり抜けてベルリンの壁や内部国境越えに成功している。これらの人々に加え，「自由買い」によって西ドイツに送られたDDR市民が存在するが，その総数は連邦司法省のデータでは1989年までに31,775人であり，自由買いの研究で知られるレーリンガーもこの数字に依拠している(Rehlinger 279)。秘密裏に始まった1963年に取引されたのはわずか8名にすぎず，西ドイツ政府が民間ルートを使ってDDR政府に支払ったのは36万マルクだったが，その後になると人数が膨れ上がり，1985年には2,676人に達した。DDR末期の1989年2月5日にベルリンの壁を突破しようとして射殺された最後の犠牲者はギュフロイという若者だが，彼と一緒で重傷を負って逮捕されたガウディアンが自由買いで西ドイツに売り渡されたのは同年10月17日のことだった(近藤潤三(d) 82)。この日はホーネッカーが失脚する前日であり，民主化を要求するデモが渦巻いている状況でもなお取引が続けられていたことになる。ともあれ，この例にみられるように，自由買いの対象になった者の大半は，DDRで西ドイツへの不法越境に失敗して共和国逃亡罪に問われた人々から成る。そしてこれらの広義のユーバージードラーを合計すると，1961年8月13日から1988年末までの間に合法・非合法を問わず西ドイツに移住したDDR市民は60万人以上に達したのである。

　一方，西ドイツへの不法越境である共和国逃亡に関わるデータも一部が明らかになっている。それによれば，共和国逃亡の罪を犯した犯罪者として捜査の対象になったDDR市民の数は1959年に3,791人だったが，壁構築の年1961年に9,941人に増大し，翌62年には11,780人に達してピークを記録した。そして1963年から66年までは7千人から8千人前後で推移している。また共和国逃亡はDDRでは重罪であり，その罪で自由剥奪刑を受けた市民は1964年に2,373人を数えた。その数が1965年から67年まで3千人台に上昇した後，68年から70年までは2千人台で推移したことも今では知られるようになっているが(Werkentin 57)，「自由買い」の主たる対象になったのがこの人々であった。

ところで，1984年にDDR政府の許可を得たユーバージードラーが増大し，その後も88年，89年前半に増えていることが前掲の表5-2から分かる。これは提出されたままいわば店晒しにされていた出国申請を所管官庁がまとめて処理した結果であり，特別な政治的意図によるものではないと公式には説明されている。けれども，実際には，ソ連と西ドイツを両軸にしてきたDDR外交が1980年代前半に自立化を強めたことと関連しているのを見逃してはならない（ウェーバー 164f.）。

　1980年代初頭の中距離核ミサイル（INF）配備問題を頂点とする東西緊張の高まりを受け，最前線国家DDRは独自の平和共存を目指す一方，同時期にDDRは重大な経済危機に陥り，83年に西ドイツ政界の大物でCSU党首とバイエルン州首相の座にあったF.J.シュトラウスの尽力で10億マルクに上る政府保証の融資を得たのはよく知られている。このような動きに見られる西ドイツとの関係改善は，82年に発足したコール政権が東方政策を踏襲したことによっても強められ，ソ連の干渉で中止を余儀なくされたものの，ホーネッカーの初めての西ドイツ訪問が1984年9月に計画されるところまでいったのである。

　そうしたなか，特に西ドイツからの経済支援はDDRにとっては重要だったが，これに対する一種の見返りとして出国の条件を緩和して許可の数を増やす措置がとられたと考えられる（山田 143）。そのためDDR国内では出国希望者が続出し，1984年を境に出国申請件数が急増する結果になった。明らかになっている範囲では，その数は1980年頃には2万件台で推移していたが，1984年には5万1千件に急上昇し，以後85年5万3千，86年7万9千，87年10万5千，88年11万4千件となり，89年には前半だけで12万5千件にも達したのである（Eisfeld 400）。これと軌を一にして，ドイツ分裂で離別した家族の相互訪問も，制限が緩められたために活発化した。すなわち，1980年に西ドイツを訪れた年金受給年齢以下のDDR市民は4万人だったが，1985年になると6万6千人に増え，86年には24万4千人，87年には129万人にまで増大したのである（Fischbach 49）。同時に青少年の交流も拡大され，1980年に西ドイツを訪れたDDRの青少年は6,800人にとどまっていたのが，85年には10倍の6万8千人に増加している。こうした西ドイツ訪問者の増大は，その豊かさに直接に接する経験の拡大につながっているだけに，豊かさへの突進という一面をもつDDR崩壊の原因を考えるうえで重要な意味をもっているといえよう。他方，

このような緩和の兆しに誘発されるかのように，1984年には国外で西側大使館に亡命を求めて駆け込む人々が現れる事態にもなった（クライン 213f.）。これらの市民に対してはDDR政府と西ドイツ政府との緊急協議の末，再発防止措置をとることを条件にして西ドイツに行く許可が与えられたが，その点から見れば，この出来事は1989年により大規模に再現した事態の先触れだったと見做すことができよう。V.ロンゲは「1984年に根本的な変化が生じた」として，この年を「DDRミグレーションにおける切れ目」と位置づけているが（Ronge 28），これらの事実に照らせばこの指摘が正鵠を射ているのは多言を要しないであろう。

とはいえ，厳密にいうなら，この位置づけには裏付けが不十分な面があるのも否定できない。一例を挙げれば，1989年秋の激変までにどれだけの人数の出国申請が出されていたのか，その実数は上記の一部を除いて依然として暗闇に埋もれたままになっているからである。この点に関するある推定によれば，1989年の時点で約50万件の出国申請書類が提出されていたとされる。しかもそこにはDDR人口の1割弱に相当する150万人に及ぶ名前が記載されていたともいわれる（Ulrich 13）。一方，シュタージの通称をもつ国家保安省の秘密文書の中では，1989年6月30日時点で現存する未処理の申請件数として87,535という数字が挙げられていたと伝えられる（Mitter/Wolle 84）。これらの数字のどれが正確かは俄には判断できないが，いずれにせよ，大量の出国希望者が現実に存在していたことは，その後の展開からも明白といえよう。同時に，このように膨大な出国申請が出されたことは，少なくとも一部で組織的な連携が行われ，「出国運動」と呼ぶべきDDR市民の活動があったことを窺わせるものといえよう（青木 117ff.）。出国申請は政治的スティグマに等しかったと評されるように，正式に申請した場合，許可になる可能性の低い決定が出るまで長い期間を差別に耐えながら待ち，不許可になるとその後に辛苦に満ちた人生しか残されていなかったので，不満を心の中に封じ込めつつ表向きは体制に同調していた市民がDDRには多数暮らしていた。壁が崩れ，内部国境が開かれると，国家保安省秘密文書に記された出国申請件数を遥かに上回る人々がDDRを捨てて続々と西ドイツに押し寄せたが，その理由はここにあった。そして同時にこの事実は，ベルリンの壁が多くの潜在的移住希望者をDDRの内部に閉じ込める役割を果たしていたことを白日の下に晒す形になったのである。

このような壁や内部国境を建設・維持・警備するためには，政治的に信頼できる兵士で編成され，1974年からはDDR国境部隊と称していた5万人に上る人員のほかに膨大な出費が必要とされたのは当然だった。A.アマーの推計では，至近距離内の動く対象を感知して銃撃する自動射撃装置のような最新鋭の設備を多数導入したこともあり，1961年から1989年までに総額で230億マルクは下らなかったといわれる(Ammer 1206)。1971年から設置され始めた自動射撃装置は内部国境の異様さと残忍さのシンボルになり，1975年の全欧安保協力会議(CSCE)のヘルシンキ最終文書やこれを下地にした非人道的との国際的非難に配慮して1984年11月末までにすべて撤去された。しかし，技術革新の遅れや投資の欠乏による産業設備の老朽化や経済の停滞に起因する財政の窮迫が深刻化していたにもかかわらず，そのように巨額の出費がなされた事実を考えると，DDR市民を閉じ込めてきた堅牢なベルリンの壁と厳重な内部国境はますますグロテスクな存在に映るであろう。

　これらの障害物自体は単なる物理的な存在にすぎなかったが，それを監視する警備兵には越境を企てる者に対して最終手段として発砲することが義務づけられていた。けれども，存在するはずの発砲命令書は実はどこからも見つかっていない。発砲命令書の発見がこれまでセンセーショナルに報じられたのはそのためであり，「DDR国境では明らかに命令は受け取られたが，しかし，その命令は誰も下していない」という奇妙な状態が長く続いてきたのである(近藤潤三(d) 44)。とはいえ，現場の警備兵たちは発砲命令書の存在を疑わず，発砲によって越境を阻止しなければ厳しい処罰が下されると信じて命令に忠実に従ってきた。ベルリンの壁や内部国境で警備兵たちと同じDDR市民が死亡したのはその結果にほかならない。2009年にポツダムの現代史研究センターはベルリンの壁記念館の協力を得て，様々な形のベルリンの壁の死者を調査し，その総数が136人だったと発表した(Zentrum für Zeithistorische Forschung/Stiftung Berliner Mauer 15f.)。誰を犠牲者に数えるか，またこの数字をどのように評価するかについては議論が分かれるが，越境を企てて命を落とした人々は，本章で見てきたユーバージードラーの一部にほかならない。ただ彼らは生きて西ドイツに到達することができなかった点で，ユーバージードラーには含まれず，その外に押し出されてしまうとも考えられる。いずれにせよ，全体から見れば死者の数はとるに足りないように映るとしても，ユーバージードラーには広大な裾野が存在していた。し

かも，この集団には一部に死の影が付きまとっていたのであり，それが冷戦体制の凝縮ともいうべきドイツ分断から発していたことを忘れてはならないのである。

第6章　外国人労働者の戦後史
― 外国人労働者から外国人へ ―

はじめに

　ここまで第二次世界大戦後のドイツにおける大規模な人の移動に目を向け，第三帝国崩壊に伴って生じた避難民・被追放民や，それに続いたユーバージードラーについて見てきた。総力戦が残した国土と社会の荒廃や，緒に就いたばかりの再建の過程で西ドイツに流入した彼らを受け入れることに関しては，当初は土着の住民との間で住宅や職場を巡る紛争が多発し，成り行きが不安視されたが，長い時間をかけて結局は彼らは西ドイツ社会に吸収された。それが可能だったのは，何よりも復興から高度成長に局面が移り，これらの集団を追加的労働力として労働市場が受容することができたからであった。逆にいえば，もし復興がはかばかしく進捗せず，彼らが失業者として堆積されたなら，戦争の傷跡が癒されないばかりか，成長の前提条件である社会の安定さえ確保が難しかったといってよいであろう。その意味で，西ドイツの労働市場の状態が1950年代に入ると好転し，これに伴って戦後の混乱に起因する社会的緊張が和らぐようになったのは注目に値する事実といえよう。実際，一例として失業率をとれば，1952年には9.5％だったのが55年には5.6％に低下した。また，求人数を示す空きポストの数も11万から20万に増大している。こうして故郷を失ってプロレタリア化した被追放民などの不満が報復主義に転化し，反民主主義の水路に流れ込む前に，少なくとも経済面で彼らは戦後社会に統合された。そればかりか，被追放民やユーバージードラーによる労働力の大量の補充にもかかわらず，早くも1950年代半ばには労働力不足が問題となりはじめたのであった。そして求人数が求職数を

戦後初めて上回った1960年頃になると人手不足はますます切実になり，経済成長の足枷となる恐れが強まったのである。

労働時間が短縮されたことや合理化努力が不十分だったことによっても増幅され，高度成長の過程で労働力需要は拡大を続けていた。けれども，西ドイツの国内ではこれに十分に応えることはできなかった。というのは，1955年に決定された再軍備による連邦軍創設と翌年の徴兵制の施行のために若年層を中心に50万人近くの労働力が引き抜かれただけでなく，進学率が高まりを見せはじめた影響で，若い労働力の労働市場への参入が遅延しつつあったからである。また現役から引退して年金生活に入る年齢が下がりつつあったのに加え，ベビーブームによる育児や伝統的家族観による束縛のために労働力の貯水池ともいえた既婚女性が依然として職場に進出しにくい状態に置かれていたことも見逃せない（Münz/Seifert/Ulrich 37）。そのため，不足する労働力を充足するのに貢献したのは，西ドイツの外部から来る人々，すなわち高低の波動を伴いつつ続いていた東ドイツからの逃亡者などであった。東から来る彼らの存在によって西ドイツの人手不足は緩和され，深刻な問題になるまでには至らなかったのであり，その意味で追加的な労働力の供給は政治的条件に依存していたのである。

そうだとするなら，政治的条件の変動によって労働力供給が途絶えた場合，なんらかの新たな供給源を見出さなければならなくなるのは必然だったといってよいであろう。西ドイツではすでに1950年代半ばから外国人労働力の導入が開始されていたが，それはまだ微々たるものだった。しかし，このルートは政治的条件が変わることによって拡大し，外国人労働者の導入が本格化していくことになる。この章では，こうして始まったガストアルバイターの募集から始めて，戦後の西ドイツの外国人問題を考えることにしたい。その際，募集が開始された1955年から停止の1973年までを第1期，1973年から外国人法が改正された1990年までを第2期に区切り，各時期の特徴を中心に考察を進めることにしよう。

1. 外国人労働者の導入：第1期

1950年代後半から西ドイツ経済は高度成長の段階に移行した。その当時，工業でも農業でも労働力需要が拡大していたが，総体としてみれば，外部から流入する集団によって充足されていた。とはいえ，その主力であるユー

バージードラーの流れがドイツ分断の政治的産物であり，その高低が政治的条件に左右されて確実なものとはならない以上，西ドイツの企業や農家が増大する労働力需要を安定的に充足するために国外に視線を向けたのは当然の成り行きだった。特に深刻な人手不足に見舞われ，国外からの労働力の導入を望んでいたのは農業であり，したがって導入への口火を切ったのも農業団体だった。早くも1952年にラインヘッセン地域の農民連盟などが外国人労働者を国家レベルで募集することを要求し，55年になると工業でも労働力供給の逼迫による賃金上昇への懸念が広がり，使用者団体がこれに同調するようになったのである(Herbert(a) 190f.)。その場合，西ドイツに比べて賃金や所得など生活水準が低いだけでなく，過剰な労働力を抱え，高い失業率に苦しんでいる近隣の国々に視線が注がれたのは不思議ではない。また他方では，経済発展の遅れた国々の人々にとっては，西ドイツでの産業の目覚ましい復興と発展が大きな魅力と感じられたのは当然だった。こうして経済発展の遅れた国々の出身者が個々に西ドイツに出稼ぎに来るようになり，1955年7月には既に約8万人が雇用されていたといわれる。そのうち約10％をイタリア人が占めていたが，この事実を背景にしてイタリア側のイニシアティブで両国間の経済協議の枠内でイタリア人労働者の募集とドイツへの紹介に関する協定締結の提案がなされた。そして西ドイツにおける当面の労働力不足を解決するために，1955年12月20日に両国政府の間で双務的な募集協定が結ばれたのである(矢野(b) 77ff.)。

　1955年から1960年まで西ドイツ国内では失業率がさらに下がり続ける一方，空きポストは増大を続けた。そしてこの間に外国人の雇用は3倍に膨らんだ。上述のように，例えば1960年には失業率は1.2％にまで下がって超完全雇用状態が現出すると同時に，空きポストの数が史上初めて失業者数を上回ったが，この年の9月には約28万人の外国人が西ドイツで就労していた。国籍ではイタリア人が最多で44％を占め，ギリシャ人1万3千人，スペイン人9千人，ユーゴスラヴィア人9千人，トルコ人2,500人であった。この年以降，周知のように，西ドイツ政府は各国政府との間で次々に労働者募集に関する協定を締結した。1960年にスペインとギリシャ，1961年にトルコ，1963年にモロッコ，1964年にポルトガルの順である。またチュニジアとの間で1965年にこれらに準じた取り決めが交わされたほか，1966年3月には1963年5月以来の協定が改定された。そして最後にユーゴスラヴィアとの間で1968年10月に

労働者募集協定が結ばれたのである。

　これらの協定に基づいて外国人労働者は次のようにして募集された。まず各国の主要都市に西ドイツから派遣された募集のための委員会が設置された。これらの委員会は各国の国家機関に労働者募集を要請し，それらによる予備審査を経た応募者のリストを受け取る。一方，西ドイツ国内では外国人労働者を必要とする企業は地域の労働局に必要数を申請し，人数に応じた募集費用を負担する。これに対し労働局は後述する内国人優先の原則に基づいて労働市場調査を行い，外国人労働者を受け入れるのに必要な住居が確保されているかなどを審査したあと，募集委員会に労働者の送り出しを要請する。これを受け，委員会が改めてリストに記載された応募者に対して健康上，職業上の適性の審査を行い，これに合格したものが西ドイツに行くことが許される。彼らには資格証明書が発行されるが，それによってビザなしの入国許可と1年間の労働許可が与えられ，西ドイツ入国後に受け入れ企業のある就労地で期限付の滞在許可が付与されるのである（広渡(b) 397）。

　このような方式による外国人労働者の導入が本格化したのは1961年からである。第5章で述べたように，ユーバージードラーと呼ばれる逃亡者の増大に苦慮していた東ドイツ政府は，この年の8月にベルリンに壁を築いてこの流れを実力で断ち切ったが，その結果，労働力の供給源の一つが失われた。そのため，今や外国人が不足する労働力の主要な供給源として位置づけられ，導入の規模が拡大したのである。その意味で，「ベルリンの壁の構築がはじめて外国人雇用を離陸に導いた」というR.ミュンツらの指摘は正鵠を射ている（Münz/Seifert/Ulrich 36）。実際，表6-1に見るように，1960年に69万人だったドイツ在住の外国人の数は1968年に192万人に増え，1970年には300万人近くにまで増大した。また労働者数では1960年に28万人で被用者全体の1.3%でしかなかったのが，1970年には184万人で被用者の9%を占めるまでに増加した。そして後述する募集停止が行われた1973年になると居住者で397万人，被用者で260万人に達し，被用者全体の12%を外国人が占めるまでになったのである。募集停止直前の1972年にバイエルンの州都ミュンヘンでオリンピックが開催されたが，小松伸六がその著『ミュンヘン物語』（文芸春秋 1984年）で伝えるように，競技施設の工事に23カ国から来た多数の外国人労働者が従事し，地元の『ジュートドイッチェ』紙がこれを目して「労働者たちのプレ・オリンピック」と評したのは，こうした状態を象徴している

表6-1 ドイツ在住外国人数の推移

(単位：1,000人)

年度	外国人人口	外国人比率	社会保険加入義務ある就業者	年度	外国人人口	外国人比率	社会保険加入義務ある就業者
1961	686.2	1.2	279.4	1985	4,378.9	7.2	1,536.0
1968	1,924.2	3.2	1,014.8	1986	4,512.7	7.4	1,544.7
1969	2,381.1	3.9	1,372.1	1987	4,240.5	6.9	1,557.0
1970	2,976.5	4.9	1,838.9	1988	4,489.1	7.3	1,607.1
1971	3,438.7	5.6	2,168.8	1989	4,845.9	7.7	1,683.8
1972	3,526.6	5.7	2,317.0	1990	5,342.5	8.4	1,793.4
1973	3,966.2	6.4	—	1991	5,882.3	7.3	1,908.7
1974	4,127.4	6.7	2,150.6	1992	6,495.8	8.0	2,119.6
1975	4,089.6	6.6	1,932.6	1993	6,878.1	8.5	2,150.1
1976	3,948.3	6.4	1,873.8	1994	6,990.5	8.6	2,109.7
1977	3,948.3	6.4	1,833.5	1995	7,173.9	8.8	2,094.7
1978	3,981.1	6.5	1,862.2	1996	7,314.0	8.9	2,050.5
1979	4,143.8	6.7	1,965.8	1997	7,365.8	9.0	1,997.8
1980	4,453.3	7.2	1,925.6	1998	7,319.6	8.9	2,023.8
1981	4,629.7	7.5	1,832.2	1999	7,343.6	8.9	1,915.2
1982	4,666.9	7.6	1,709.5	2000	7,296.8	8.9	1,974.0
1983	4,534.9	7.4	1,640.6	2001	7,318.6	8.9	1,991.6
1984	4,363.6	7.1	1,552.6	2002	7,335.6	8.9	1,959.9

(注) 1991年以降は全ドイツ，それ以前は西ドイツ．

出所：Die Beauftragte der Bundesregierung für Ausländerfragen, Daten und Fakten zur Ausländersituation, 20.Aufl., Berlin 2002, S.21 より作成．

といえよう．

　このように外国人雇用の規模は急速に拡大していったが，一連の募集協定に基づく外国人労働者の導入に関しては一部に反対論があったものの，概ねコンセンサスが存在していた．そのため受け入れの是非が政治的テーマになったり，選挙の争点に位置づけられたりすることも殆どなかった．そのことは，1964年に100万人目の外国人労働者としてポルトガルからアルマンド・ロドリゲスがケルンに到着した際，大々的な歓迎行事が催されたのを見れば了解できよう．またドイツ国家民主党（NPD）のような極右政党が1960年代後半の不況を背景にして外国人排斥を唱えつつ一時的に勢力を伸ばしたが（近藤潤三(e) 240; 井手 201f.），排外的気運が浸透するまでには至らなかった．

　外国人労働者の受け入れについて西ドイツ国内にコンセンサスが成立していたのは，協定の締結に先立って政労使の間で協議が行われ，妥協が図られていたからである．1960年代に入るころには経済成長のために金属工業や化

学工業などで労働力需要が高まる一方，農業はもとより建設業でも人手不足が深刻化した。こうした雇用情勢から，使用者側は国内の労働力が早晩底をついて成長が鈍化するだけでなく，超完全雇用のために賃金が上昇して投資拡大に影響が出ることを懸念し，外国人の導入に熱心だった。一方，労働組合は外国人労働者がドイツ人労働者の賃金や労働条件を押し下げるのに利用されるのを警戒しつつも，失業率が低く，経済成長も順調だったことに加え，実際にはドイツ人労働者が嫌がる部署に外国人が配置されることから導入自体には反対せず，ドイツ人労働者を優先的に雇用するとともに，募集された外国人労働者をドイツ人労働者と賃率や社会的権利の面で同等に扱うという条件で使用者側と合意した。また政府は経済活動に必要な労働力を確保することを優先する点では企業側の立場に与しながらも，導入をコントロールすることでドイツ人労働者の利益を守る姿勢を取っていたので，外国人雇用の規模を労働市場の状態に応じて調整することで政労使間で一致を見た。こうして成立したのがローテーション原則を基軸とする外国人労働者政策である（木前(b) 38）。しかしこのコンセンサスでは次の点に注意する必要がある。それは，経済的観点が支配的で，社会的観点が欠落していたことである。例えば外国人労働者に対する住宅供給を始め，家族の合流，子供たちの教育などは本来なら重要な問題であるが，当初は考慮に入れられなかった。それは，導入されるべき外国人が単身の若い労働者であり，その労働力をドイツ経済のために活用することに主眼がおかれていたからである。その意味で，ローテーション原則がとられていた段階での外国人政策では外国人をもっぱら労働力として捉える視点が貫かれたのであり，家族や教育などの問題に関心が向けられるようになるのは，時間の経過に伴い，外国人労働者問題の構造が変化して以降のことなのである。

　このように経済的観点に立脚する外国人労働者政策には三つの狙いがあった（木前(a) 324f.）。第1は，不足分の補充に要するだけの労働力は受け入れるが，それが需要を超過して「失業の輸入」とならないように適切にコントロールすることである。このためには政府の介入が不可欠であり，その手段になったのが滞在許可と労働許可の組み合わせである。前者は内務省に属す外国人局が所管し，後者は労働局，つまりは労働社会省の管轄だったから，外国人に対する二重の管理システムが作られていたといえるが，視点を変えれば，外国人労働者を一元的に管理するシステムが欠如していたとも見做し

えよう。このシステムの骨格になったのは，外国人労働者の入国に当たっては前もって使用者との雇用契約が成立していなければならず，これを前提にして与えられる有効期限1年の労働許可証は，その後失業したような場合には更新されず，労働許可がなくなれば滞在許可も失うという仕組みである。この面を見ただけでも，外国人労働者が一般の「自由な」賃金労働者ではなく，また戦時下の強制労働者とも異なるのは明白であり，独特な意味で不自由な労働者であったといえよう。国内の景気が悪化すれば外に排出できるので彼らはしばしば景気の調整弁と見做されたが，そうした役割は不自由であるがゆえに彼らに押し付けることが可能だったのである。

　第2の狙いは，ドイツ人労働者を労働市場で優先するとともに，外国人労働者によって不熟練労働を代替することである。外国人労働者の募集に当たり，労働局は管轄地域の労働市場を調査し，ドイツ人の労働者が見つからない場合にのみ外国人に労働許可証を発行した。これによりドイツ人労働者が優先されたが，そうした内国人優先原則に立つ労働市場政策が既にヴァイマル期に登場していたのは，第2章で述べたとおりである。他面，進学による学歴の全般的上昇や職業訓練制度の充実を背景にして，肉体労働を行う不熟練労働力の不足が構造的に生じていたので，外国人労働者は主にその分野に投入された。その意味で，外国人労働者は不足する労働力を補充するというだけではなく，従来ドイツ人労働者が行ってきた不熟練労働を代替する存在でもあったのである。

　そうだとすれば，外国人の労働力は産業界にとって不可欠であり，外国人の定着が促進されても不思議ではないが，にもかかわらずローテーション原則がとられたことには第3の狙いがあった。それは社会国家を標榜するドイツでは公的に負担せざるをえない労働力の社会的再生産費を節約することである。外国人労働者が短期間で帰国し，改めて募集手続きがとられれば，ドイツ人優先のゆえに労働市場で競合が起こる可能性は低くなる。そればかりか，彼らが単身で短期間就労するだけならば，故国に残した彼らの扶養家族の生活はその送金によって支えられ，生活保障のための公的な支出を節約することが可能になる。すなわち，ローテーション原則とは，ドイツ国内で家族とともに暮らしていたなら公的に負担しなければならない家族を含む労働力の社会的再生産の費用を出身国と外国人労働者自身に巧妙に転嫁する仕組みであり (真瀬 256f.)，内国人優先と並んで社会国家の看過されがちな側面

を示していたのである。

　ところで，こうしたローテーション原則に基づいて導入された外国人労働者たちは，周知のように，いずれはドイツを立ち去る出稼ぎの人々という意味を込めてガストアルバイターと呼ばれた。そして彼らを処遇するために新たに定められたのが，1965年の外国人法である。そこでは外国人の管理にかかわる大幅な権限が州に与えられており，西ドイツの骨格をなす連邦制の実例ともいえた。けれども反面で，その土台になったのがナチ政権下で定められた古い法令だったことは看過できない。1933年の「外国人労働者令」，1937年の「旅券・外国人警察及び登録制度ならびに証明書制度に関する法律」，および1938年に定められた「外国人警察令」がそれである。外国人労働者の増加に伴い，実質的にはこれらが外国人に対する管理と規制のための法的根拠として用いられたのであり，例えば滞在の許可もしくは退去は彼らの行い次第であるとする条項には変更が加えられなかった。その点から見れば，外国人労働者の管理システムにナチ時代との連続性があるのは否定できないのである。

　そうした法令を土台にしながらも，実際には外国人労働者が一律に処遇されたのではなかった点も見逃してはならないであろう。早くに募集協定が結ばれたイタリア，スペイン，ギリシャから来た労働者とは違い，例えばトルコ人労働者には募集協定に厳しい制限が書き込まれていた。彼らの滞在期間は2年とされ，2年が経過したら帰国しなくてはならないものとされていたし，家族の呼び寄せも禁止されていたのである。これらの制限はトルコ人労働者を雇用する企業にとっても利益とはならなかったから緩められ，労働許可と滞在許可による管理の下で2年の制限は1964年に撤廃されたが，家族呼び寄せについては禁止自体は外されたものの，イタリア人などよりも厳しい条件がつけられたのである。この意味で，募集協定にはいわば第1級と第2級のランクがあり，ヨーロッパ諸国は前者，トルコ，モロッコ，チュニジアの非ヨーロッパ諸国は後者に属したのである (Jamin 75)。不平等はこれにとどまらない。1968年にはEC域内の自由移動がほぼ実現されたが，そこに至る過程で自国労働者とEC加盟国労働者の間の種々の差別待遇が段階的に撤廃されたからである。これによって，実態は別として，法的な面ではEC加盟国労働者とドイツ人労働者の間の差別は消滅したが，その恩恵に浴すことができたのは，送り出し国ではイタリア人労働者だけであった。その結果，

外国人労働者の内部にEC加盟国出身か否かによる差別が新たに持ち込まれ，従来から存在した差別構造がますます重層化したのである。

　一方，導入と処遇の是非に関する論議は散発的にしか行われず，1990年代の庇護権の改廃を巡る過熱した論戦のように，熱い論争が展開されるまでには至らなかった。そうした論争を挑む人々が仮にいたとしても，使用者や政府が推し進めたキャンペーンの前ではかき消されざるをえなかったと思われる。U.ヘァベルトは使用者，一部のメディア，政府機関などによって展開されたプロパガンダに注目しているが，そこでは外国人雇用はプラスの効果のみをもつことが強調されていた。すなわち，外国人労働者は戦争で失われたマン・パワーを補うものであること，彼らの雇用によって経済成長が加速すること，彼らは移動する人々であり，労働力需要があるところへ動くこと，経済が不調になれば彼らを送り返すことができるので，失業の増加を招かないこと，彼らの雇用は送り出し国に対する間接的な開発援助として機能し，出身国との関係を良好にすることなどが宣伝され，楽天的な見通しが社会に振りまかれたのである(Herbert(a) 196ff.; Chapin 11)。

　こうした楽観的見方が初期には広くドイツ社会に浸透したようにみえるが，それが可能だった要因の一つとして，次の点が無視されてはならないと思われる。それは，19世紀から20世紀初頭にかけての移民の帰還に関するヨーロッパの歴史的経験である。ドイツを含め19世紀にはヨーロッパから多数の移民がアメリカに移住したが，明らかになっている限りでは，1870年代にアメリカに渡ったヨーロッパからの移民のうち，25％が故国に戻り，1890年代になると45％が帰還した。また同時期にブラジルを目指した移民では60％以上が故国に帰った。さらにL.P.モックの研究によれば，1907年から第一次世界大戦の勃発までの間にドイツ人移民の20％，ポーランド人とポルトガル人移民の33％，イタリア南部からの移民の42％，イギリス人と北イタリア出身の移民の48％が故郷に帰還したという(Moch 156)。帰還の理由は明らかではないが，少なくともこれらの歴史的実例は，移民には永住を意図する者ばかりでなく，出稼ぎのための一時的滞在者が含まれていることを教えているのであり，そうした経験が，永住を認めず，ローテーションの方針をとる政府の姿勢によっても強められて，外国人労働者たちがいつかは帰国するという宣伝に説得力をもたせていたことは否定できないであろう。

2. 募集停止と外国人の定住化:第2期

　以上のように楽観的な見方が支配的な中で1973年にオイル・ショックが起こり，その影響を受けて同年11月23日に社会民主党・自由民主党連立政権によって外国人労働者の新規の募集を停止する方針が決定された。この政策転換により，戦後ドイツの外国人労働者の歴史の第2期が始まることになった。

　もっとも，厳密にいえば，後述する1971年の労働許可令によってローテーション原則の軌道修正が行われ，また1972年には労働力の追加的導入を抑制する方向が示されていたので，オイル・ショックの結果として募集停止への転換が突如として起こったかのように考えるのは適切とはいえない。その意味では，オイル・ショックは募集停止の「本来の原因」ではなくて，「最終的な契機」だったと捉えるべきであろう(Bundesministerium für Familie, Senioren, Frauen und Jugend 49)。いずれにせよ，新規の募集の停止によって外国人が就労するためにドイツに入国することは困難になったが，そのことは，既にドイツで職についている外国人労働者の多くにとってはより長くドイツにとどまることへのインセンティブとして作用した。一旦ドイツを去れば働くために再度入国できる見込みが殆どない以上，当分はドイツで生活を続けるか，それとも最終的に帰国するかの選択しか残っていなかったからである。こうして多くの場合一時的な出稼ぎのつもりでドイツに来たにもかかわらず，彼らの滞在期間は次第に長期化していくことになった。そして帰国時期の先送りの繰り返しが，結果的にドイツ定住へと変化するに至ったのである。

　他方，「ドイツは移民国ではない」との立場が明確にされたのは，1977年12月に連邦内務大臣と州内務大臣の合意に基づいて決定された「帰化に関する指針」によってである。無論，定住化を阻止する方針が長く堅持されてきたことから明らかなように，明示されてはいなくてもこの姿勢はかねてから連邦政府がとっていたものであった。もっとも，実際の政策ではその立場は貫かれず，限られた期間の就労という方針は，使用者側の要望に基づき滞在と労働の許可の更新が繰り返されることによって早期に実質的に破綻していた。政府は外国人労働者が出稼ぎとして一時的にだけドイツで働くという意思をもっていることと，労働市場が景気変動に応じて外国人雇用の規模を自動的に規制するという二つの前提に立ち，ローテーションを厳格に守らせる

ことを意図してはいなかったのである。現に1960年代後半に戦後最初の本格的不況が訪れ，1967年には経済成長率がマイナスになって失業率が上昇した際，外国人労働者の帰国が相次いだにしても予想されたほどの帰国ラッシュは起こらなかったが，それでも政府は帰国を強制しなかったのである。その結果，ドイツで働く外国人労働者の数はごく短い期間を除いて増え続け，募集を停止した1973年までにドイツに来た外国人労働者の累計は1400万人，そのうち帰国したのは1100万人で約300万人がガストアルバイターとしてドイツに滞留する状況が現出したのである。

先述した楽観的見通しの影響で，オイル・ショックが起こる以前には大抵のドイツ市民は外国人労働者を導入するシステムを支持していた。ドイツ統一後に激発したような排外暴力や公然たる敵意もまだ乏しかった。確かに元のナチ党員を擁する国家民主党（NPD）が外国人を標的にしたキャンペーンを1960年代後半に繰り広げ，州議会レベルで進出を果たしたのは事実であり，軽視することはできない。しかし外国人に対する反感が高まったのはNPDが没落した後であり，第1次オイル・ショックによって経済の高度成長が終焉してからであった。その主要な原因は，募集停止で外国人労働者の存在がクローズアップされるとともに，彼らが職場の獲得を巡りドイツ人の競争者と見做されるようになったことにあると考えられる。さらに政府の宣伝とは異なり，一時的のはずであった彼らの滞在が長期化し，定住する移民になりつつあるという認識も，排外的感情を強める要因になっていたと思われる。

これに加え，外国人労働者の構成に変化が生じていたことが，そのイメージを作り変え，異質な集団という感覚を強めていたことも推測に難くない。事実，EC諸国出身の外国人の数は比較的一定であったのに反し，EC以外の国籍をもつ外国人労働者の数は急速に増えつつあり，その差は拡大の一途であった。トルコ人を例にとれば，1961年に募集協定が結ばれてから受け入れが始まったが，1967年に外国人労働者に占める比率は9.5％だったのに1973年には22.5％にまで上昇している（近藤潤三（f）263）。EC諸国に属す外国人の場合には共通の文化という枠内にあり，違和感も希薄なのに反し，EC以外の外国人は文化的絆が弱く生活習慣の相違が大きいだけに疎遠な存在に映るのは当然であろう。また，その規模が大きくなり，違和感が強まるのに応じて，その流入や定住化に対する抵抗感が高まるのは避けがたいといわねばならないであろう。現にいくつかの世論調査から，EC出身者と比べた場合，

非ECの外国人に対する一般のドイツ市民の距離感が強く，彼らがドイツで暮らしていることを好ましくないと思う意見がかなり広範に存在していたことが明らかになっている(Just/Mülhens 379ff.)。非EC外国人に対するそうした感情や見方が，外国人労働者に占める彼らの比率の増大につれて強くなっても，決して不思議ではないといえよう。

ところで，外国人労働者のドイツ滞在の長期化を容易にしたのは，オイル・ショック前の1971年に定められた労働許可令であり，これによって彼らの多くの法的地位が改善された。それまでは外国人労働者は労働市場の調整弁であり，1年間だけ有効の労働許可を操作することによって景気変動に応じて労働力供給を調整するための存在だったといっても過言ではない。なぜなら，後述するように，1965年の外国人法の下では，彼らの滞在と就労は管理当局の裁量に委ねられており，許可を取得に関して彼らは影響力を持ちえなかったからである。この点から見れば，5年以上就労した外国人労働者に対して5年間有効の特別労働許可を取得できるように改められたのは重要な前進だった。彼らの地位はこの期間はもはや景気変動に左右されず，その限りで安定化したといえるからである。

だがその反面で，彼らが便利な調整弁でなくなるのに応じて，新しい問題が顕在化したことも見逃せない。彼らは失業してもドイツにとどまることが可能になったが，そのことは外国人労働者のなかに次第に多くの失業者を抱え込むことにつながったのである(近藤潤三(b) 135ff.)。元来，熟練労働者の乏しい外国人労働者は雇用が不安定であり，景気変動の影響を受けやすかった。そして「失業の輸出」が難しくなり，国内に滞留するようになると，表6-2に見られるように，国籍による明白な差異があるものの，総じて外国人労働者はドイツ人を大きく上回る高い失業率に晒されることになったのである。

さらにもう一点に注意する必要がある。それは，外国人労働者の法的地位の改善が彼ら自身の力によって獲得された訳ではないことである。確かに1969年以降外国人労働者による山猫ストが発生し，なかでも1973年夏にフォード社で起こったトルコ人労働者による山猫ストが注目を浴びたのは事実であり，またこうした動きを背景にして彼らが独自の労働組合を結成する機運が一部に生じたことの意義は無視できない(佐藤(b) 61ff.; 森 163f.)。けれども決定的だったのは，むしろ使用者団体がローテーションのような形

表6-2 外国人労働者の失業率

(単位:%)

年度	全体	外国人	トルコ人	イタリア人	旧ユーゴスラヴィア人	年度	全体	外国人	トルコ人	イタリア人	旧ユーゴスラヴィア人
1979	3.2	3.9	4.2	4.5	2.3	1990	6.6	10.1	10.0	10.5	6.0
1980	3.5	4.8	6.3	5.5	2.8	1991	6.0	10.6	11.0	11.2	6.5
1981	5.4	8.5	11.2	8.4	5.2	1992	6.5	12.3	13.5	13.6	9.2
1982	7.5	11.8	14.9	11.9	8.2	1993	8.3	15.3	17.4	18.3	11.0
1983	8.6	13.7	16.7	13.9	9.7	1994	8.8	15.5	18.9	17.0	9.8
1984	8.6	12.7	14.4	13.9	9.3	1995	9.0	16.2	19.2	16.2	8.8
1985	8.7	13.1	14.8	14.7	9.0	1996	10.0	18.6	22.5	18.0	9.9
1986	8.2	13.0	14.5	14.6	8.2	1997	10.7	19.7	24.0	18.9	9.8
1987	8.4	14.1	15.5	16.1	8.8	1998	9.8	18.3	22.7	17.6	11.0
1988	8.1	13.9	14.5	15.9	8.5	1999	11.2	19.7	22.5	16.8	11.6
1989	7.3	11.2	11.6	13.2	6.9	2000	10.0	18.0	20.2	14.7	10.4

(注) 1991年以降は全ドイツ,それ以前は西ドイツ
出所:Die Beauftragte der Bundesregierung für Ausländerfragen, Bericht der Beauftragten der Bundesregierung für Ausländerfragen über die Lage der Ausländer in der Bundesrepublik Deutschland, Berlin 2002, S.412 より作成。

の外国人の短期的な入れ替わりのデメリットを重視したことである。すなわち,外国人雇用の経験を重ねる中で,比較的長期間雇用することで斡旋事務所を介した募集に要する経費や職業訓練費用などのコストを削減できるという考慮が働くようになり,雇用期間の延長を求める使用者団体の要望が強まったのである。要するに,労働許可令に見られる一定の改善は,強制的なローテーションの原則が労働組合や教会などからの反対を受けていた面があったにしても,基本的にはあくまで経済的論理に即して実現されたことを見逃してはならないのである。

ところで,オイル・ショック直後に新規の外国人労働者の募集が打ち切られたのは既述のとおりだが,これを踏まえて外国人の数を制限すると同時に彼らの雇用を固定化することが政策目標に据えられた。その点で1973年に始まる第2期は制限と固定化によって特徴づけられる。制限に関していえば,例えば1974年11月には西ドイツに滞在している外国人労働者の配偶者や子供などで外国人として初めて雇用される場合には労働許可が与えられないことが決定され,労働市場への参入が制限された(中村 59)。この厳しい制限は1979年に緩和され,いわゆる待機期間に切り替えられたが,その一方で

は，1981年に後述する家族合流に当たって16歳を越える子供の呼び寄せが禁止され，あるいは既婚の第二世代の配偶者呼び寄せに条件がつけられたことに見られるように，制限措置が強められたのである(Bundesministerium für Familie, Senioren, Frauen und Jugend 51)。

そうした政策への転換と並んで注目されるのは，ローテーション原則が空洞化し軌道修正されたのと同様に，政策の意図には必ずしも合致しない結果が生じたことである。確かに募集停止と就業のための外国人の入国の厳しい制限の結果，外国人労働者は減少した。1973年には260万人を数えたのに，1980年には210万人にまで縮小したからである。その主たる原因がオイル・ショックに始まる不況のために外国人労働者の失業が増大し，帰国する者が相次いだことにあるのは指摘するまでもない。実際，ドイツ国内では失業率はオイル・ショック後から一直線に上昇して1975年の年央には5.2％に達し，その他に半失業状態の操業短縮労働者が90万人を数える状況になったのである(戸原/加藤 30ff.)。その反面で見落とせないのは，それにもかかわらずドイツで生活する外国人の数は一時的に僅かに減少したにとどまり，外国人労働者の縮小と足並みを揃えて減少はしなかったことである。すなわち，1973年に397万人だったドイツ在住の外国人数は1976年の395万人を底にして1978年に398万人に回復し，1980年には445万人にまで拡大した。そして基調としてはその後も増大を続けたのが現実なのである。

このように意図せざる結果に至ったのは，募集停止でドイツにとどまるか故国に帰るかの選択を迫られた外国人労働者のうち，滞在を選んだ者が家族を呼び寄せるようになったからにほかならない。これはJ.F.ホリフィールドのいう「リベラルなパラドックス」(Hollifield 58f.)の典型的事例といえよう。そのパラドックスとは，先進民主主義国では人道に配慮したり人権を尊重したりするのは政府の当然の義務と見做されるが，内国人だけではなく，外国人労働者を含む外来の人々についてもこのことは適用されねばならず，そうした拘束のために政策が本来の意図に反する結果を招くことを指す。これを一例として家族の合流に即してみると，それに関する規則が1965年に定められたが，外国人労働者が一定期間ドイツに滞在しているのに加え，確実な生計手段をもち，十分な広さの住居を確保していることなど所定の条件を満たせば，人道的考慮から家族の合流が容認された。その結果，働くためではなく家族と一緒に暮らすためにドイツに来る外国人が1960年代後半以降に増大

するようになったのである(Oltmer 54)。ただ統計上は家族合流に関する正確なデータは存在しないので、差し当たり外国人の子としてドイツで出生した新生児の数で代用するなら、表6-3に掲げた数字が得られる。それによれば、1965年に外国人としてドイツで生を享けたのは3万8千人だったが、10年後の1975年には9万6千人、ドイツ統一の実現した1990年には8万6千人を記録している。またドイツの新生児総数に占める比率も3.6%から16.0%に上昇した後、11.9%に下がっているものの、もはや10%を下回ることはなく、高いレベルで推移している。こうした新生児の増大基調が家族呼び寄せの増加を反映しているのは間違いないであろう。実際、1960年代初期に既婚の外国人労働者のうちでパートナーを故国に残しているのは80%を上回っていたが、80年代初期には20%を切るまでに低下していたし、1970年代と80年代にドイツに流入した外国人の半数以上が家族の合流のためだったと推定されている。そしてその数が外国人労働者の減少を上回ったために、新規の労働者の受け入れ停止にもかかわらず、外国人の総数は増大する結果になったのである。

表6-3 外国人の新生児数とその比率

年度	総数	外国人	比率(%)	年度	総数	外国人	比率(%)
1960	968,629	11,141	1.2	1978	576,468	74,993	13.0
1961	1,012,687	13,955	1.4	1979	581,984	75,560	13.0
1962	1,018,552	18,803	1.8	1980	620,657	80,695	13.0
1963	1,054,123	24,675	2.3	1981	624,557	80,009	12.8
1964	1,065,437	30,857	2.9	1982	621,173	72,981	11.7
1965	1,044,328	37,858	3.6	1983	594,177	61,471	10.3
1966	1,050,345	45,146	4.3	1984	584,157	54,795	9.4
1967	1,019,459	47,432	4.7	1985	586,155	53,750	9.2
1968	969,825	44,948	4.6	1986	625,963	58,653	9.4
1969	903,456	50,673	5.6	1987	642,010	67,191	10.5
1970	810,808	63,004	7.8	1988	677,259	73,518	10.9
1971	778,526	80,714	10.4	1989	681,537	79,868	11.7
1972	701,214	91,441	13.0	1990	727,199	86,320	11.9
1973	635,633	99,086	15.6	1991	830,019	90,753	10.9
1974	626,373	108,270	17.3	1992	809,114	100,118	12.4
1975	600,512	95,873	16.0	1993	798,447	102,874	12.9
1976	602,851	86,953	14.4	1994	769,603	100,728	13.1
1977	582,344	78,271	13.4	1995	765,221	99,714	13.1

(注) 1991年以降は全ドイツ、それ以前は西ドイツ

出所：Lederer, Harald, Migration und Integration in Zahlen, Bonn 1997, S.26f. より作成。

外国人の増大の背後で起こったこの変化は他のデータからも読み取れる。上掲の表6-1に見られるように，ドイツの人口全体に占める外国人の比率は基調としては拡大し続けているといえる。しかし，社会保険加入義務のある外国人就業者の数は1972年の231万人をピークにしてドイツ統一の頃まで減少傾向にあったほか，被用者全体に占める外国人の比率を眺めても，1973年の11.9％をピークにして以後は年々縮小に向かっている。同じ外国人に関する動向に見出される拡大と縮小というコントラストが物語っているのは，次のことにほかならない。すなわち，外国人自体は増えても就業する人々は減少していること，より具体的にいえば，主婦や生徒のように職を持たない外国人女性やその子供が増加していることである。つまり，この相反する動向は，家族の合流がかなりのテンポで進行したことを表していると考えられるのである。
　頻繁な更新を必要としない特別労働許可を得る道が開かれ，外国人労働者たちの法的地位がそれまでよりも安定したとすれば，当初は一時的な出稼ぎのつもりで単身でドイツに来たとしても，次第に彼らの間で家族とともに暮らしたいという願望が強まったのは当然の成り行きであったろう。確かに特別労働許可の取得が可能になっても最初の予定通り一定期間の就労の後，故国に帰る労働者が多数存在していたのは事実である。けれども他方で，帰国を先送りし，なお当分ドイツで働く意志を持つ人々は，故郷に残してきた家族を呼び寄せ，ドイツに生活の拠点を形成するようになっていったのである。
　ところで，外国人が定住化の傾向を強めるにつれて，外国人労働者導入の狙いの一つだった景気変動の調整弁としての役割を彼らが果たさなくなった点も見逃せない（Bade/Oltmer (b) 83f.）。法的地位が安定化するのに伴い，それまでのように労働許可付与の裁量によって景気後退の局面で彼らを国外に締め出すことが困難になったのが主要な原因である。このことは，オイル・ショック後の不況を背景にして従来は低率だった外国人の失業率が上昇したことにも表れている。前述のように，それまではドイツの労働市場が必要とするだけの外国人労働力を弾力的に受け入れ排出する仕組みがあったので，不況になっても外国人の失業率は低かったが，彼らの定住化につれて失業の輸出が難しくなったために，景気後退はドイツ国内での彼らの失業に直結し，失業率を押し上げる結果になったのである。実際，1968年に0.6％だっ

た外国人労働者の失業率は，10年後の1978年には5.3%に跳ね上がっている。しかも1960年代にはドイツ人を含む全労働力人口の失業率より低いのが常態だったのに反し，オイル・ショック以後は上回るのが通例になったのである(近藤潤三(b) 135ff.)。

　このように外国人の失業が増大した背後には家族の合流によって進行した定住化の動きがあったが，無論，一緒に暮らす願望だけが家族合流の推進力だったわけではない。社会国家としてのドイツに確立された手厚い生活保障のシステムが家族合流の流れを促進する作用を果たしていたのである。その主要な柱の一つに児童手当があることはよく知られている。これを例にとれば，一定の年収を超えないドイツ市民に対してと同様に，外国人労働者に対しても，各国政府との協定により子供がどこに居住しているかに関わりなく児童手当が支給された。しかし，故国に残した子供数を種々の方法で偽って届けるケースが続出して問題化したため，1975年に給付額を引き上げた際に支給条件が変更され，故国にいる子供には増額分を支給せず，ドイツに在住する子供に対してだけ引き上げられた満額を給付することに切り替えられた。その結果，数人分の児童手当で一家族が生活できるとすらいわれたように，外国人労働者世帯にとっては決して少額ではない児童手当を全額受給する目的で家族を呼び寄せるケースが増大した(Vogel 60ff.)。こうした例に見られるように，整備された社会保障制度が家族合流を促進する誘因になったのは否定できない。

　もっとも，充実した社会保障制度が逆に外国人労働者を締め出す原因になった面があることも付け加えておかねばならない。家族合流の前提である外国人労働者の滞在の長期化に関しては，彼らに長くドイツにとどまる決心をさせた一因として，例えば失業問題が挙げられる。とりわけオイル・ショックはドイツのみならず世界の多くの地域に不況をもたらしたが，ドイツで働く外国人労働者は帰国したら失業の危険が大きいのに反して，ドイツで就労している限り，故国では期待できない賃金を得ることができた。けれども，一般労働許可しか持たない外国人労働者の場合，失業は現実にはしばしば帰国の強制につながった。制度上はなるほど外国人労働者であっても失業した場合には失業保険制度に基づき相当額の失業手当を受け取ることができた。さらに給付期間が過ぎても失業扶助のほか，生活保護に相当する社会扶助が用意されており，これらによって生計を立てることが可能だった。と

ころが，外国人労働者が失業すると，滞在許可による規制が加えられた。すなわち，彼らの滞在許可の延長は失業手当の給付期間に見合う範囲に限定され，失業給付の資格を喪失して社会扶助によってしか生計が立てられない状態に陥ると滞在許可は更新されず，帰国を強いられたのである(中村 62)。そこに垣間見えるのは，経済的効用を失い社会的負担になる外国人労働者は引き受けないという政策的意図にほかならない。つまり，社会国家ドイツで福祉を確実に享受できるのはドイツ国籍を有する市民に限定されていたのであり，外国人問題の文脈では社会国家性は経済的論理を抑制するのではなくて，むしろ補強し，外国人労働者を切り捨てる一面があったことを見落としてはならないのである。

　ともあれ，オイル・ショックを境にして，一時帰国した場合に復帰できなくなる不安や法的地位の改善などにより外国人労働者がドイツ滞在を延ばすにつれて家族を呼び寄せるケースが増加した。そして彼らは次第に家族とともにドイツで定住化する傾向を強めた。これを受け，外国人問題の構造が変化し，多様化したのは当然だった。それまでは単身で比較的若い男性の労働者が中心だったから，外国人問題とは外国籍の労働者の処遇にかかわる問題すなわち労働者問題として考えればほぼ足りた。そしてこの問題については基本的に経済的論理に基づいて対処することが可能だった。けれども女性や子供が増えると外国人問題の様相は一変し，その構造は重層化せざるをえなかった。というのは，故国の習慣に従って男性に対する従属を強いられる女性の地位や，学校教育や就職など子供を巡る問題が生起するようになったからである。他面，就職の機会や情報が多いために外国人の大部分は都市部に住みつき，とりわけ大都市への居住の著しい偏りが生じるようになった。1995年末に住民の30％以上を外国人が占めたフランクフルトをはじめとして，シュトゥットガルト，ミュンヘン，ケルンなどでも20％以上に達していたのは，そうした傾向の証明といえよう(Beauftragte der Bundesregierung für Ausländerfragen(a) 30)。そればかりでなく，低家賃の住宅が特定地区に集まっているのに加え，密集して生活することで様々の便益が得られることや，母語の使用をはじめ故国の生活習慣も維持しやすいために同国人が固まって居住する傾向が強まり，大都市の一角に移民地区と呼びうる空間が出現するようにもなった。無論，その形成に外国人に対する差別の力学が作用しているのは付け加えるまでもない。こうした問題は一般に空間的セグリ

ゲーションとして知られる現象であるが，その代表例とされるのが，トルコ人が多数居住し，リトル・イスタンブールとさえ呼ばれるベルリンのクロイツベルクであることは周知の事柄であろう(Kleff 83ff.)。

ところで，このようにして外国人労働者の家族が増大し，外国人の総数も増えてその構成が変わってくると，それに対する政策が修正を余儀なくされたのは当然の帰結だった。彼らがもはや短期的な出稼ぎ労働者ではなくなっているとの明確な認識に立ち，外国人政策の新機軸を打ち出したのは，1978年に新設された連邦政府外国人問題特別代表を務めたH.キューンが1979年末に提出した覚書である。キューン・メモランダムの名で知られるこの覚書のなかで，彼はドイツが事実上の移民国の状態になっている現実を認めるように政府に強く訴えた。その上で，労働市場政策の観点の優先を改めるとともに，帰化を含む法的地位の改善や青少年の教育などの面で一時的ではない首尾一貫した統合政策をとるべきことを提唱したのである(Meier-Braun 46f.)。

しかしながら，キューンの提言には論壇で反響があったものの，シュミットを首班とする社会民主党(SPD)と自由民主党(FDP)の連立政権の受け入れるところとはならなかった。1973年以降，新規の募集は停止され，外国人労働者の受け入れを厳しく制限する措置がとられてきたが，連邦政府はこの方針を継続するとともに，それを補完するものとして帰国促進策を打ち出す一方，ドイツ社会への外国人の限定的な統合を目指すことを公式に表明するに至った。この政策変更を画すのが，1980年に連邦政府が行った決定である。「外国人政策の展開のためのガイドライン及び外国人労働者とその家族特に第二世代以降の統合政策に重点を置いた統合の概念についての政府決定」と題する3月19日の文書がそれである。これを起点に，外国人問題の多様化に対応した統合のための新たな政策が展開されることになる。

従来通りに受け入れの制限を基本に据えたまま，他面で帰国促進と同時に統合を目指すというこの時期の外国人政策の特徴を考える場合，これら二つの方向が背馳する性格を有していることにあらかじめ注意することが必要であろう。外国人の受け入れに制限を加えつつ，定住化した人々を社会に統合することは，論理的に矛盾しない。しかし，外国人であることを理由にして彼らに帰国を促すと同時に，他方でその同じ外国人を社会に組み入れることは，基本的に両立しがたいからである。この矛盾には，1977年に打ち出さ

れた「ドイツは移民受け入れ国ではない」という命題を外国人政策の土台にし、「ドイツは限られた期間の滞在国である」というもう一つの命題でそれを補完していたことによる制約が浮かび上がっている。もっとも、この点に関しては、F.ヘックマンが強調するように、「移民国的な状況の否認が統合政策の欠如と直ちには等置されえない」こと、換言すれば、外国人労働者の家族が社会保障への加入を認められたように、一定の統合政策が見られたことにも注意を払う必要がある(Heckmann(b) 6)。要するに、キューンとは違い、外国人を短期的に滞在する出稼ぎ労働者と捉える前提に立って展開される統合政策には大きな限界があり、根幹にある政策の方向の矛盾のために一貫性を欠いた一時しのぎの弥縫策という色彩を拭えなかったのである。

　このような矛盾を孕んだ政策が明確化されたのは、1982年10月に政権が交代してからである。周知のように、キリスト教民主同盟・社会同盟(CDU/CSU)と自由民主党(FDP)の連立に立脚するコール政権は「転換」を標語に掲げて登場した。そして多岐に亘るその転換の重要な一角に外国人政策が据えられた。しかしながら、そこで明確化され、以後継続されることになったのは、「転換」が強調されたのに反して、実はシュミット政権の末期に輪郭が固まった方針だった。その意味で、ブラント政権以来の東方政策など他の主要政策分野と同様に、外国人政策の面についても、中道を志向するコール政権の「転換」には前政権との濃厚な連続性があることを見落としてはならない(近藤正基(b) 108f.)。

　「転換」で明確化した基本方針は、以後、連邦内務省の文書の冒頭に一貫して掲げられるようになったが、その骨子は次の3点から成っていた。第1点は、「長期にわたり我々のもとで生活している外国人労働者とその家族の統合」である。第2点は、「一層の流入に対する制限」である。そして第3点が「帰国の用意の促進」である。ただその後の情勢の変化を受けて表現は修正され、1991年以降は以下のように記されている。すなわち、第1点については、「合法的に居住している外国人、とりわけ募集された外国人労働者とその家族の統合」とされ、第2点に関しては、「欧州共同体とヨーロッパ経済領域以外の国々からの流入の制限」と改められている。また第3点についても、「自発的な帰国と故国での再統合の際の支援の保証」に修正されている(Bundesministerium des Innern(a) 3)。これらを比べれば、第2点ではヨーロッパ統合の進展に伴う差別化が窺えるが、同時にまた第3点の修正には一見し

て明白なトーンダウンが認められる。帰国そのものを促すことから，帰国する場合に与えられる有利な条件の確約に重点が移っているからである。

　帰国を促進することは同じでも，このように重点が変わった背景には，コール政権に交替してから強力に推し進められた帰国促進策の経験がある。シュミット政権末期に既に方針が決定され，1983年6月の立法化によって実施に移されたこの政策では，帰国を希望する外国人労働者本人に対しては一種の手土産として1万5千マルクの一時金が与えられたのに加え，ケースによってはそれまでに拠出した社会保険料が返還され，子供にも一人につき1,500マルク支給するなど種々の特典が用意された。にもかかわらず，それが期待された成果をあげるには至らなかった。これに応えて帰国したのは約25万人にとどまったからである。コール政権が誕生した1982年には外国人の総数は467万人で，そのうち労働者は171万人を数えたのに，1985年にはそれぞれ438万人と154万人に縮小していたのは，たしかに帰国促進策の効果だった。けれども，この減少の幅が大きいとまではいえないことや，依然として400万人を大きく上回る外国人がとどまっていた事実に照らせば，大々的に展開された割りには成果が乏しかったといわねばならない。その上，80年代初頭の不況の影響が加わり，自主的に帰国する予定をしていた人々に対してまでも多額のドイツ・マルクを与える結果になったことをはじめ，帰国促進のための措置には種々の問題点があったことも否定できない。また他面では，帰国促進には失業の輸出という一面があったことを考慮するなら，一時金の負担の裏面で失業手当や操業短縮手当などが節減されたことも看過できない。いずれにせよ，特典を備えた形の帰国促進策は効果が乏しいのに加え，元来時限立法だったこともあって1985年に打ち切りになり，それとともに外国人の数は再び増大基調に転じたのである (Bade (b) 58ff.)。

　次にこのような帰国促進策と抱き合わせで進められた統合策に目を向けよう。

　統合という概念の意味内容については，『統合』と題した覚書で1998年まで第3代連邦政府外国人問題特別代表を務めたC.シュマルツ=ヤコブセンが指摘するように，一義的に規定するのは困難というべきであろう (Schmalz-Jacobsen 6)。これについては関連する概念である同化と編入との異同を含め様々な捉え方が見られるが，そのうちの一つの標準的な理解としては，第2代の特別代表だったL.フンケの定義がある。それによれば，統合とは「外

国人が法秩序に反して行動しない限り、彼らのそれぞれの民族的、文化的、宗教的特性を尊重しつつ、彼らを我々の国の生活の中に、したがって社会の中に編入すること」を指す(Funcke(b) 31)。そのために不可欠の条件として、受け入れる側と外国人の双方に高度の寛容と相互理解のための努力が必要であることを彼女は付け加えているが、このような意味での外国人の統合を連邦政府の内部から提起したのは、1979年にキューンが提出した既述の覚書が最初である。かつてのノルトライン=ヴェストファーレン州首相で初代の外国人問題特別代表に就任した彼は、その中で「留保のない永続的な編入」としての外国人の統合を唱えたのである。

そうしたキューンの問題提起の背景には、好むと好まざるとにかかわらず家族の合流の進展や在住の長期化などによってドイツは移民受け入れ国に変貌しており、この現実から出発する以外にないという醒めた認識があった。けれども、導入に当たって宣伝されたとおり、外国人労働者は人手不足のために限られた間だけドイツで就労してやがて帰るものと思っていた国民の多数はもとより、キューンを新設ポストに就任させた連邦政府もその提言に与しなかった。他方、「ドイツは移民受け入れ国ではない」ことを前提にして、一時的な出稼ぎのつもりでドイツに働きに来た外国人の多くも、在住期間の長期化は帰国時期の先送りによるのであって、いつかは帰国するという、いわゆる「帰国幻想」に執着していたのである(近藤潤三(g) 281ff.)。そのため、キューンが求めたような「留保のない永続的な」統合は双方の側で問題となりえず、彼が自己の統合の概念とは異質なものとして訣別を要求した「一時的な統合」が連邦政府の政策とされることになった。つまり、1980年代になって統合が目標に据えられるようになったものの、帰国促進の方針と組み合わされていたことに表出しているように、実際に推し進められた外国人の統合政策は首尾一貫しない不徹底な性格のものだったのである。

そうした不徹底さの端的な事例が、ドイツで生まれたり成長したりした第二・第三世代の外国人が増大しているにもかかわらず、法的には彼らが依然として外国人の地位に据え置かれたことであろう。そのために例えば彼らが犯罪行為をした場合、訪れたことのない見知らぬ「故国」へ強制的に送り返される可能性があるように、その地位は不安定な状態におかれてきた。また第一世代の中からは、ドイツ滞在が長期化し、職業生活から引退して年金生活を迎える外国人高齢者さえ増えてきているのに、彼らに対して相変わらず

地方レベルの参政権が拒まれたままになったのも，その事例に数えることができよう。もちろん他面で統合に多様な施策が繰り広げられているのはいうまでもない。またそれらが外国人労働者とその家族のドイツ社会への定着を促進し，あるいは障害を取り除くのに貢献しているのも確かである。ここではその詳細に触れることはできないが，いずれにせよ，外国人の社会的統合が政策目標として前面に押し出されるようになったとしても，それには「一時的な統合」という限界が刻み込まれていたのである。

3. 外国人に関する法制

それでは西ドイツに居住するようになった外国人はいかなる法制度の下で生活していたのであろうか。外国人労働者の管理システムとして滞在許可と労働許可が組み合わされていたことは既に言及したが，ここで考察しているドイツ統一までの第2期と統一以降の第3期との分岐点に位置する外国人法の改正に関して機会を改めて取り上げるので，その前に一通り制度面の要点を整理しておくことにしよう。

外国人に関する法制度は外国人法を土台としていたが，もちろん，それ一本だけで成り立っていたわけではない。それ以外にも同法施行令や外国人法施行に関する一般的運用規則など種々の法令があり，入国と滞在について定めている。一方，就労については雇用促進法が主要な法令として挙げられる。それらは総体として外国人を取り巻く法制度を形成していたが，政令や規則には細かな改正が行われたので，ここでは便宜上1988年前後の時点における制度の輪郭を描いてみることにしよう (Kanein/Rittstieg; 野川 55ff.)。

まず滞在に関する制度から眺めよう。

基本的な点を最初に確認しておけば，主権国家であることの論理的帰結として，ドイツでは外国人にドイツの領域における滞在に対する法的請求権を認めておらず，ドイツの領域内で移動の自由に対する権利を保障されているのはドイツ国籍を有するドイツ人だけである。したがって，外国人にどのような形でドイツに滞在することを認めるかは偏にドイツの立法政策に懸かっている。その政策を具体化したものが外国人法をはじめとする上記の法令である。

無論，ドイツはEUの中核国であり，その前身であるEC加盟国の外国人を受け入れてきた実績がある。この場合，ECの条約，規約，規則とそれを反

映した国内法が背景にあり，それによって外国人は二つに分類される。すなわち，外国人法およびEC関係外国人法上，EC加盟国の市民である外国人と非EC加盟国の外国人とに大別され，この区分に基づき権利面で相違が生じている。EC加盟国の外国人の場合，EC各国に滞在することに関してドイツ人と同様に法的請求権を有しているので，ドイツに入国し滞在する権利が認められている。つまり，入国には滞在許可は不要であり，滞在許可を取得しても単に確認的な意味合いしかもたない。これに対し，非EC加盟国の外国人にはドイツに入国し滞在する権利はなく，あくまで官憲の許可の範囲内で入国及び滞在することが可能であるにすぎない。

　他方，ドイツでの外国人の就労については，1965年の常設州内務大臣会議の決定に記されているように，共産圏諸国の国民及び欧州外の諸国の国民にはドイツでの就業を目的とする滞在は認められていない。但し，前者の諸国からはユーゴスラヴィアは除外され，後者からはアメリカ，カナダ，オーストラリア，ニュージーランド，イスラエルのほか，欧州の一国と見做されるトルコも除かれる。また内規で日本も除外されている。この「外国人就業基本原則」が土台となり，非EC加盟国の市民には例外的にのみ就業が許されるわけである。この例外的な就業が認められる人的範囲は「連邦就業禁止例外一覧表」に規定されている19種のみである。これにはドイツ人の配偶者，研究のために一時的に大学などで雇用される研究者，実習生などが挙げられている。

　ところで，滞在資格には期限付滞在許可，無期限滞在許可，滞在権の3種類がある。ドイツで3カ月以上滞在するか，または営利活動を行う意図をもって入国しようとする者は，入国前に自国にあるドイツの在外公館で滞在許可を取得しなければならないが，その際に審査を経て与えられるのが期限付滞在許可である。例えば滞在許可をもたずに査証免除協定に基づいて観光などの短期訪問滞在の名目で無査証で入国し，その後に就職・就学など訪問滞在以外の滞在資格を申請することは，外国人法の滞在許可取得義務違反となり，それだけで「ドイツの国益に反する」ことになるので，国外退去処分の構成要件を充たす結果となる。

　ここにいう「ドイツの国益に反する」か否かが，外国人法令の適用・解釈の第1の原則とされる。すなわち，外国人法令には「当該外国人の存在がドイツの国益に反しない場合に，滞在許可を付与することが認められる」と規

定されており，国益の基準に反すればいわゆる門前払いとなり，国益に反しなければ，管轄当局である外国人局が「義務に則った裁量判断」により可否を決定することになる。

　ドイツでの就業を目的とする外国人から滞在許可交付の申請が出された場合，外国人局は管轄の労働局と協議し，労働許可の可否につき検討を依頼する。労働局は労働市場の状況を勘案して個々のケースを検討するが，その際の指針となるのはドイツ人にEC加盟国外国人を加えた既述の内国人優先の原則である。すなわち，当該のポストがドイツ人もしくはEC外国人の職場を危うくする場合には外国人に対して労働許可は付与されない。そして労働許可が交付されなければ，滞在許可も与えられない。もっとも，申請した外国人が既に長年にわたりドイツに滞在し，その生活基盤がドイツにあって，就業を認めない決定をすると重大な影響が生じると考えられる場合には考慮の余地があるとされている。

　滞在許可には滞在地及び期間，さらには滞在条件の面で制限を付すことができる。大学入学，職業教育などを目的とする者には，教育施設が発行する入学許可証，十分な滞在費の所持などを証明する場合にだけ，滞在許可が付与されうる。しかしこの場合には通常期限付であり，また営利活動禁止などの条件が付される。

　他方，就業を目的として滞在しようとする者には外国人労働者のみならず，実習生，ボランティア，研修生なども含まれる。というのは，法令上の「営利活動」には報酬についての合意があるか報酬が期待されうる一切の活動が含まれるからである。外国人労働者に関しては，通常，当初は1年期限の滞在許可が付与され，その後は2年毎に延長される。そして5年間中断することなく適法に滞在した後，次の条件をすべて満たせば，申請に基づいて無期限の滞在許可を付与することができるとされている。その条件の第1は，申請者が後述する特別労働許可を有していること，第2は，口語ドイツ語での意思疎通ができること，第3は，申請者及びその家族がしかるべき住居を有していること，第4は，その子がドイツでの義務教育を受けることである。

　もちろん，期限付であれ無期限であれ滞在許可はあくまで許可であって取り消されうるし，取得は当局の裁量によるので，外国人の権利とはならない。その意味では滞在許可は外国人の滞在を十分に安定したものにはしないといわねばならない。これに比べると，適法な在住が8年を越えた場合には

申請により滞在権が付与されうるとされており，それによって外国人の滞在は安定する可能性が開かれていた。けれども，これもまた権利として取得できるのではなく，その交付が原則として当局の裁量によるとされている点に留意する必要があろう。しかし制度的には，期限付滞在許可から無期限の滞在許可へ，さらには滞在権へと滞在資格が安定化するレールが設定されており，現実にこれを利用して期限付滞在許可を手にして出稼ぎの予定で入国した外国人労働者たちが，滞在の長期化に伴い，滞在資格を向上させていくことができた事実を看過してはならない。滞在資格のこの仕組みによってガストアルバイターたちは定住化し，次第に移民に転身していったのである。

それではこのような滞在資格とワンセットになっていた労働許可制度はどのようなものだったのであろうか。

その法的根拠になったのは，雇用促進法のほか，非ドイツ人労働者のための労働許可令と同令施行令，EC法及び二国間合意施行令などである。また制度の根幹とされたのは，基本法上，労働の自由はドイツ人のみに認められていることを土台とする，外国人に対する許可を留保した一般的就業禁止である。その上に構築された許可制度の狙いは，内国人優先の原則によって労働市場でドイツ人にEC加盟国の外国人を加えた労働者を保護しつつ，景気の緩衝装置たるべき外国人労働者の出入をコントロールすることにあった。連邦雇用庁が管轄し，実務は地域の労働局が担当するこの制度では外国人の労働者としての雇用がすべて対象になり，雇用契約に基づいて就労する場合だけでなく，職業訓練にも労働許可が必要とされている。また雇用期間・報酬額とは関係なく，外国人の就労には労働許可が必要である。ただ若干の例外も雇用促進法に例示されており，2カ月までの引き渡し済み機械の据え付け・保守従事者，代表権を有する会社役員，パイロットなどの国境通過業務従事者には労働許可は必要とされないことが規定されている。

労働許可付与の運用基準としては，労働市場の状況に基づき判断するが，それのみによらず，個々のケースの諸事情を考慮すること，外国人の滞在・雇用を政治的・社会的・経済的に総合的に判断することなどが示されている。その意味では，付与を決定する実務は経済的論理だけでは動かない仕組みになっているといえよう。労働許可は基本的には何らかの滞在資格を前提にして認められたが，実際には労働許可が付与されることを条件にして滞在許可が認められることがあったから，どちらが優先されるかは明確ではな

かった。しかし労働許可を失えば滞在許可の更新が認められなかったし，何らかの滞在資格の消滅とともに労働許可も自動的に喪失するものとされていた。それだけではなく，外国人労働者が6カ月以上ドイツ以外の外国に滞在したような場合にも，労働許可は自動的に消滅するものとされていたのである。

労働許可には2種類がある。一つは一般労働許可であり，いま一つは特別労働許可である。

一般労働許可の特色は労働市場依存型である点にある。すなわち，労働市場の現状・発展に基づき，一定の職場における一定の職種に限定して付与されるのが一般労働許可である。その有効期間は最長で2年である。通常，外国人労働者の入国に先立ち，滞在許可のための審査が行われる段階で外国人雇用原則に基づき，地域の外国人局と労働局が協議して労働許可の付与の可否を決定する。同一の職場で継続的に就労する場合は問題ないが，中途で職場を変更するためには新たに労働許可を申請しなければならず，同様に雇用契約期間が終了した場合にも新しく労働許可を取得することが必要とされていた。いうまでもなく，これによってコントロールをより柔軟かつ効率的に行うことが意図されていたのである。

一般労働許可と対比すると，特別労働許可の特徴は，労働市場の状況に依存せず，同時に職場，職種の制限がないところにある。しかし同時に，一定の要件を充足すれば権利として取得できるものではない点にもう一つの特徴があるのも見逃せない。このように付与されるか否かが行政的裁量によるところに政策的手段としての性格が見出せよう。その有効期間は5年間であり，それを申請できるのは，継続して8年間ドイツに適法に滞在し，5年間継続して適法に雇用されてきた外国人労働者である。このような外国人労働者以外に申請できるのは次の人々である。第1はドイツ人の配偶者，第2は庇護権を認定された亡命者である。そして第3は，外国人労働者によって呼び寄せられた青少年のうち，例えば学校・職業教育修了者，実習契約の締結者，5年間ドイツに滞在し，18歳未満で両親が特別労働許可を所持している者である。多年ドイツで就労した外国人労働者をはじめ，これらの人々に労働市場から独立し制限の付されない特別労働許可を交付することが，労働市場の変動からくる影響の抑制によって彼らの生活の安定化につながるのは指摘するまでもないであろう。確かに有効期限が5年でしかなく，その付与も当局の

裁量によるなど限界は明白といわねばならない。しかし他面では，その限界にもかかわらず，安定化に寄与する点でそれが社会的統合政策の重要な一部となっているのも間違いない。3種類を段階的に編成した滞在資格と組み合わせるなら，就労面で特別労働許可が用意されることによって，法的地位の不安定な出稼ぎ型労働者を比較的安定した移民型労働者に転換していく制度的枠組みが作り出されていたといってよい。その意味では，たとえ不十分ではあっても，この制度は外国人が定住化しつつある現実を踏まえていたということができ，のちに見る1990年の外国人法改正によってその限界の部分的解消が図られるのである。

　以上で一瞥したように，1990年のドイツ統一までの戦後西ドイツにおける外国人政策は大きく二つの時期に大別できる。第1期はガストアルバイターの募集から始まり，オイル・ショックを契機にして新規の募集が最終的に停止された1973年までである。この時期には高度成長に伴う人手不足を背景にした経済界の要求を受け，政労使の合意に基づいてローテーション原則を軸とする外国人労働者政策が展開された。また，そこでは経済的論理を重視した労働市場政策が前面に押し出されており，住宅供給や家族の合流などの社会的な視点や長期的な展望が欠落していたことも見逃せない。さらに政策の対象に据えられたのは，主に若くて単身の労働者であり，彼らはもっぱら労働力として捉えられて，ドイツ経済を下支えする役割に重心がおかれた。家族，教育，女性などの社会的問題はまだ現れておらず，時間の経過とともに外国人労働者問題の構造が変化してから関心が向けられるようになったのである。

　1973年以降の第2期は，外国人労働者が定住化し，移民に変貌していく時期である。それをよく物語るのは，家族の合流が進み，女性や子供が増えて，外国人自体が多様化していったことである。オイル・ショックを境に高度成長から安定成長に移行したことによって追加的な労働力需要が縮小する一方，失業問題が浮上したが，外国人労働者は予想に反して帰国せず，むしろ定住化が進むにつれて，彼らに与えられていた景気変動の調節弁としての役割は薄れていった。景気が後退しても，彼らを国外に排出することが難しくなったのである。たしかにドイツ人労働者が忌避するような職種では外国人労働者に対する一定の需要は存在していた。しかし経済成長が鈍化すると

同時に，重厚長大型部門を主軸とする産業構造が変化していくなかで，全体として，不熟練労働者の多い外国人労働者の失業率は上昇していったのである。

　家族の合流に伴って多様化が進み，外国人労働者問題が外国人問題に変化する一方，高度成長の終焉に伴い，労働力としての彼らに対する需要が縮小した実情を前にして，政府は外国人政策に正面から取り組む必要に迫られた。けれども，実際に行われたのは，長期的展望を欠落した場当たり的な対策の域を出なかった。従来の政策路線を変更する困難を避け，「ドイツは移民国ではない」という立場が明確化されるとともに，外国人政策の土台に据えられたためである。振幅が大きく首尾一貫性の欠如した政策が進められることになったのは，そうした立場による制約の帰結だった。キューンはかつてのガストアルバイターがもはや短期的な出稼ぎ労働者ではなくなっているという認識に基づき，事実上の移民国になった現実から出発することを主張したものの，政府も政党も大きく舵を切ることを望まず，受け入れを拒否した。その結果，政権交代の際の「転換」という標語に反して，シュミット政権からコール政権へと「帰国促進」と「統合」という矛盾した目標を掲げた政策が受け継がれて推進されたものの，成果は乏しいままに終わったのである。こうして当初の「外国人労働者」が子供や女性を含む「外国人」になり，さらに定住し生活の拠点を形成した「移民」に変貌していった現実と，旧来の立場に拘束され，長期的展望も一貫性もない政策との乖離が拡大した。その見直しにはドイツ統一の年，すなわち第2期に終止符が打たれて第3期に移る1990年まで待たなければならなかったのである。

　ところで，本章では戦後ドイツの外国人労働者を中心にして考察してきたが，もう一つの外国人労働者が存在したことは往々にして見落とされている。ドイツというとき，統一以前については西ドイツを指すのが通例であり，したがって外国人労働者に関しても西ドイツのケースに脚光を当ててきた。けれども，実はもう一つのドイツにも外国人労働者は存在していたのである。西ドイツと比べればその規模は小さかったが，東ドイツで外国人労働者がおかれた境遇には社会主義を標榜した国家の問題性が集約されているといっても過言ではない。そうした側面に留意しながら，西ドイツから東ドイツに視線を転じることにしよう。

第7章　東ドイツ（DDR）の外国人労働者

はじめに

　前章では戦後ドイツの外国人労働者問題を分断国家の一つである西ドイツに即して考えてきた。たしかに人口でも国土でも西ドイツの方が大きく、とりわけ経済力では世界経済を牽引する機関車に比せられるほど経済大国化した点から、従来、ドイツといえば西ドイツを意味するのが一種の常識になっていた。けれども、人口、国土に加えて経済力で大きく劣っていたとしても、やはり東ドイツの存在を忘れるわけにはいかない。ユーバージードラーについて考えた第5章でも触れたように、東ドイツすなわちドイツ民主共和国(略称DDR)は、建国以来何事につけ西ドイツと比較されてきたが、その理由もまた分断国家の一方であるドイツだからであった。DDRの指導者たちは1973年に実現した国連加盟以降、西ドイツとは別個の独立国であることを強調し、内外でそれを印象づけるために自国をドイツ民主共和国という正式名称で呼ばず、ドイツという語の抹消されたDDRという略称を意図的に使っていた。とはいえ、彼らが統治する国民は決して分断を既成事実として是認せず、DDRに独立した国家としての正統性を認めなかった。ドイツ統一がDDR国民の自由に表明した意思に基づき、西ドイツへのDDRの加入の形をとったのは、DDRの国民の間で西ドイツと同じドイツ国民の一部であるという意識が頑強に生き続けていた証明なのである。
　しかしながら、統一以前の戦後ドイツが事実上西ドイツと等置されてきた結果、わが国では統一で消滅したDDRに関心が向けられず、その実像についてほとんど知られていなかった。外国人労働者がDDRで働いていた事実

があるにもかかわらず，西ドイツのそれにのみ脚光が当てられ，DDRのそれが無視されたのは，その帰結でもある。その意味で，ドイツ現代史の研究面だけでなく，移民問題研究の文脈においても空白が生じていたといわねばならないのである。それだけではない。統一後のドイツで燃えさかった外国人に対する暴力は特に旧東ドイツ地域で陰惨だったが(近藤潤三(e) 256)，これを極右の問題と絡めて論じる際にも，DDRにおける外国人問題との関連は等閑に付されてきたように思われる。

　もちろん，これは単なる怠慢の結果とばかりはいえない。むしろ最大の原因は，DDR政府が外国人労働者の存在をかなりの程度隠蔽していたことや，表に出す場合には社会主義の国際的連帯の証しとするプロパガンダを展開して粉飾していたことにある(Bade(b) 178)。その意味では，ドイツでもDDRの外国人問題の輪郭を把握できるようになったのは，資料へのアクセスが可能になった統一以降のことである。無論，それは外国人に限られたことではない。DDR崩壊後，それまで見極めることの難しかったDDRの影の部分にメスを入れることができるようになり，社会に衝撃や波紋を広げてきたのは周知のところであろう。例えばDDRの権力構造の要に位置した国家保安省(通称シュタージ)の実態にも光が届くようになり，開示された情報は市民の間に疑心暗鬼すら生み出した。これを政治面の暗部と呼ぶなら，外国人の存在は社会面の恥部と名付けることができよう。これから始める考察で照準を定めるのは，この恥部である。すなわち，国際主義の美名の下で外国人がおかれていた境遇を明らかにし，また，それを通じて既に消滅したもう一つのドイツの一端を明らかにすること，ここに本章の主眼がある。

1. 外国人労働者導入の経過と背景

　最初にDDRの人口に関する基本的事実を確かめることから始めることにしよう。

　本書の第1部で説明した通り，18世紀以来ドイツは多数の移民を国外に送り出してきた人口流出国であった。しかし第二次世界大戦の敗北以後，もはや移民の流出は問題にならず，敗戦からしばらくの間はむしろ喪失した東部領土などから押し寄せる膨大なドイツ人難民を受け入れ，社会に統合するという大きな課題に直面したのであった。そして西ドイツでは経済成長に伴う労働力不足を解消するために外国人労働者を招き入れたが，彼らとその家族

の定住化が顕著になったのを受け，1980年代に入るころから，西ドイツは移民受け入れ国であるのか否か，またそうなるべきかどうかが主要な争点の一つにクローズアップされたのであった（Bade(f)）。

そうした西ドイツとは違い，DDRに関しては，P.マルシャルクやL.エルスナーたちが力説するように，基本的に人口流出国であったという事実を見落とすことはできない（Marschalck 115; Elsner/Elsner(b) 11）。というのは，ユーバージードラーに焦点を当てた第5章でも述べたとおり，DDRが存立した40年ほどの間に約450万人の市民がDDRを立ち去ったからである。その数はDDR建国当時の20％以上に相当し，そのためDDRは世界でも突出した勢いで人口の減少する国として知られる結果になった。そして改めて指摘するまでもなく，DDRを去った市民の大部分は西ドイツに住み着いたのであり，1989年までにその数は350万人に達すると見積もられている。こうした事実を見れば，DDR指導部がベルリンの壁を築いて人口の流出を実力で阻止しようとしたことは，国家としてのDDRの存立を確保するための他に選択肢のない方途だったことが理解できる。DDRは人口流出国だったのであり，人口の流出は文字通り国家の存亡の問題だったのである（Dorbritz/Speigner 67ff.）。

人口面でのこうした基本的事実を踏まえたうえで，DDRではどれほどの外国人が暮らしていたのか，その数を次に眺めよう。

既述のように，他のデータと同じくDDRの外国人数についても信頼しうるデータはこれまでほとんど明らかにされていない。ただ1989年に外国人が総人口の7.7％を占めた西ドイツとは異なり，DDRではその割合が極めて小さかったことは間違いない。1989年末の時点での外国人数に関する発表は，ベルリンの壁の崩壊に始まる激動とそれまで封印されていた情報の流出が始まっていたことなどから，信頼しうる僅かなデータの一つに数えられるが，それによれば総数は19万1,190人であり，人口比率では1.2％にすぎなかった（Fleischer 543f.）。もっとも，西ドイツでの数字と同様に，この数には駐留するソ連軍の兵士，軍属及びその家族は含まれていないし，外交使節団なども除かれている点には注意を要しよう。なぜなら，特に前者についてはベルリンの壁が崩れるころに兵員が36万人から38万人，その関係者と家族が合計20万人にも上っていたといわれるので，この数を加えるか否かで外国人を一括した際の印象に大きな相違が生じるからである（Müggenburg 7）。いずれ

にせよ，ソ連軍関係者を除外した場合，外国人が人口の1％強にとどまっていた事実は，外国人問題がどのような構造をもつにせよ，西ドイツとDDRではその社会的な重みに決定的ともいえる落差があったことを示唆している。実際，総人口の1割弱を外国人が占める西ドイツでも農村部では近隣に外国人住民がいないケースが極めて多いことを考えるなら，DDRでは一般の市民が日常生活でソ連軍関係者以外の外国人と触れ合う機会はもとより，その姿を目にすることすら少なかったことが容易に推察されるのである。

表7-1　DDR在住外国人の国籍

国　　籍	1000人	％
ベ ト ナ ム	60.1	31.4
ポ ー ラ ン ド	51.7	27.1
モ ザ ン ビ ー ク	15.5	8.1
ソ　　　　連	14.9	7.8
ハ ン ガ リ ー	13.4	7.0
キ ュ ー バ	8.0	4.2
ブ ル ガ リ ア	4.9	2.6
チェコスロヴァキア	3.2	1.7
ユーゴスラヴィア	2.1	1.1
ア ン ゴ ラ	1.4	0.7
合　　計	191.2	100

(注)　1989年12月31日のデータ
出所：Fleischer, Henning, Ausländer, in: Wirtschaft und Statistik, H.8, 1990, S.544.

　ところで，この外国人を出身国別に見ると表7-1のとおりになる。ベトナム人が最多で3分の1を占め，これにポーランド人，モザンビーク人が続いている。この順序からも看取されるように，表7-1にはDDRの外国人に認められる二つの特徴が浮かび上がっている。第1は，上位10位までには西側の国は一つも含まれておらず，すべてが社会主義国として経済相互援助会議(略称コメコン)の加盟国またはオブザーバーとしての参加国であることである。ここからは冷戦体制下でDDRが東のブロックの模範国であり，この立場によって国際的な人的交流が強く制約されていたことが窺えよう。第2は，東欧圏の近隣諸国出身者が意外に少なく，ベトナム，モザンビークのようなアジア・アフリカ諸国が上位にあることである。このようにヨーロッパ以外の発展途上国の出身者が多いことは，改めて指摘するまでもなく，トルコ人が最多である西ドイツの外国人の構造を連想させよう。無論，両者を直ちに同一視することは不適切であり，DDRが国際的連帯のスローガンの下，途上国から留学生や技能研修生を受け入れていた面を無視してはならない。けれども，以下で検討するように，現実はDDRが非難した西ドイツでの外国人の受け入れと大同小異だったことを出身地域は暗示しているといえよう。

　さらに年齢構成や性別の面でも明瞭な特色が見出せる。表7-2はこれを示したものである。それによれば，外国人の中の18歳以下の青少年や子供の比

表7-2 DDR在住外国人の年齢構成
(単位：1,000人)

年齢層	全体 人数	(%)	男性 人数	(%)	女性 人数	(%)
18歳未満	11.5	6.0	6.1	4.6	5.4	9.5
18-19歳	2.7	1.4	1.6	1.2	1.1	2.0
20-24歳	39.9	20.9	24.0	17.9	15.8	27.8
25-29歳	41.1	21.5	31.2	23.3	9.9	17.3
30-39歳	61.2	32.0	46.6	34.7	14.6	25.6
40-49歳	22.0	11.5	16.4	12.3	5.5	9.7
50-59歳	7.9	4.1	5.5	4.1	2.4	4.2
60-64歳	1.8	0.9	1.2	0.9	0.6	1.1
65歳以上	3.1	1.6	1.5	1.1	1.6	2.8
全体	191.2	99.9	134.1	100.1	56.9	100

(注) 1989年12月31日のデータ

出所：Fleischer, Henning, Ausländer, in: Wirtschaft und Statistik, H.8, 1990, S.544.

率は6.0％にすぎず，同じ時期に25.4％を占めていた西ドイツとの違いが際立っている。また20歳から30歳までの比率も西ドイツの2倍以上であり，30歳から40歳までのそれも西ドイツでは18.7％であるのにDDRでは32.0％に達している。一方，性別面では男性の数が女性の2倍を大きく上回っており，外国人では重心が著しく男性に偏っているのが顕著といえる。このように子供と青少年の比率が小さく，性別面でも女性が少ないことは，とりもなおさず，DDRの外国人では働き盛りの男性中心という特徴があったことを物語っている。そしてこのことはさらに，H.フライシャーも指摘するように，「外国人の大多数は稼得を目的として大抵は家族を伴わないでDDRに来ていた」ことを暗示している（Fleischer 544)。と同時に，そうした明白な構造的特徴の点で，DDRの外国人は外国人労働者の導入を開始した初期の西ドイツにおける外国人の構造に類似しているのが注目される。

　1989年にDDRに滞在していたこれらの外国人の身分については，同年3月の時点での18歳以上の人々に関するD.ヤスパーのまとめが参照に値する。それによると，外国人数は16万6,419人だったが，その中で政府間協定の枠内の外国人労働者が最大で約8万5千人であった。また政府間協定によるのではなく，企業レベルで招致されたポーランド人労働者がその他に約2万5千人働いていた。一方，留学生のような外国人学生の数はこれらを大幅に下回り，1万2,600人と見積もられている。またDDR市民と結婚するなどして外国籍のままDDRで暮らしている人々や外国企業の駐在員，あるいはチリや南アフリカなどから保護を求めて住み着いた亡命者などDDRに正式に居住を認められている外国人は総数で3万4千人程度だったと推定されている（Jasper 171)。これらの数字が信頼できるものだとすれば，18歳以上の外国人の3分

の2は労働者で占められていたことになり，DDRが外国人を受け入れる場合，主軸は労働力にあったことが分かる。

　もちろん，このことはDDRが最初から労働者を中心に外国人を迎え入れてきたことを意味するわけではない。建国から間もない1951年以降，学生交流の枠組みでDDRには社会主義を目指す発展途上国の若者や植民地地域から民族独立運動にかかわっている青年たちが留学生として大学で学んでいた事実は忘れられてはならない。また1960年代半ば以降には社会主義の優等生DDRで工業技術を学ぶために来た研修生の姿が生産現場で見られるようになったことも重要である。彼らが一面では労働力でもあったことは否定できないが，しかし同時に帰国して専門労働者として故国の産業を引っ張ることを期待された人々であり，十分か否かは別にして，単なる労働者とは異なりDDRで技能研修を受けたことは確かな事実といわねばならない。この点から見れば，技能訓練のための研修生の受け入れは，直接にはDDR経済にとっての利益にはならない連帯行動の一環であったという指摘は決して的外れではない(Sextro 21)。

　外国人受け入れのこうした流れに照らすと，DDRで外国人労働者の導入が始まったのは比較的遅かったということができる。1960－70年代に実施されたその初期の例としては，最初のポーランドとブルガリア，次いでハンガリーとユーゴスラヴィア，さらにやや下ってアルジェリアからの労働者の導入が知られている。そのうち1967年にハンガリー政府との間で結ばれた協定に従って労働者を組織的に受け入れたのが，その後のDDRにおける外国人雇用を特徴づける政府間協定に基づく導入方式の最初のケースになった(Gruner-Domić 217f.)。初期の外国人労働者は主に中・東欧から募集されたが，その中にアルジェリア人が含まれているのは政治的な計算による。すなわち，フランスからの独立闘争を戦ったアルジェリアから労働者を受け入れることによって民族解放運動との連帯を誇示し，西ドイツを含む西欧資本主義諸国で拡大しつつあった利潤のみを狙う外国人労働者の雇用とは異なる形態が存在することを宣伝することがそれである。けれども結果的にはこの計算は裏目に出ることとなった。というのは，協定に反する劣悪な処遇に抗議してアルジェリア人労働者がストライキを行ったことから，アルジェリア政府との紛争が持ち上がった末，同政府が国外における自国民の搾取からの保護に関する法律を制定し，DDRから労働者を引き揚げる事態にまで発展し

たからである。この事件には，後に顕在化する「平等なきプロレタリア国際主義」(Jajesniak-Quast 267) という特徴がすでに垣間見える。

それはともあれ，外国人雇用が比較的大きな規模で進められたのは，1970－80年代になってからのことである(Marburger/Helbig/Kienast/Zorn 9)。例えば1977年には合計で約5万人の外国人労働者がDDRで働いていたとみられるが，その多くは中・東欧諸国の出身であった。その土台になったのは，労働者の送り出しと受け入れのほか，就業と滞在の条件を定めた二国間の協定である。1971年にポーランドとの間で締結された労働者の雇用と研修に関する協定を皮切りにして，73年にブルガリアとの間で同種の協定が結ばれ，さらに同年にはハンガリーとの間の協定が改められたのである。

その一方で，1970年代後半になるとヨーロッパ以外の国々から労働力として外国人を受け入れる傾向が次第に顕著になったのも見逃せない。アルジェリア政府とは1976年に正式に協定が締結されたが，これに続いて1978年にキューバ，1979年にモザンビークとの間で二国間協定が結ばれたのに続き，1980年代に入ると1980年にベトナム，1982年にモンゴル，1985年にアンゴラ，1986年に中国と次々に労働者導入のための協定が結ばれた事実を見れば，そのことは一目瞭然といえよう。このようにアジア・アフリカ地域から労働者を受け入れる場合，無論，名目としては，「発達した社会主義国」による途上国に対する開発支援の大義が掲げられ，国際的連帯が唱えられていたのは指摘するまでもない。いずれにせよ，ヨーロッパ以外の諸国からの労働者導入が進むに従い，DDRで働く外国人労働者の出身国の面での構成が変わっていったのは当然であろう。実際，特に1980年代半ば以後になると年度ごとの受け入れ数も著しく増大し，なかでもベトナム人の数が急

表7-3 外国人労働者の国籍別受け入れ数

(単位：人)

年度	アルジェリア	キューバ	モザンビーク	ベトナム	アンゴラ
1978	1,320	1,206			
1979	700	3,060	447		
1980	1,170	2,058	2,839	1,540	
1981	890	390	2,618	2,700	
1982		2,151		4,420	
1983		1,598	382	150	
1984		2,395		330	
1985		4,171	1,347		312
1986		4,232	2,896		33
1987		3,174	3,203	20,446	206
1988			6,464	30,552	687
1989		925	1,992	8,688	418

出所：Sextro, Uli, Gestern bebraucht – heute abgeschoben, Dresden 1996, S.22.

速に増えるようになった(Sextro 31)。このことを示しているのが、表7-3である。それによれば、1988年には3万人を超すベトナム人労働者をDDRは受け入れ、モザンビークからも6千人以上が就労するためにDDRに入国したのである。ドイツ統一の際に多数のベトナム人がDDRに居住していて、統一後になってその身分や処遇が論議を呼ぶことになったが、そうした事態が生じたのは、アジア・アフリカ地域に重心を移した1980年代からのDDRの外国人受け入れ政策の結果にほかならないのは明白であろう。

　ところで、当初は中・東欧の社会主義諸国から労働者を導入していたのに1980年代からアジア・アフリカ地域の出身者に重点をシフトしたことについては、二つの考慮が働いていたと考えられる。第1は政治的なそれであり、ポーランドで民主化を目指す「連帯」を中心とする運動が高揚し、それがハンガリーをはじめ東欧諸国にも波及する懸念が高まったことが背景になっている(Sextro 31f.)。周知のように、全欧安保協力会議(CSCE)の発足などでそれまで緊張緩和に向かいつつあったヨーロッパ情勢は、1979年に始まるアフガニスタン紛争へのソ連の軍事介入を契機に再び険悪化したが、西欧への中距離核ミサイル配備を計画するNATOと最前線で対峙するDDR指導部としては、国内に民主化の動きが芽生え、SEDの独裁体制が緩むのはなんとしても阻止しなければならない至上命題であった。そしてこの命題から導き出された外国人政策の面での結論が、アジア・アフリカ諸国への重心のシフトであった。DDR指導部としては、この軌道修正によって民主化への刺激が中・東欧諸国からDDR国内に持ち込まれるのを未然に防ぐ必要があったのである。

　第2は経済的な考慮である。1980年代を迎えるころからDDRの国内経済には停滞の兆しが色濃くなったのはしばしば指摘されている。例えばA.シュタイナーは、「経済政策と社会政策の統一」という標語のもとに1970年代に行われた無理な経済運営のために国家債務が累積し、1982年にはほとんど償還不能の状態に陥ったと述べ、1982年以降の最終局面を経済的没落によって特徴づけている(Steiner 196f.)。実際、1980年代のDDRにおける資本の不足は著しく、新規の投資はもとより、老朽化した生産設備の更新すら十分には行えない状態が現れたといわれる。その結果、生産計画を達成し、国内経済を拡大するためにはより多くの労働力を投入し、実現の困難な生産の合理化と近代化をそれによって代替することが残された選択肢となったのであっ

た。けれども，DDRの人口は1970年代半ばまでは減少し，その後80年代末までは停滞が続いたし，生産年齢の女性の就業率も他国より突出して高かったことが示すように，既に限界に達していた。これらの事実を見れば明らかなとおり(Bürgel 314)，DDR国内の労働市場にはもはや追加的に供給できる労働力はほとんど存在しなかった。このような隘路を抜け出る方策として実施されたのが外国人労働者の拡大であり，中・東欧諸国の出身者は望ましくなく，またそれぞれ自国の経済建設のために外へ送り出せる余力も乏しくなっていたために(Marburger/Helbig/Kienast/Zorn 10)，アジア・アフリカ地域の国々に重心が移されることになったのである。

　これらの国々の事情にも目を向けるなら，自国に存在しない技能訓練の機会を得られるメリットへの期待があったのは事実である。しかし何よりも重視されたのは，自国の狭隘な労働市場では包摂できない過剰な人口が失業者として増大し社会不安を高めるのを抑えることであった。しかも他国への労働力の輸出は，国内の経済建設に不可欠な優良な労働力が流出するマイナス面があったにせよ，当面の失業の圧力緩和に役立つばかりか，彼らから徴収される賃金の一部や彼らが家族に行う送金は国際収支を好転させ，対外債務の軽減に寄与するものでもあった(Kleffner 133)。

　ここで見落とせないのは次の点である。それは，1980年代になって外国人労働者の受け入れが本格化し，その数が増大すると同時に主たる出身国がヨーロッパからアジア・アフリカ諸国に移されていく過程は，他面では，国際的連帯の名のもとに進んだ社会主義国が行うべき援助の外観が剥がれ落ち，DDR一国の生産拡大に利用される単なる労働力としての性格が次第に鮮明になる過程でもあったことである。そのことは，労働力の送り出し国がもはや自国より高いDDRの工業技術の習得ではなく，国内の過剰な労働力の重荷を軽くすることを優先課題としていたことに対応している。そうした変化をもっともよく示しているのは，1980年代にDDRが結んだ政府間協定やそれに付随する合意文書の内容が1970年代までのものとは異なってきている事実である。ベトナム関係のものを例にとれば，1980年に結ばれた「ベトナム人労働者の一時的雇用と職業訓練」を柱とする政府間協定に関し，85年に補足的な覚書が交換されたが，そのなかではもはや職業訓練についての言及が見られなくなっており，開発支援は名目としてさえ使われなくなっていることがその一つの証明といえる(Cu 86)。とりわけ，1987年7月21日に署名

されたベトナム政府との間の取り決めでは外国人を労働力としてのみ捉える視点が前面に押し出されており，技能労働者育成の立場が放棄されている点で象徴的とさえ評しうる。なぜなら，5項目からなる取り決めの対象になっているのはベトナム人女性の扱いであり，労働者としてDDRに来たベトナム人女性が妊娠した場合，労働力としては無価値になることからDDRでの出産は許されず，中絶手術を受けて仕事を続けるか，帰国して出産するかの二者択一を強制されたからである(Ha 53; Xuan 80)。実際DDRに到着すると早々にベトナム人女性には避妊薬が配布されることが多かったという(Soremsky 84)。

　もちろん，その他にも外国人労働者が労働力として純化されたことを裏付ける事実はいくつも存在している。ベトナム人女性のようなあまりにも露骨なケースと対照する意味で，一見すると些細な事柄のように映る事例を引くなら，DDRに着いた外国人労働者に保証されたドイツ語学習のための時間が短縮されたことが挙げられる(Müggenburg 19)。外国人労働者に対しては職場に配置される前に短期間ドイツ語を学習し，その後も学習時間が提供されることが政府間協定には定められていた。しかし，その規定は守られず，職場によって幅は異なるものの，押しなべて短縮されたのが現実である。技能を修得したり周囲と交流したりするにはある程度のドイツ語能力が必要とされるが，単純労働を反復するだけならその必要は低くなるのが当然とすれば，学習時間短縮の結果，ドイツ語を殆ど理解できないまま就労していた外国人労働者がDDR社会でどのような位置を占めていたかは想像に難くないであろう。

　外国人労働者をもっぱら労働力として扱う方向への変化を集約的に示しているのは，1984年の閣僚評議会の決定である。DDRの経済情勢が悪化するのに伴い，閣僚評議会は外国人の職業教育に関する原則を新たに定めたが，第1項には次のように記されていた。「外国人の職業教育に充てられるべき物質的財政的資金は，産業設備と機械の輸出促進と非物質的なサービス輸出の拡大を支え，DDRの対外的な政治的経済的目標の達成を可能にするように使用されねばならない。」この方針は1980年代初頭以降拡大した貿易赤字を輸入削減と輸出振興によって縮減する基本政策の一環をなすものであり，経済情勢の全般的悪化を背景に次のような形で具体化された。すなわち，対価の支払いを条件にして職業訓練の場を提供することがそれである。それまで

無償を原則としていた職業訓練の機会をいわば商業ベースに載せるこの方針変更が，社会主義を目指す途上国に対する支援という従来の建前の放棄を意味するのは指摘するまでもないであろう (Elsner/Elsner (b) 23)。無論，それまでも技能訓練に十分な時間が充てられていなかったといわれることを勘案するなら，ここで確認できるのは，差し当たり建前が崩れたことまでである点に注意する必要がある。いずれにせよ，この転換の結果，対価を負担しえない国々の出身者が多数を占めるに至っていた外国人労働者たちからは職業訓練の機会が完全に奪われたのであり，文字通り単純労働者としてその地位が固定化される結果になったのであった。DDRの外国人労働者政策はこうして搾取を指弾していた資本主義国家のそれと建前の面でも事実上同列に立ったといえるのである。

このように見てくるなら，DDRにおける外国人労働者の受け入れには二つの段階が区別できるという見方には説得力がある。これを明確に打ち出しているのはH.ゾレムスキーであり，デニスもベトナム人労働者に即して同様な見方をしている (Soremsky 83; Dennis 15)。けれども，変化が確かに認められるものの，2段階として画然と区分するにはなお検証されねばならない問題が残るのも否定できない。例えば区別のための指標として何をとるかが必ずしも明らかになっているとはいえないし，外国人労働者の数や出身地域に変化があっても，1980年代にはもっぱら労働力として位置づけられたことを重視するなら，それ以前の時期の実際の処遇について詳細がもっと解明される必要があるからである。無論，既に言及したように，DDRでは外国人労働者の存在はヴェールで覆われていたので，この課題を首尾よく果たすのは困難を極めるに違いない。そのことを考慮に入れたうえで，以下では2段階論を念頭に置き，これまでにある程度明らかにされている第2段階にあたる時期に焦点を絞って，DDRにおける外国人労働者の実態に迫ることにしたい。

2. 労働現場の外国人労働者

手始めに労働の現場における外国人労働者の姿を眺めよう。

ゼクストロによれば，1980年代初期までは外国人労働者は出身国の経済発展の今後の計画を顧慮して，帰国後に専門的労働者として働くことにつながる分野に配置されたといわれる。しかしその後はそうした配慮は後退し，

「DDR経済に最も役立つ労働力の使用という観点」から彼らの配置が決定されるようになった(Sextro 43)。そのことは，軽工業や化学工業のような製造業に大半の外国人労働者が投入され，しかもDDRの技術水準と出身国のそれとの落差を容易には越えられないために単純労働に携わることを意味した。そして中でもDDRの労働者が嫌がるために定着率の悪い単純労働が彼らに割り当てられたのである(Soll 4; Jasper 154)。

　このことは，DDRの国内法が差別を禁じているにもかかわらず，平等は理論上の事柄でしかなく，現実には差別的な扱いが横行していたことを示している。けれどもそうしたなかにあっても外国人労働者の勤務態度は全般的に良好であったことが数々の証言によって伝えられている。同様に，彼らの多くは職場にトラブルを引き起こすことも少なく，生産ノルマの達成にも貢献したことも確認されている。例えば1981年のある調査では，ベトナム人労働者の52.2％が半年ほどでノルマを100％達成したと伝えられている(Stach/Hussain 13)。既述のように，1980年代後半に外国人労働者の受け入れ数が急増したが，そうした方針がとられたのは，外国人労働者の勤務ぶりに対するポジティブな評価が一因となっているのはいうまでもない。もちろん，その一方では一部にノルマを達成できない者や規律違反を犯す者がいたのは当然であろう。そのような場合，外国人労働者にはドイツ人労働者より厳しい制裁が科される可能性が存在していた。すなわち，企業からの解雇処分だけでは終わらず，出身国への帰国命令が出され，DDRから強制的に退去させられることもありえたのである(Elsner/Elsner(b) 53)。

　多くの外国人労働者の勤務態度が良く信頼感を得ることができたのは，たんに解雇の不安によって不断に駆りたてられつつ懸命に働いたからだけではない。職場や職務の割り当てに明らかに差別が認められたにせよ，彼らが同格のDDR労働者と賃金面で平等な扱いを受けたことや，災害や疾病の場合にもドイツ人労働者と同じ処遇を受けられたことが勤勉への主要な刺激になったと推察されるからである。例えば労働災害や職業病の場合にはDDR滞在期間中は災害年金が給付され，雇用期間が終了したあとでは補償金が支払われたのである(Müggenburg 19)。また賃金に関しては，外国人労働者にもDDR市民と同じ条件が適用されることが政府間協定に定められていたのであり，不熟練労働に従事する外国人労働者たちは最初これに該当する第4ランクに位置づけられ，毎月400マルク支給される3カ月間の訓練が終了し

た場合には第5ランクに上昇する道が開かれていたのであった(Stach/Hussain 12)。このような賃金面での同等な扱いがアジア・アフリカ地域の出身者にとっては故国より格段によい待遇を意味したのは指摘するまでもない。とはいえ,職業訓練を受けることができた場合でも短期間であり,技能に習熟するまでには至らなかったことからすれば,外国人労働者には賃金ランクを昇るのは困難であり,大部分が最低クラスの賃金レベルに事実上固定されていたことは推測に難くないであろう。

　これらに加え,DDR労働者にはない手当が外国人労働者には用意されていた事実も看過してはならない。例えば「勤務態度に応じて」という条件の下で,故国の家族と別れて生活していることを考慮して1日当たり4マルクの離別補償金が賃金に加算して支給された。無論,無断欠勤の場合などにはカットされた点から見れば,それが従順に働くことへの刺激だったことは否定できないとしても,外国人労働者にとっての有利な措置だったのは確かであろう(Müggenburg 20)。またDDRが故国より寒冷な地であるために新たに衣服が必要になることから,一回限りではあるが,ベトナム,アンゴラ,キューバ,モザンビークの出身者に対しては300マルクから500マルクの衣服手当が支給され,DDRへの渡航と帰国の費用についても,モザンビーク人とアンゴラ人についてはDDR政府と出身国政府が折半もしくはそれぞれの一方を負担し,ベトナム人とキューバ人の場合は全額を雇用する企業もしくはDDR政府が負担することが取り決められていたことも忘れてはならない(Müggenburg 20)。

　さらに休暇に関してもDDR労働者にはない特例措置が外国人労働者には認められていたことも重要である。すべての政府間協定には帰国休暇の請求権が定められており,ベトナム人,アンゴラ人などでは2年間の勤務後に,キューバ人については15カ月の勤務後に休暇を取得できるものとされていた。またその際,前年度と当該年度の休暇日数を合算できるものとされ,最高で60日の帰国休暇が保証されていた。しかもベトナム人については往復の費用の全額を企業が負担し,キューバ人については一回限りではあるがやはり企業が負担するなど,出身国により異なる形で故国での休暇に金銭面の補助が行われた。さらにこうした帰国休暇とは別に通常の休暇をDDR労働者と等しくとることが可能だったのであり,これらのほかに家族の冠婚葬祭の際の一時帰国とそれへの補助なども認められていたのである(Elsner/Elsner

(b) 57f.)。

　このように外国人労働者は手当や休暇の面で若干の優遇措置を受けつつ，製造業を中心にDDR市民が就くのを嫌がる単純労働に従事していた。とはいえ，その際に本来彼らに手渡されるべき最低レベルの賃金さえ全額を受け取ることができなかった事実を見逃すことはできない。この点については既に触れたが，例えばベトナム人の場合，「祖国ベトナムの建設と防衛のため」という名目でネットの賃金から12％が天引きされてベトナム政府の国庫に入れられ，モザンビーク人では賃金の半分が故国に送られ，帰国してからようやくそれを受け取ることができるシステムになっていたのである(Marburger/Helbig/Kienast/Zorn 21)。DDRと送り出し国との間で合意されたこのような仕組みは国家的に組織化された収奪と呼ぶことができよう。しかも，外国人労働者が資本主義諸国と同様に文字通り労働力としてだけ位置づけられて搾取の対象とされるようになっていたことを考えあわせるなら，DDRの外国人労働者はさらに出身国による収奪が付け加わってっていた点でより苛酷な状態に置かれていたといわねばならない。その上，低賃金に加えてそうした収奪のために一般のDDR市民と比較してDDRでの彼らの生活レベルは低かったにもかかわらず，一面では彼らが嫉妬の対象になっていたことも見過ごせない。というのは，上述の僅かな優遇措置のほかに彼らにはDDR市民が渇望する旅行の自由すなわち西側諸国へ制限なしに出入りできる権利があると一般に信じられていたし，またその際にも必要となる西側の通貨はDDR市民には入手が極めて困難だったのに，外国人労働者は自由に交換することが認められていると思い込んでいたDDR市民が1990年の調査で70％も存在していたからである(Müggenburg 20)。無論，このような誤認は，日用品すら慢性的に不足していた「欠乏社会」の窮屈な暮らしで堆積した不満の裏返しであり，たんなる偶然の所産ではなかったことを看過してはならない。つまり，外国人労働者は旅行も通貨の交換も厳しく制限されているうえに，受け取るべき低賃金さえ一部が収奪されていたのが実態であり，現実には弱者の立場におかれていたのに，政府間協定を初めとして外国人労働者の境遇については情報が秘匿されていたために断片的な知見がルサンチマンとないまぜになって社会に広がり，彼らに対する羨望と嫉妬の感情がはびこる温床が作り出されていたのである。

3. 社会的隔離の中の外国人労働者

　ドイツ統一後の今日，DDRでは労働者に関する情報が厳しく管理されていたことが明らかになっている。けれども，いかに管理が厳重であっても，一般のDDR市民にとって彼らが働く職場ではじかに触れ合い，あるいはその姿を目の当たりにできたから，彼らの境遇の一端を直接把握することはまだしも可能だった。しかし，彼らが労働の場以外でどのように生活しており，とりわけいかなる住居で起居しているかとなると，その実情は厚いヴェールで覆われ，DDR市民である程度正確に知っている者は殆ど存在しないのが現実だったといわれる。その原因は，政府間協定に基づき，彼らを企業の寮のような集合住宅に隔離して生活させる政策がとられていたことにある。それぞれ異なるスタンスでDDRでの庶民の暮らしを間近から興味深く描いた三つの書がわが国にはあるが，それらの中に外国人労働者が登場しないのも，恐らくこうした隔離と関連があると思われる（広瀬; 斉藤; 三宅）。

　家族構成がどうであれ，外国人労働者はパートナーや子供を伴うことなく単身でDDRに赴くことがDDRの外国人労働者導入の主要原則であり，そのことは各国との政府間協定にも明記されていた。そしてこの方針の狙いどおりにDDRでは外国人の高い就労率が実現されたのであり，1970年代から家族呼び寄せが拡大したため外国人の労働力率の連続的低下を見た西ドイツと鮮やかなコントラストを描くことにもなった。受け入れの際のこのような方針には，外国人労働者を最も効率よく利用すると同時に，彼らが家族としてDDRに定着するのを防ぐという意図が込められていたのはいうまでもない。そうした意図のため，一部を除き夫婦が共に労働者としてDDRに入国しても同じ職場で働くことは認められなかったばかりか，同一の住居で暮らすことも許されなかった。すなわち，外国人労働者には住居を自由に選ぶ権利は与えられず，指定された共同住宅で起居することが強制されたのであり，これには例外は認められなかったのである。

　住居に関するこのような強制は，その他の細部にわたる事項とともに政府間協定に定められていた。そうした詳細な定めが設けられたことについては，DDRで住宅事情が逼迫していた事情が背後にあるのは否定できない。実際，西ドイツと同じくDDRでも住宅問題が常に重要な政治的テーマであったことは今日ではよく知られており，とりわけドイツ統一後，老朽化し修理

を要する住宅が極めて多い事実が明るみに出たのを見れば，このことは簡単に了解される(近藤潤三(a) 79ff.)。けれども，それと並んで見逃してはならないのは，労働の場にとどまらず，外国人労働者の生活万般を監視と統制の下に置こうとする狙いがDDRにも送り出し国にもあったことである。そしてこの意図が国際的連帯の名に反してDDRで働く外国人労働者たちの事実上の隔離状態を生み出すことになったのである。

　外国人労働者用の宿舎は企業の敷地内にある寮であることもあれば，やや離れた集合住宅であることもあった。しかし，どちらの場合でも一般のDDR市民がこれらの建物に立ち入るには申告が必要であり，厳しい条件を満たさなければならなかった。その結果，外国人住宅を内側から覗くことはDDR市民には事実上不可能であり，住宅のある敷地には関係するドイツ人を除くとドイツ人の姿は殆ど見られず，外部の社会から隔てられた外国人ばかりの居住空間が形成されたのである(Trommer 14)。

　こうした隔絶された空間のなかで暮らす外国人労働者には月額30マルクを最高限度とする宿舎費が要求されたが，これに対しDDR側は1人当たり最低でも5㎡のスペースの提供を政府間協定で約束していた。また一つの居室を共同利用するのも4人を限度とすることもそこには定められていた。さらに協定の付属文書には設備に関する規定も含まれており，食事を作る炊事設備や浴室のほか，冷蔵庫，食器，洗濯機を備えることや二段ベッドを使用しないこと，50人に対しテレビや娯楽道具を備えた一つの談話室を設けることなども定められていた(Müggenburg 14)。

　もちろん，協定に明記されたこれらの基準は最低限度のレベルを示しており，それ以上が望ましいことについては暗黙の一致が存在していた。けれども，現実にはしばしば定められた基準にすら及ばないケースが見出された。例えばドレスデンには27の共同宿舎があったが，そこでは一部屋に5人以上の外国人労働者が暮らしていたし，50人以上が一つの炊事設備を使用していた例も報告されている(Stach/Hussain 17)。またDDR崩壊直後の聞き取り調査では，回答した者の70％は一人当たり5ないし6㎡の空間で生活していたと証言しており，基準を辛うじて越えるレベルが一般的だったことが窺える。この事実は，DDR市民の平均的な一人当たり居住面積が12㎡だったことを想起するなら，外国人労働者が著しく不利な扱いを受けていたことを物語っているといえよう。けれども他面では，同じ調査から，このような状態の住

居ですら外国人労働者の多くには十分なものと感じられていたことも付け加えておくべきであろう（Müggenburg 14f.）。なぜなら，DDR市民の場合と比較すれば劣悪だったとしても，故国のそれに比べれば満足のいくレベルにあり，それどころか豪華と感じる者さえ存在していたことが明らかになっているからである。

　もっとも，実際の居住状態に関してはかなりの不満があったと考えられる。生活習慣の相違がしばしばトラブルの種になったのは当然としても，収容能力を超える外国人労働者が生活していたため，炊事場や浴室が乱雑で不潔になり，外国人相互もしくは管理者との対立が生じたりしたからである。また同じ居室の労働者が異なる時間帯に勤務していた関係で安眠を妨げられたり，あるいは自由時間に他者を押しのける形で同国人が固まったりしたことが快適な生活を乱す原因になったことも容易に推察できよう。

　こうしたことから生じる不満とともに看過できないのは，共同宿舎の管理体制に対して不満が広がっていたとみられる点である。その代表例が，訪問者に関する規程である。多くの報告からは，DDR市民が外国人を宿舎に訪れて接触をもつことをDDR当局が極力妨げようとしていた姿が浮かび上がる。同様に，外国人労働者の出身国政府も彼らがドイツ人と交流をもつのを快く思わず，これを禁止する場合さえあったという（Stach/Hussain 16f.）。こうした意図を反映して，既に触れたように，ドイツ人はもとより外部の者が宿舎を訪問する場合，宿舎規則に従って管理者に申告し，訪問目的を説明し身分証明書を提示したうえで許可を得なければならなかった。さらに宿舎のスペースに余裕がある場合に限り訪問者に3晩まで宿泊することが許可できることになっていたが，その反面，訪問者規程が守られているか否かを調べるために夜間に予告なしで点検が実施され，隠れている者がいないかを調べるために睡眠中の者の毛布が剥ぎ取られさえした。加えて，すべての居室の鍵をもつ管理者には居住者の同意なしでいつでも部屋を検査することが許されていたし，居住者は勤務に就くために外出する際はもちろん，部屋を離れるときは常に管理者に鍵を渡さなければならなかったのである。

　外国人労働者はこのように厳しい管理と統制の下で暮らしていたが，共同宿舎が外部から遮断され，立ち入りも困難だったことを考え合わせるなら，DDR社会からの彼らの隔離とゲットー化が生じていたことは容易に推察できよう。しかもそのゲットー化は，外国人労働者のドイツ語能力が低いこと

や，ドイツ人との交流に対する関心が乏しかったということに起因したというよりは，ドイツ語学習の時間と機会が十分に提供されず，あるいは宿舎の訪問がコントロールされていたことなど文字通り意図的な方針の帰結であった点が注目されなければならない。確かにS.メニングが指摘するように，外国人労働者が受け入れられた初期には代理家族を仕立てて故郷のような安らぎを提供しようとする動きが存在した。また1980年代には一般のDDR市民の側からプライベートなコンタクトの場を作る試みがなされ，教会によっても外国人労働者を対象とした司牧と社会奉仕活動が進められた (Menning 75; Krüger-Potratz 109)。とはいえ，それらは一部に限られていたばかりか，80年代半ばにはDDR当局によって抑え込まれた。その結果，外国人労働者とDDR市民との交わりはプライベートな領域には及ばず，もっぱら「国家的に指令された出会いの場に限定された」といわれる (Sextro 40; Rüchel(a) 85f.)。現に職場でのドイツ人同僚との交わりについてはいくつかの報告や調査があり，その内容にかなりの相違があるものの，次の一点は共通項になっているといわれる。それは，ドイツ人同僚と接触する際に外国人労働者が強い圧力に晒されていたことである。すなわち，宿舎での厳しい管理に加え，職場では上司はもとより同僚たち自身からも恒常的に監視を受けていたのであり，自主的な交流が育つ余地は殆ど存在しなかったのである。さらにこうした監視体制の仕上げとして，外国人労働者が留学生ともどもシュタージの監視対象になっていたことも見逃せない。その主たる狙いは，彼らの中に物品の不法な売買をする者があり，これを取り締まることにあったとされ，シュタージが刑事警察的な役割をも担っていたことが看取されるが (Feige 71ff.)，無論，それにとどまるのではなく，公安確保の観点から彼らの動静を探っていたのは当然だったと考えられる。

　このような事情に照らせば，ドイツ人同僚をはじめDDR市民の間に親しい知人を得るのが極めて困難だったのは必然といわねばならない。また煩わしい手続きをしてまで共同宿舎に彼らを訪ねようとするドイツ人が皆無に等しかったのも，決して不思議ではないであろう。その結果，外国人労働者が宿舎の外部で自由時間を過ごす場合でもその場所は限られ，訪れるディスコなどでは一般市民との触れ合いが生まれることもあったが，全体としては広場や駅頭などに同国人が固まることが多かった。そしてDDR社会から遮断され共同宿舎というゲットーに閉じ込められていたことに起因する外国人に

関する一般市民の無知に加え，時折目撃されるそうした光景が市民の間に違和感を生むことにもなったのである。

ところで，このような境遇で暮らしていた外国人労働者にとっては，年金などが保障されているDDR市民とは異なり，DDRで得た所得を送金するか貯蓄しておく必要があった。祖国に家族を残してきている者が少なくなく，また自分自身も一定期間が過ぎると帰国が確実である以上，賃金をDDR国内で費消することはできなかったからである。けれども，そうした制約があったために彼らの購買行動にはある種の偏りが生じ，それが一般市民の反感を招く結果になったことも否定しがたい。

オイル・ショックの余波を受けて1980年代にはDDR経済が停滞局面に入ったのは既述のとおりだが，それは輸出優先路線の強化を招くと同時に，その反面で国内の消費物資の需給を逼迫させ，とりわけ耐久消費財の不足について不満の声が漏れる事態を現出させた。そうした中，相次いで結ばれた政府間協定では外国人労働者の送金についても定められており，例えばベトナム人やキューバ人には350マルクを超える分の60％までを送金することが認められていたが，彼らが購入した財を故国に送る場合には，小包については免税扱いにし，大きな貨物でも関税を優遇することが特典として認められていたことも手伝い，送金されるべき所得はしばしば物品の購入に充てられたのである。また他面では，DDRマルクを故国にある口座に送金しても自国通貨に換金する際に多額の手数料を取られたり通貨価値が不安定であるなどの強い懸念が存在したことも，そうした行動に駆り立てる原因となった。その結果，実際の送金の手段として主として用いられたのが現物の送付であり，その際，故国での需要が大きく高価格で再販売できる物品が対象に選ばれることになったのである (Müggenburg 22)。

既に触れたように，例えばベトナム人労働者の賃金の一部は本人には渡されず，直接ベトナム政府の国庫に入ったが，残る賃金で彼らが購入したのは，衣服，化粧品，電気製品やその他の家庭用品など日用品が中心だった。これに対し，モザンビーク，キューバ，アンゴラなどの労働者は所得を貯蓄したうえで，冷蔵庫，テレビ，台所用家電製品，オートバイなど高額な耐久消費財を購入する例が多かった。これを見れば，外国人労働者と一般市民との間で「消費財市場における競争状態」が現出したことは容易に推察されよう (Sextro 41)。けれども，そのことはまた，前者に対する後者の反感を強め

る結果をも伴った。なぜなら,「欠乏社会」DDRでは一部の消費物資を除き物不足が日常化しており,成人したときに子供がDDR製小型車トラバントを手に入れるには誕生のときに親が申し込んでおかねばならないと冗談まじりに語られたことに象徴されるように,一般市民にとって特に耐久消費財の入手までには待ち時間が必要とされたからである。

　情報が断片的にしか流されず,しかも国際的連帯の美名の下で外国人労働者が生産要因としてDDR経済に貢献している現実が隠蔽されていたために無知と誤解が広がっていたのを背景にして,彼らはこのようにして「不信の眼差しで見詰められる消費の競合相手」として社会的に位置づけられた(Müggenburg 45f.)。これには輸出優先によって国民に我慢を強いるDDR指導部の政策の結果という面と並んで見過ごせない一面がある。それは,消費物資不足に起因する不満の矛先が外国人に向けられるのをDDR指導部が放置するにとどまらず,政治的に利用していたと見られることである。

　クリューガー＝ポトラッツによれば,外国人労働者がDDR経済を文字通り労働力として底辺から支えていたにもかかわらず,DDRのマス・メディアではこの面は無視された。というのは,その存在がメディアに登場する頻度が乏しかったことを措けば,外国人労働者の受け入れによる国際的連帯は進んだ国による援助として理解され,いわばギブの面がクローズアップされてテークの面は等閑に付されたからである。このことは同時に,DDRで働く彼らが独占資本による搾取の犠牲になっている西ドイツの外国人労働者とは根本的に異なっており,DDRの道徳的優越を誇示することにつながっていたのは指摘するまでもない(Krüger-Potratz 45f.)。しかしながら,建前のうえでそうした寛大さや恩恵が強調される裏側では,恩恵に感謝の念をもって応えない外国人という像が作られていたことを見逃すことはできない。実際,経済の停滞が深刻化する中で,彼らは一般のDDR市民とは違って種々の優遇措置に守られつつ,不足がちの財を国外に持ち出して利益を得ようとする他所者として取り上げられた。そして経済の停滞と消費財不足に対して多かれ少なかれ責任のある存在として描かれたのである。そうだとするなら,マス・メディアにおけるそうした外国人像が一般市民の抱く反感を強めたのは不可避だったであろう。事実,その影響でドイツ統一時の調査でも,DDR市民の半数が彼らを「買いあさる人間」や「すべてを食る人間」として捉えており,物不足の原因は彼らにあるという見方をしているという驚くべき結

果にもなったのである(Schmalz-Jacobsen/Hinte/Tsapanos 104)。

　外国人労働者に関するこのようなイメージが広がっていたにもかかわらず，DDR指導部によってその修正が試みられなかっただけでなく，利用すらされたのは，なによりも一般市民の不満が自己に向けられるのを避けるためであった。しかし同時に1980年代に入って東欧諸国で民主化への動きが見られるようになったことも重要な理由だったと考えられる。現にそれがDDR国内に波及する懸念が一因となって，その頃からアジア・アフリカ地域の出身者に重点が移されたのは既に指摘したが，そうした懸念は，自主労組「連帯」による改革運動が高まっていたポーランドを始めとする近隣諸国の市民について，DDRで消費財を買いあさり品不足を引き起こしている元凶というイメージを強め，心理的距離を拡大することによって薄めえたからである。こうした意図から，ポーランドやチェコスロヴァキアとの間で1970年代初期に開始したビザなしの入国許可には買いあさりを非難するキャンペーンが続くこととなり，特に「連帯」の勢力が侮りがたくなってからは，ポーランド人に対する買い占めのイメージが強められ，反ポーランド感情が煽られさえしたのである。

　外国人に対する不信感を国内の改革運動を抑え込む狙いからDDR指導部が利用していたのは間違いないが，ベトナム人などの外国人労働者による故国への現物送付に対する制限にDDR政府が乗り出したのはDDRも末期の1988年のことであった。なぜこの時点に至って制限措置が取られるようになったかは明らかではないが，DDR経済が深刻な局面に陥ったことのほかに，外国人労働者が急速に増えたために問題をもはや放置しておく余裕がなくなったことなどがあると推測される。1989年1月に実施された制限措置では，送付が許される物品の範囲が限定されるとともに数量にも制限がつけられた。例えば5年間の就労期間中に故国に発送することが許されるのは自転車5台，小型オートバイ2台，ミシン2台というように具体的な品目と上限が定められた上，購入の際に身分証明書の提示が義務づけられたのである(Lay/Esen 345)。この措置の実効がどれほど上がったかは不明だが，買いあさりを裏付ける形になったこともあり，外国人に対する反感を一層掻きたてる結果になったという指摘もある。いずれにせよ，以上で一瞥した経緯に照らすなら，同じ1989年秋に誕生した市民団体がDDR政府に対し，経済の実勢に照応しないほどに外国人敵視の感情を強め，外国人を誤った経済政策の

贖罪の羊に仕立てるとともに，欠乏の真の原因に対するDDR市民の目を塞いだと厳しく指弾したのは決して的外れではなかった。DDRでは労働力を必要としたために外国人労働者を受け入れたにもかかわらず，彼らを共同宿舎というゲットーに閉じ込め，その経済的貢献を周知しなかったばかりか，異国で働く目的である送金を現物の送付の形で行うことが一般市民の反感を招くのを黙認し，一部では政治的に利用しようとさえしたのは紛れもない事実だからである。

4. 外国人労働者の移住の動機と法的地位

　それではこのような境遇にあった外国人労働者はそもそもどのような特性をもつ人々であり，いかなる動機からDDRに働きに来ていたのであろうか。また彼らはDDRでどのような資格で就労していたのであろうか。DDRに限らず外国人が滞在するには何らかの法的根拠が必要とされるのは当然だが，DDRでは外国人労働者に対していかなる滞在資格が与えられていたのかという点などをここで振り返っておこう。第6章で1980年代後半の西ドイツにおける外国人の滞在と就労に関する法制を一瞥したが，それとの対比という意味でもこの点は重要になる。

　まず第1の問題について考えよう。

　外国人労働者の特性などに関して答えるためには，出身国別の検討が必要だが，十分な資料が存在しないのが実情といえる。しかしベトナム人労働者に限っては調査報告があり，貴重な知見を提供している。調査の対象になったのはDDRで働いた514人のベトナム人であり，調査が実施されたのは1995年秋だから，DDR崩壊後もドイツに残留した人々であるという制約がある。その点を考慮に入れても，調査結果には興味深い特徴が浮かび上がっている。それによれば，彼らが故国を離れた当時の年齢は，59％が24歳以下，22％が25歳から29歳であり，DDRが肉体的エネルギーの最も強力な青年を労働力として受け入れたことが分かる。しかしそのことから予想されるのに反して，彼らの多くが決して低学歴ではなかったことが特に注目される。すなわち，84％はベトナムで10年以上就学し，9％は8ないし9年間学校に通っていたのである。さらに55％は故国で一定の職業を習得し，72％は既に職業活動を行っていたことも明らかになっている(Mehrländer/Ascheberg/Ueltzhöffer 488ff.)。こうした事実から，DDRに送り込まれたのは故国の産業の中堅にな

ることが期待される比較的高いレベルの人材が主力であり，男性が中心である点や年齢が若い点では西ドイツの外国人労働者第一世代と類似するものの，教育の面では大きく相違していることが看過されてはならない。

これらのベトナム人労働者の多くはDDRに到着すると就労する前に短期間職業訓練を受けたが，その後に配置されたのは，既述のように繊維産業をはじめとする製造業が中心であり，大抵は低い職業地位に張り付けられた。調査によれば，なるほど彼らの間からも指導的地位に立つ者も現れたが，それも9％にすぎず，故国で指導的地位にいた者のうちの30％にとどまった。そして故国と同じ指導的地位に昇れなかった人々を含め，その他の労働者の大半は専門工を補助したり単純労働に従事したのであり，しばしばドイツ人労働者が忌避する作業に投入された(Mehrländer/Ascheberg/Ueltzhöffer 495)。このことは，H.クレフナーが密着して描いている若いベトナム人夫婦の経歴からも読み取れる。1987年にDDRに来た夫は故国ではトラクター運転手として働いていたが，DDRではアイロンかけ作業に従事し，小学校教師だった妻は縫製工として昼夜交替制で工場に勤務したという(Kleffner 134)。この例から看取されるように，多くのベトナム人労働者は，発展途上にある故国での職業地位と比較すれば当然ながら格下げを経験することになったのであり，DDRの経済を文字通り底辺で支えたのである。

もちろん，そうした現実にもかかわらず，DDRが「ヨーロッパ社会主義国での希望勤務地リスト・トップ」に位置づけられていたことに示されるように，彼らが労働者としてDDRへ渡るに際しては様々な期待を胸に抱いていたことも忘れてはならない。考えられる13の答えを並べてDDRに来た動機を訊ねた調査では，30％は選択の余地がなく一方的に政府によって派遣が決定されたと回答しているが，残りの70％は自分の意思で決めたとしていることにまずもって注意が払われるべきであろう。そのうちでは新しいものへの好奇心と並び，職業上の理由を多数が挙げているのがやはり注目に値する。例えば「新しい技術を修得する」の56％を筆頭に，「職業面の前進のため」53％，「新しい職業を学ぶため」52％，「故国では得られないノウハウを身につけるため」44％，「ベトナムでは職業的展望が開けない」39％などとなっている(Mehrländer/Ascheberg/Ueltzhöffer 494)。設問には問題点があるものの，これらの数字が故国を離れるときの抱負を伝えているのは確かであり，彼らがDDR滞在に何よりも職業面での期待を結び付けていたことが読

み取れよう。

　調査からは，ベトナム人労働者の場合，比較的学歴の高い若年の男性を中心にし，多くは職業的な動機からDDRに働きにきていたことが確認されるが，それでは彼らにはどのような滞在資格が与えられていたのだろうか。次に外国人労働者の滞在資格などを巡る第2の問題に移ろう。

　DDRにおける外国人の滞在を規制していたのは1979年6月に施行された外国人法であるが，そこでは3種類の滞在資格が区別されていた。けれども，西ドイツのそれと比較して際立つのは，法文が10カ条から成る短いものであり，そのためにこれを見ただけでは外国人の権利と義務が一義的には明らかにならないことである。シュタージを「盾と剣」とする社会主義統一党(SED)独裁体制の下で市民的自由が有名無実になっていたDDR社会の実態を想起するなら，このことは既にそれだけで外国人の権利が十分には保障されていなかったことを暗示しているといってよい。換言すれば，簡略な法文からは，DDR当局の裁量の範囲が大きく，外国人がこれに従属させられていたことを察知できるのである。

　それはさておき，3種類の滞在資格のうちで最も堅固なのは滞在許可(Aufenthaltserlaubnis)である(Beyer 211)。これはDDRでの永住を認めるもので，DDR市民と結婚した外国人やチリからの亡命者などに対して与えられた。これに対し，残る二つの資格については一年ごとに滞在の延長手続きが必要だったが，滞在承認(Aufenthaltsgenehmigung)の場合は期限付きではあるが比較的長期にわたる滞在を認めるものであり，これには留学生，研究者，芸術家などのほかに外国人労働者が該当した。一方，第三の資格は滞在権(Aufenthaltsberechtigung)と呼ばれるものであり，商用や旅行などの目的で短期間DDRに滞在する者に認められた。もっとも，これら三つの資格のどれももたない外国人が多数DDRに住んでいたことも見落としてはならない。冷戦体制下で西ドイツと軍事的に対峙するDDRには膨大な外国軍隊が駐留していたのは既述のとおりだが，駐留軍人とその家族には西ドイツと同様に外国人法は適用されず，彼らは滞在を申請したり住所を届け出る必要がなかったのである。

　こうした軍人たちや外交団などを除いた上で，さらに居住に相当しない滞在資格である滞在権も除外して滞在許可と滞在承認のいずれかを所持していた人数を示すと，ベルリンの壁が崩壊して間もない1990年初頭の時点では次

のようになる(Stach/Hussain 9)。まず滞在許可については4万3,100人がこれを認められており、そのうち男性が1万8,300人、女性が1万7,400人、子供が7,400人であった。また国籍別ではソ連市民とポーランド市民がそれぞれ1万1,000人、ハンガリー市民が9,000人であり、DDR市民と結婚している者が多数を占めた。他方、滞在承認に関しては、滞在許可をもつ者より数は遥かに多く、14万7,300人がこれを所持していた。また男性が11万1,000人で女性の3万4,600人を大きく引き離していたことや、子供が極めて少なく1,700人にすぎなかった点に際立った特徴がある。滞在承認を有する者の中で外国人労働者が多数を占めていたことがこのような特徴に反映されているのは改めて指摘するまでもないであろう。なぜなら、外国人労働者は主として単身の男性であり、妻や子供があってもDDRへは伴わず、故国に残してきていたからである。

最も堅固な滞在資格である滞在許可は、無期限の滞在つまり永住を認めるものではあっても、外国人側がこれを権利として主張できないところに特色があった。この滞在資格を得るためには、就業していること、安定した所得があること、一定の住所があることなどが要求されたが、しかし外国人法第6条3項に明記されているように、滞在許可を与えられても所管官庁によって理由を告げることなく変更もしくは取り消すことが認められていた。その上、そうした措置が不当と思われる場合でも、外国人が不服を申し立てたり救済を求めたりする権利も方途もDDRには存在しなかったのである。

一方、滞在承認は一年ごとに延長手続きをとる必要のある期限付きのものだっただけでなく、滞在する場所も限定されていた。さらに滞在許可と同様に、当局の裁量でいつでも取り上げたり、無効にすることができ、国外退去を命じることも可能だった。しかも、それらの決定に関し、所管する内務省もしくは人民警察の担当部局は理由を説明することは必要とされなかった(Müggenburg 9)。こうした点から、滞在許可にせよ滞在承認にせよ、DDRにおける外国人の滞在資格は恩恵的性格が強く、一定の要件を満たせば保障される権利としての色彩を欠いていたことが分かる。

ところで、上で触れたように、政府間協定に基づいて外国人労働者に与えられたのは滞在承認だったが、彼らにはそれを取得するためにエネルギーを割く必要はなかった。DDRの外国人法では名目上であれ職業訓練の目的で来る外国人には滞在承認を与えることが定められていたからである。また簡

略な外国人法よりも詳細を定めた政府間協定が実質的には外国人労働者の滞在にかかわる法的問題を取り決めていたのであり，したがってこれが彼らの滞在の法的根拠になっていたことも看過されてはならない。滞在承認は帰国とともに消滅したが，例えば第三国への出国が滞在承認の取り消しに繋がるかどうかに関しては政府間協定で決められていた。滞在期間中の国外旅行の是非に即してこれを見れば，モザンビークやアンゴラの出身者には許されていなかった第三国への旅行は，ベトナム人，モンゴル人などには大使館の許可を条件に認められていた。無論，DDR当局とともに大使館が自国民に監視の目を光らせていたことを考えれば，そうした許可が簡単には得られなかったことは容易に想像がつく。

　政府間協定には滞在資格とそれに付随する諸問題だけでなく，外国人労働者の滞在期間に関しても定められていたが，これについては国により大きな相違があったのが注目に値する。最も短いモンゴル人の場合は1ないし2年にすぎず，ハンガリー人は延長の可能性を含んで2ないし3年，ポーランド人は1年の延長の可能性を含んで3年などとされており，モザンビーク人，キューバ人，アンゴラ人，そして最初はベトナム人も4年と定められていた。しかしベトナム人については1987年の合意により5年に変更され，優れた技能労働者に限り最長7年まで延ばすこともありうることが取り決められた。またキューバ人に関しては最初から2年間延ばすことができる旨の合意が存在していたことも付け加えておこう。

　ここに示した滞在期間は上限であり，外国人労働者は与えられた滞在承認をいつでも取り上げられることがありうるという前提の下で毎年延長手続きをとらなくてはならず，上限に達したときにはDDRを立ち去らなければならなかった。こうした厳格な滞在管理はDDRの基本方針であるローテーション原則を反映したものであり，外国人の定住化を阻止する点に狙いがあったのはいうまでもない。西ドイツ政府が早い時期にローテーション原則の放棄を余儀なくされたことと対比すれば，DDRはそれを最後まで頑強に守り通したといえるが，そうしたことがDDRで可能だったのは，人手不足に苦しむ民間企業の圧力を無視できない西ドイツとは異なり，DDRではSED独裁体制が強固に築かれていたという政治構造の相違や，そのためにイデオロギーに裏打ちされた政治的意思が経済的必要より優先しえたところに主要な原因があると考えられる。実際，外国人を文字通り労働力として受け

入れるようになったのは経済的必要に迫られた結果であったが，その際でもアジア・アフリカ地域に重心を移し，ローテーション原則が守られたのは，DDRを移民を受け入れない社会主義国として維持しようとする意思によるところが大きかったと見做して差し支えないであろう。とはいえ，若干の例外も存在しており，優秀な労働者については上限を超えて滞在が許可されるケースがあったことも確認されている。

　もちろん，以上で瞥見した外国人労働者の地位から推察できるように，雇用契約の満了以前に雇用を打ち切られ，連動して滞在承認が取り消されることもありえた。それは，彼らがDDRの法規に反する行為をした場合や，ノルマを度々達成できなかったり，労働規律を守らないと判断された場合である。しかし雇用契約の早期打ち切りはこうした場合に限られなかった点にも注意を払う必要がある。中国人については打ち切りには健康上の不適格という判断で十分だったし，ベトナム人，キューバ人，モザンビーク人などの場合には病気もしくは事故のために3カ月たっても職場に復帰できないときには契約を打ち切ることができたからである。こうして契約を満了前に解除された場合，外国人労働者は帰国を強いられたが，彼らがこれを承服せず，企業があらゆる手段を尽くしても帰国に応じないときには地区の人民警察に通報されることとなっていた。そして勤務態度や行動に問題があると判定された労働者をはじめ，事故などのために長期療養が必要になり，労働力としての価値を失った労働者たちは，最終的には警察力によってDDRから排除されたのである(Müggenburg 10)。

　このような雇用契約の早期打ち切りの事例がどの程度あったのかは明らかではない。例えばL.トロンマーは1989年に774人の外国人労働者が早期帰国を強制されたとしているが(Trommer 13)，この数字がすべてを把握したものといえるか否かを確かめるのは難しい。いずれにせよ，懲罰的色合いの濃い雇用契約の早期打ち切りを心理的圧力とする形で，雇用契約の期間が満了するまで外国人労働者は働いたが，満了に伴いDDR滞在も終了するのが通例であり，一部の例外を除けば彼らがDDRで暮らすのは長くてもベトナム人の場合の5年が限度であった。そして年々帰国する労働者の流れがある一方では，新規にDDRに到着する労働者の集団が存在したのであり，そうした形でローテーションを継続するのがDDRの外国人政策の根幹をなしていたのである。政府間協定でDDRが外国人労働者に単身で来ることを条件とし

たのはもとより，ベトナム人女性が妊娠してもDDRで出産するのを認めないというような苛酷な措置すらとったのは，ローテーションを円滑に進め，定住化を阻むためにほかならなかったのである。

　これらの点に照らせば，DDRでは外国人の統合が重要なテーマにならなかったのは直ちに了解されよう。第6章でみたように，1970年代の西ドイツでは外国人労働者の家族呼び寄せやそれに伴う定住化が次第に顕著になり，1980年代には外国人の多様化が進むとともに，生活の拠点を移して移民化が進行した。外国人の社会的統合が大きな課題として浮上してきたのはそのためである。これに対し，DDRでは外国人の比率が西ドイツに比べて格段に小さかったうえに，外国人の子供の数が際立って少なかったことに端的に示されるように，例えば外国人労働者の第二世代や第三世代に関わる教育問題や就職問題などは事実上存在しなかった。その意味で，西ドイツが「非公式の移民国」や「事実上の移民国」と呼ばれたのとは違って，DDRは外国人の規模という量的な面でも，また統合問題という質的な面についても移民国的状態を呈しておらず，直面していた課題も西ドイツとは異なっていた。そうした落差を踏まえるなら，一口に外国人問題といっても，その構造や重みにはDDRと西ドイツでは基本的な相違があったのを見逃してはならないであろう。

　ところで，西ドイツと違い，DDRで最後までローテーション原則が守られたことは，視点をかえれば，人権保障の欠如した事実上の一党独裁体制であったために，ホリフィールドのいう「リベラルなパラドックス」が発生しなかったことを意味している。西ドイツでは各種の社会団体をはじめとして定住化した外国人を支援する草の根の活動が各地で生まれ，公共的な議論と批判を通じて外国人労働者に対する苛酷な搾取には制約が加えられた。これとは反対に，DDRでは人権を謳う憲法の美文に反して市民社会の自主的な活動が大幅に抑え込まれ，厳しく監視される一方で，協定などを含め公式資料が秘匿されていたために，DDRで生活する外国人に関する公共的な議論も，彼らを支援する市民団体も存在せず (Bade/Oltmer (b) 95)，国家的利害が貫徹しやすい構造が存在したのである。確かにJ.コッカのいうとおり，「DDRの社会はつねに政治的支配の単なる産物以上のものであった」のは事実であり，この点を軽視してはならないとしても，やはり，「独裁支配が東ドイツ社会に深く浸透し，それを根底から形づくった」ことは否定できない(コッ

カ 58)。DDRからは西ドイツに向かって,失業,犯罪,貧困などの社会悪と並んで独占資本が外国人労働者を餌食にしているという非難が浴びせられたのは周知の事実だが(Lay/Esen 343; Rüchel(b) 13),その非難が実は西ドイツ以上にDDRに当てはまったのは,そうした支配構造の帰結にほかならなかったのである。

第8章　ソ連とポーランドの独系人
── アオスジードラーの流入 ──

はじめに

　ここまで分断された東西ドイツを中心に据え，二つの国家を取り巻いて生じた人の大規模な移動について見てきた。その主役になった集団の多彩さは，それだけでドイツ現代史に特徴的な屈折と錯綜をよく示している。実際，避難民・被追放民，ユーバージードラー，西ドイツと東ドイツの外国人労働者など戦後の東西ドイツに流入した点では一括りにできるとしても，それらは来歴も法的地位も異なる別個の集団であり，むしろ共通点を持たないところに特色があるといえよう。けれども，そうした多彩さは，もう一つの集団を顧慮すると，一段と広がりを増す。その集団はまだ戦後史における主役としては登場していなくても，時間の経過とともに重みを増し，戦後史の終着点であるドイツ統一の年，すなわち1990年前後になると，奔流となって流入することになる。アオスジードラーと呼ばれる人々がそれである。
　第3章では，アオスジードラーがわが国では馴染みがないことを考慮し，その由来を跡付ける観点から，ロシア帝国とその後継のソ連に限定して，同国に居住していたドイツ系住民，すなわち本書でいう独系人について概観した。そこではドイツ人のロシア帝国への移住から第二次世界大戦の勃発までの長い期間をアオスジードラーの前史として説明したが，それを一瞥しただけでも，ロシア帝国に定住して以来，独系人が辿った道が平坦ではなかったことが明らかになる。けれども，1941年6月にヒトラーがいわゆるバルバロッサ作戦を発動して独ソ戦を開始すると，独系人たちの苦境はますます深まることになる。そればかりか，戦時期に陥った苦境から彼らはなかなか解放さ

れず，苦しみは戦争が終わってからも長く続くことになったのである。ソ連在住の独系人の場合，こうして戦争の結果が長く尾を引いたことが，父祖の出身地であるドイツへの移住を希望する人々が彼らの中から現れた背景にある。無論，戦争で廃墟と化したドイツが目覚ましい復興を遂げ，とりわけ西ドイツが経済大国にまで昇り詰めて，豊かな国として強い磁力を発するようになったことを忘れてはならない。同様に，ドイツとの戦争でソ連が物的にも人的にも甚大な被害に遭ったばかりか，共産党独裁下の中央指令型計画経済のために全般的に経済発展が低調で，日用品の慢性的欠乏に見られるように，共産圏の盟主で超大国とはいっても一般国民の生活水準が低位にとどまったことにも留意する必要がある。

　これらの点を念頭に置きつつ，本章では独ソ戦の開始から始めてアオスジードラーが大量に出現するまでの経緯を眺めることにしたい。同時に，アオスジードラーの水源としてポーランドが重要であることを勘案し，ポーランドの独系人にも光を当てることにしたい。図8-1には西ドイツないし統一ドイツに移住したアオスジードラーの推移が示されているが，一見しただけで，冷戦終結までは強力なブレーキがかけられていたこと，またブレーキが外れると一気に激増したことが明白になる。このように極端な変動が生じた

図8-1　アオスジードラー数の推移（1950 − 2001 年）

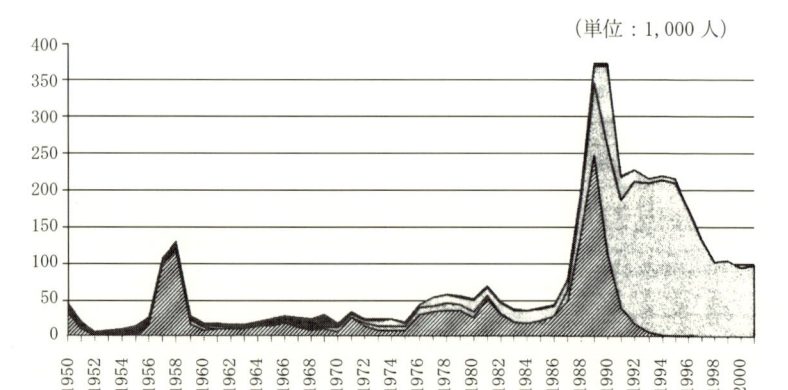

▨ポーランド ■ソ連・独立国家共同体 ▨ルーマニア ■チェコスロヴァキア／ハンガリー／ユーゴスラヴィア

（単位：1,000 人）

出所：ライナー・ミュンツ，近藤潤三訳「移民受け入れ国になるドイツ」『社会科学論集』40・41号，2003年，263頁。

1. 独ソ戦開始後のソ連の独系人

　第二次世界大戦の勃発，とりわけ1941年6月の独ソ戦の開始は，ソ連で暮らす独系人の上にどのような影響を及ぼしたのだろうか。また，戦争終結とその後の時期に独系人はいかなる扱いを受けたのであろうか。F.クンシュナーは「第二次世界大戦とともにロシア・ドイツ人の歴史に最終的な断絶が生じた」と述べているが(Kunschner 41)，一体それは何を意味するのだろうか。最初にソ連に住む独系人にとって最大の悲劇になった追放を中心にみていこう。

　ヒトラーとスターリンが1939年8月に結んだ独ソ不可侵条約は世界を仰天させた。それまでの仇敵が手を結んだからである。しかし，ドイツ軍のポーランド侵略直前に結ばれたこの条約によって第二次世界大戦勃発後もしばらくはソ連とドイツの間には表面上平和な時期が続いた。東西から侵入してポーランドを分割した両軍が出会った場所では友好的雰囲気さえ醸し出されたのである。しかしイギリス攻略に失敗したヒトラーが本来の敵ソ連に矛先を向け，1941年6月22日にヒトラーの軍隊の奇襲によって独ソ戦が始まった時，攻撃を予期していなかったソ連政府は狼狽し，軍も大打撃を受けて退却を重ねた。そしてドイツ軍の進撃に晒された地域では政府は統制力を失い，退却する部隊と避難民の列で混乱が広がった。こうして生じた混沌状態の中で早くも7月10日にクリミアでは独系人の移送が始まった。その際，彼らに告げられたのは，「諸君が戦闘行動に巻き込まれないようにするために我々は諸君を後方地域に連れて行く」ということ，すなわち安全の確保であった。この名目で7月から10月までにウクライナの諸地域から約10万人の独系人がカザフスタン，キルギスタン，タジキスタンなどドニエプル川の東方地域に移送された。

　クリミアよりやや遅れ，ヴォルガ自治共和国では1941年8月に軍と内務人民委員部の特殊部隊が各地に配置され，外部との連絡網が遮断された。そして8月30日付の共和国政府の新聞に8月28日のソ連最高会議幹部会の布告が掲載された。「ヴォルガ地域に住むドイツ人の移住について」と題したその布告では，独系人を一括して敵に対する協力と破壊活動の準備の疑いがあると

明記されており，それを理由にして，シベリアとカザフスタンへの強制移住が実施されることが告げられていた (Dahlmann 201ff.; 半谷 183f.)。この理由は一部の独系人の不穏当な行動を著しく誇張して全員に嫌疑をかけるものであり，ゲルマンたちは，強制移住の主たる原因は対敵協力者を指す「『第5列』に対する支配層の恐怖」にあったと断じている (ゲルマン/プレーヴェ 178)。一方，この点に関してN.M.ネイマークは，イングーシ人やチェチェン人など「罰せられた民族」と総称されるドイツ人以外の少数民族も視野に入れ，彼らの虐待をジェノサイドと規定するとともに，スターリン個人に焦点を絞る形で明快に次のように述べている。独系人を含む「民族集団の強制移住と迫害はそもそも，戦争とスパイ浸透の現実の脅威から生じたのではなく，スターリンの徹底した外国人嫌いと，トロツキーの第4インタナショナルや敵性外国の破壊工作によって権力を失うのではないかという病的恐怖心からもたらされたのである」(ネイマーク 91; Naimark 18)。

　それはともあれ，上記の布告に基づき，セロフ内務人民委員部副長官を責任者にして治安部隊が投入され，9月初めに住宅，家畜，家財が接収された。独系人に許されたのは，バッグ一つを持参することだけであり，それにわずかな食糧と衣類を詰め込んだ彼らは駅もしくは船着き場に集合させられ，東に向けて運ばれた。ヴォルガ・ドイツ人の社会主義自治共和国の地は9月7日にサラトフ周辺とスターリングラード周辺とに二分されたが，この行為が同共和国のみならずロシア共和国憲法をも蹂躙するものであったのは指摘するまでもない。こうして独系人の自治共和国は消滅し，37万9千人のヴォルガ・ドイツ人が故郷から放逐されたが，これと並行して約8万人の独系人がソ連のヨーロッパ地域から，また2万5千人がグルジアとアゼルバイジャンからシベリアと中央アジアに移送された (Hecker 34f.)。さらに1942年から44年にかけて5万人の独系人がドイツ軍による長期の包囲に耐えたレニングラード周辺や小さな居住地からウラルの東に移されたほか，ソ連軍に所属する独系人の兵士と将校も1941年10月に前線から引き離され，懲罰的な「労働部隊」に編入された（図8-2参照）。

　最高会議幹部会の布告にはこの強制的移送は「移住」と表現されていたが，実施訓令には明確に「追放」と記されていた事実からも，移送の過程自体が極めて苛酷だったことが容易に推し量れる。移送が告げられると子供から老人まで独系人は時には数時間のうちに用意を整えなければならなかった

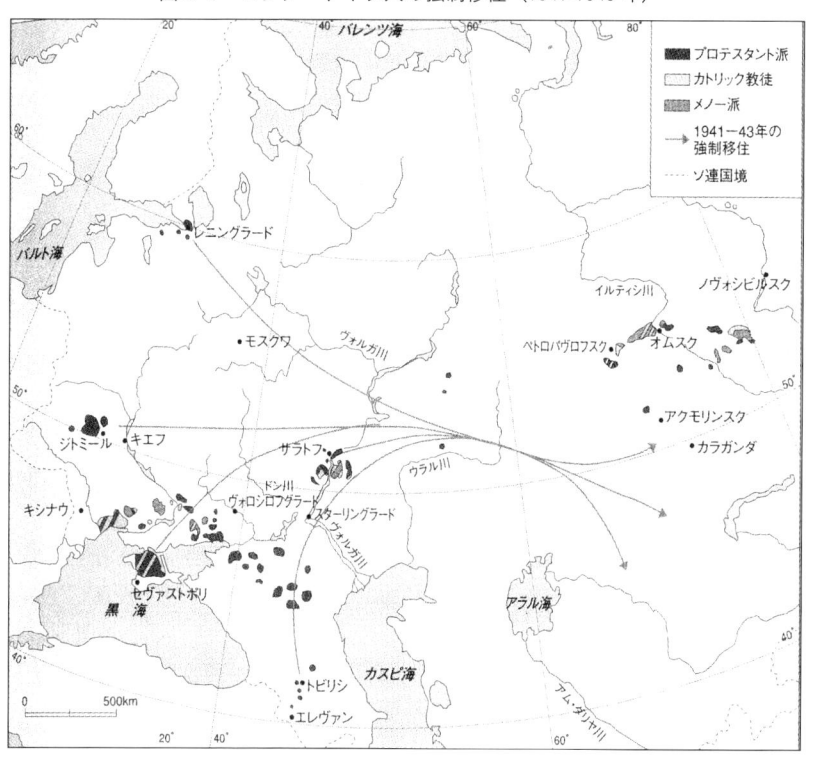

図 8-2 ロシア・ドイツ人の強制移住 (1941-1943 年)

出所:アルカージー・ゲルマン / イーゴリ・プレーヴェ, 鈴木健夫・半谷史郎訳『ヴォルガ・ドイツ人』彩流社, 2008 年, 17 頁。

し，住み慣れた住まいと土地を離れるに当たって家財道具の殆ども当局の手に委ねる以外になかった。集合場所では女性・子供が父親・夫から分けられたうえ，一台の貨車に40人から60人が詰め込まれた。そして独系人を満載した貨物列車は一週間にも及ぶ日数をかけて追放地であるシベリア，カザフスタン，中央アジアに向かったが，不衛生な状態や栄養不足のために途中で死者が続出し，特に老人と子供が苛酷な移送の犠牲になった(Richter-Eberl 174; Behörde für Schule, Jugend und Berufsbildung der Freien und Hansestadt Hamburg 9f.)。

疲労困憊して遠隔の地にようやく到着した独系人を待ち受けていたのは，敵である「ファシスト」同然に彼らを扱う内務人民委員部の厳しい監視だっ

た。彼らには特別許可なしに居住地を離れることは許されず，定期的に監視司令部に出頭しなくてはならなかった。そして規則を破ると，時には20年もの重労働で処罰されることもあった。無権利状態におかれた独系人たちに対する監視人の恣意的な支配が，そこでの社会秩序そのものだったといわれる。

　強制移住地では15歳から60歳までの働ける男性は，1941年10月以降，労働軍と呼ばれた組織に編入され，1942年からは子供のいない女性と養育に手のかかる幼子のいない女性もこれに組み込まれた。彼らは産業施設，鉄道，道路，運河の建設や鉱山での労働に重点的に投入され，ソリカムスクの軍需工場の建設だけでも独系人1万2千人が従事していたという (Eisfeld (a) 119ff.)。この例が示すのは，戦時期になるとスターリン体制の確立とともにソ連で広範に形成された強制労働システムに独系人が組み入れられたことである。そのことはとりも直さず独系人の中から多大の犠牲が出たことをも意味しているのは指摘するまでもないであろう。祖国に対する裏切り者と同様の扱いを受け，厳しい監視と苛酷な重労働を強制されたために多くの人が絶望の重圧と肉体的な辛苦に耐えられず，栄養不足と疲労で斃れていったが，遺体は身内の者にさえ知らされないまま集団埋葬地に埋められた。また子供たちが母親から引き離され，子供用の施設に収容されるか，ロシア人，カザフ人などの家庭に割り振られ，強制的に同化されるケースもしばしば見られたのである (Bosch 128)。

　これに対し，ドニエプル川以西に住んでいた独系人は追放の悲運を免れることができた。ドイツ軍の急速な侵攻のためにソ連政府は彼らを捕捉することができなかったからである。ウクライナの南西部はルーマニアの支配下におかれたが，そこでは12万人の独系人が暮らしていた。また占領統治のためにヒトラーによってウクライナ帝国総督府が設置されたが，その下におかれたウクライナの大部分には20万人の独系人が住んでいた。これらの人々はすべてロシア人やウクライナ人としてではなく，「民族ドイツ人」として扱われ，ドイツ帝国の保護下に置かれた (Eisfeld (b) 49f.)。占領に伴い帝国総督府が設置されると，このいわゆる黒海ドイツ人たちをウクライナ民族リストに登載する作業が着手され，これに基づいて彼らにはドイツ国籍が付与されることが予定されていた。しかし1943年2月のスターリングラード攻防戦での敗北後，戦局がドイツ軍の劣勢に傾くと，この作業は中断を余儀なく

された。そればかりか，ドイツ軍が退却を重ねるようになった1943年末には約35万の独系人は前線が近づいてくる中で苦しい選択を迫られた。ソ連軍による居住地の奪回後に追放という運命に甘んじて従うのか，それともドイツ軍とともにドイツに向けて逃げるのかという選択がそれである(Eisfeld(a) 124)。ソ連軍による報復を恐れて大多数が選んだのは後者の道であり，黒海ドイツ人たちは荷車の二つの長い行列を作って故郷を捨て西に向かう何週間もの移動に乗り出した。約9万人からなる第1の列は1943年11月にスタートし，帝国本土を目指したが，その多くはウクライナ帝国総督府の人々であり，荷車に家畜を連れていた。第2のいわゆる大行列は主にルーマニア支配地域やドネストル川とブーク川の間の地域の独系人で構成される12万5千人の列であり，1944年1月以降7月頃まで続いたその列では多くは徒歩で2千キロの道程を踏破することになった。二つの列はドイツ東部のヴァルテガウやポーゼン，ロッズにたどり着いたが，そこで彼らは正式に帰化してドイツ国籍を取得した。この混乱の中での国籍取得については，適正か否かをめぐって戦後に論議があったが，1955年2月22日に制定された「国籍問題の規制に関する法律」によって西ドイツでは正規の帰化として承認された。

　辛苦の末にヴァルテガウまで達したものの，独系人たちは長くそこに滞在することはできなかった。前線がそこにも近づき，逃亡の旅を続けなくてはならなくなったからである。しかしそうした苦難の逃避行も必ずしも成功はしなかった。ドイツの降伏までに20万人の独系人は進撃するソ連軍に追いつかれたからである。彼らはヴァルテガウやソ連軍の占領した地域で身柄を拘束され，ソ連に送還されたが，それは先にシベリアなどに移送された独系人の場合と同じ運命を辿ることを意味していた(Ganß/Krauß 29)。また約15万人の独系人は敗戦までに西側占領地域に到達していたが，ソ連軍捕虜と同様に，ほぼその半数は西側連合国によってソ連側に引き渡され，ソ連に連行された。というのは，ヤルタでの合意に基づいて1945年秋までソ連側には全占領地域でソ連国籍の市民を捜しだし，意に反してでも送還することが認められていたからである。その結果，捜索を逃れて西ドイツにとどまることができたのは約7万人にすぎなかった。戦火に追われ，長くて危険な道程を越えてきたにもかかわらず，かなりの独系人は逃避行の辛酸に加え，追放の苦難を身に背負わなければならなかったのである。しかも送還の際，しばしば家族はバラバラにされたほか，身柄拘束と移送の過程で人命が失われた。推定

ではその比率は15％から30％にも達していると考えられている。生き残った者には特別居住地で重労働が課せられたが、それは戦争捕虜になった膨大な数のドイツ軍兵士と同じだった。ただ一つ決定的に違うのは、ドイツに戻るチャンスがあるかないかという点だった。1955年9月に西ドイツ首相アデナウアーは最後に残った捕虜の釈放をソ連と交渉して成功させたが、同じ時期に乳飲み児から年寄りまでを含めて150万人の独系人が依然として厳重な監視下に置かれていたのである (Ingenhorst 56)。

こうして全体として見れば、1941年の独ソ戦開始から1945年の戦争終結までの間に約110万人の独系人がウラルの東に追放され、強制移住させられたことになる。そして戦争の過程で追放が行われたにもかかわらず、戦争が終わっても彼らには故郷に帰ることは許されなかった。1948年11月26日の最高会議幹部会の布告にはこう記されている。独系人たちに定められた地域への「移住は永久で、元の居住地への帰郷の権利を持たない」(ゲルマン/プレーヴェ 198)。

ところで、西ドイツ政府とソ連とのドイツ人戦争捕虜と強制連行された民間人の釈放を巡る1955年9月の交渉が妥結し、西ドイツとソ連の間に外交関係が樹立されて両国間の関係が改善されたことは、独系人の運命のうえにも好ましい影響を及ぼした。それは過酷な扱いに緩和の兆候が現れたことである。1955年12月13日に最高会議幹部会の布告が発表されたが、「特別居住地にいるドイツ人とその家族の法的地位における制限の廃止について」という見出しから読み取れるように、その内容は独系人から奪われていた権利を一定範囲で回復するものであった。これによって特別居住地の体制が廃止され、独系人には1956年初頭以降監視下で暮らしてきた土地を立ち去ることが許されることになったのである。

けれどもその反面で、故郷に帰還することは許されなかったし、1941年に接収された財産に対する補償を受け取ることもできなかった。独系人に与えられているのは通常の身分証明ではなく、「ファシスト」というレッテルを貼ることにつながる一種の追放証明書でしかなかったし、彼らは依然として敗北した敵国の所属者という汚名を着せられており、その意味で自国の内部での被追放民とも言うべき差別的な境遇に置かれていた。現に1956年のソ連共産党第20回大会で第一書記フルシチョフが行った秘密報告はスターリンの個人崇拝を攻撃する一方で、戦時期に対敵協力の嫌疑を受けて追放の悲運に

見舞われたいくつかの民族に故郷への帰還を認める旨を述べていたが，そこには独系人の名は挙げられていなかったのである(Eisfeld(a) 134)。また近年の旧ソ連の新聞にも独系人が周囲から戦争捕虜の子孫と見做されていることを報じる記事が掲載されていると伝えられるし，同様に1979年に実施された国勢調査の際にも，200万人を数えソ連の100を超す民族の中では14位の大きな集団であるのに，「その他の民族」としてしか扱われなかったのも公然たる差別の一つであろう。さらにコルホーズへの農業の集団化の際に独系人から奪った土地に対する所有権も返還されず，学校や新聞，図書館，博物館など従来独系人が運営に当たった施設も依然としてソ連政府の手に握られたままであった。

　これらの限界はあったものの，特別居住地の体制が解消されたのは，いずれにしても画期的な出来事だった。それまではいわば「独裁の遊戯ボール」として運命を翻弄されてきたことを考えれば，独系人たちがようやく権利回復へのスタート地点に立ったことの意義は過小評価されてはならないであろう(Beitz 29)。その意味で，総合的にみれば，遅まきながらも変化が現れた1956年は，K.J.バーデやA.アイスフェルトが異口同音にいうように，「独系人の戦後史における零時」と呼ぶのが適切であろう(Bade (b) 150; Eisfeld (c) 46)。ゲルマンたちが指摘する通り，布告はその後に「ドイツ人に対する国の名誉回復措置が緩慢かつ矛盾をはらみながら進められていく」「出発点」になったからである(ゲルマン/プレーヴェ 202)。

2. 戦後ソ連の独系人

　ところで，故郷に帰るのを禁じられたまま監視体制が緩み，特別居住地の制度も姿を消したのに伴い，シベリアやカザフスタンなどに居住するようになった独系人の社会には戦争前と比べて重要な変化が顕在化してきた。これを居住地域の分布に即して見れば，1926年にはウクライナに31.8%，ソ連のその他のヨーロッパ地域に54.6%の独系人が住み，シベリアには6.6%，カザフスタン4.1%，中央アジアには0.8%が暮らしていたにすぎなかった。ところが1979年の時点での分布を眺めると，ウクライナに住んでいるのは独系人の僅か1.8%でしかなく，ウクライナを除くソ連のヨーロッパ地域で生活している者も18.6%にまで激減している。これに対し，シベリアには独系人全体の23.8%が住み，カザフスタンではこれを上回って46.5%が生活するよう

になっている。また中央アジアでも9.3％が居住するようになっており，全体として独系人の居住地がウラルを挟んで西から東に大きく重心を転換しているのが分かる。またこうした転換を反映して，人口比の面でもやはりカザフスタンやシベリアに独系人の比率が高い都市が現れている。若干の例を挙げれば，ツェリノグラード12.7％，カラガンダ10.4％，パフロダル10.1％，クスタナイ10.0％などが代表的といえよう（Eisfeld(b) 51）。

このような重心の転換は，国勢調査の結果を見ると一層鮮明に浮かび上がる。表8-1に掲げたのは，1926年から1989年までに行われた国勢調査で明らかになった数字である。それによれば，戦争に続く革命と内戦やそれに伴う飢餓のために124万人まで減少した独系人の数は1959年には162万人に回復し，1989年には204万人にまで増えている。しかし，絶対数のそうした増大以上に目につくのは，第二次世界大戦を挟んだ地域的分布の顕著な変化であろう。実際，例えばウクライナでは1939年に44万人の独系人が暮らしていたのに20年後の1959年にはその数は2万人強にまで激減している。そしてこれと対照的に，カザフスタンを例にとれば，1939年の9万人が1979年にはほぼ10倍の90万人にまで膨らむ結果になっているのである。

さらに注目される変化として，戦前には主に農村部に居住していたのに戦

表8-1 ロシア・ドイツ人の地域分布の推移（1926-1989年）

（単位：人）

年　度	1926	1939	1959	1970	1979	1989
ソ　連　全　体	1,238,549	―	1,619,655	1,846,317	1,936,214	2,038,341
ロ　シ　ア	806,301	811,200	820,016	761,888	790,762	842,033
ウ ク ラ イ ナ	393,924	435,300	23,243	29,871	34,139	37,849
ベ ラ ル ー シ	7,075	8,400	―	―	2,451	3,517
モ ル ダ ヴ ィ ア	―	8,400	3,843	9,399	11,374	7,335
エ ス ト ニ ア	―	―	―	―	3,944	3,466
ラ ト ヴ ィ ア	―	―	1,600	5,400	3,300	3,783
リ ト ア ニ ア	―	―	11,168	―	2,616	2,058
グ ル ジ ア	12,075	20,500	―	―	2,053	1,546
ア ル メ ニ ア	―	―	―	―	333	265
アゼルバイジャン	13,149	23,000	―	―	1,048	748
カ ザ フ ス タ ン	51,102	92,200	659,751	8,580,077	900,207	957,518
キ ル ギ ス タ ン	4,291	―	39,915	89,834	101,057	101,309
ウ ズ ベ キ ス タ ン	4,646	10,400	17,958	33,991	39,517	39,809
タ ジ キ ス タ ン	―	―	32,588	37,712	38,853	32,671
トルクメニスタン	1,263	―	3,647	4,298	4,561	4,434

出所：Eisfeld, Alfred, Die Rußlanddeutschen, München 1992, S.158.

後になると都市で生活する者の比率が上昇していることも指摘できる。現に1926年には都市生活者は15％にすぎなかったが，1979年の調査では約50％が都市で暮らしており，その比率が低いカザフスタンやキルギスタンでもそれぞれ45％と41％を記録している（Eisfeld (b) 51）。このような変動が生じたのは，追放の地で産業施設の建設や鉱山での労働に従事したことと無関係ではない。

無論，その背景にはソ連における工業化の急速な進展という事実があるとしても，同時に都市部で暮らすようになった独系人たちが主として産業労働者あるいはサービス部門に就業するようになったのも見逃せない変化といえよう。もっとも工業部門では多くは不熟練労働者であったし，サービス部門でも清掃や販売など賃金の低い層に偏っていたことを見落とすことはできない。確かに1960年代になると技術者，医者，教師などの数が増大するようになったことを無視してはならない。けれども，独系人が全般的には社会的下層を形成していたことは否定しがたく，そこにも追放のような制度化されたあからさまな差別は消えたものの，社会的な差別と隔離の傾向が生き続けていたことが垣間見える。例えば1967年時点の独系人の所得を調べたL. W. マリノフスキーは，「ドイツ人の所得は他のマイノリティと比べてそれほど悪くはなかった」としながらも，「高額所得層ではドイツ人は差別の結果として最下位である」（Malinowskij 19）ことを確認している。

ところで，この点は独系人たちが享受しえなかった教育とも深く関係している。1941年から1956年の間に就学年齢に達した独系人の子弟からは学校に通う機会が殆ど奪われていたからである。多くの場合，彼らには追放が緩められてから教育大臣の決定により普通教育を受ける道が開かれるようになったのであり，学校教育が不完全である以上，高い職階につくことは事実上不可能だったのである（M. Nell 76ff.）。

もっとも，教育面での差別の実相を示す正確なデータは存在しない。けれどもB. ディーツとP. ヒルケスが1990年に行った調査からその一端を窺うことはできる。彼らは1975年から85年までに西ドイツに移住したロシア・ドイツ人を対象にしたインタビュー調査を実施したが，学歴に関しては表8-2に見る結果が得られた。表では独系人の歴史的経験を顧慮して回答者は三つの年齢層に区分されている。60歳以上は1930年までに生まれ，社会主義建設が上から強行される傍らでヴォルガ自治共和国やドイツ民族郡が存在していた時

表 8-2　年齢層別に見たロシア・ドイツ人の学歴

(単位：％)

	回答者全体	39歳以下	40～59歳	60歳以上
修了した基礎教育なし	10.2	3.7	7.8	18.6
基礎教育修了	11.9	1.5	9.3	24.1
未修了の中等教育	30.4	25.7	25.7	39.3
職業技術教育	3.1	2.2	7.1	—
中等教育修了	23.0	46.3	13.6	10.3
中等専門教育修了	9.3	11.0	14.3	2.8
未修了の高等教育	2.4	2.9	3.6	0.7
高等教育修了	9.7	6.6	18.6	4.1

出所：Dietz, Barbara / Peter Hilkes, Integriert oder isoliert?, München 1994, S.34.

期に少年期を過ごした人達に当たる。40歳から59歳までの年代の人達は1931年から1950年の間に出生したグループであり，子供のときに差別，追放，移住地での監視などを経験した世代に該当する。これに対し，39歳以下の層は1950年以後に生まれており，1956年から始まる抑圧体制の緩和と正常化の中で成長した人々であって，あからさまな差別を体験していないのが共通項になっている(Dietz/Hilkes(b) 51)。このような年代別の特徴を念頭において表を眺めると，中等教育未了が最大である高齢層と中等教育修了が最大になっている若年層との相違と並び，中年層で中等教育までで学校教育を終わっている人々が多いのが目につく。また高等教育に関しては，若年層ではドイツへの移住のために学業を中断した人々が含まれていることを考慮する必要があるが，この点を別にすれば，中年層で18.6％が高等教育を修了していることも注目される。こうして全体としてみれば，追放などの苦難があったものの，中等教育修了者がとりわけ中年層から若年層になるにつれてかなり拡大していることに端的にみられるように，正常化の過程が学歴面で進行しているといえる。けれども同時に，独系人が受けた差別の痕跡がそれにもかかわらず看取されることも見落としてはならない。若干の例を挙げるなら，ソ連共産党中央委員会書記M.ジミャーニンは1985年12月に独系人の教育レベルがロシア人，カザフ人よりかなり低いことを指摘したが，それによれば，カザフスタンでの独系人の人口比率は6％を上回っているのに，高等教育機関の在籍者では2.9％でしかなかった。また1989年の調査で見ると，独系人の多いノボシビリスクでは高等教育を受けた人は1,000人当たりロシア人では153人，ウクライナ人では238人，タタール人では125人であったが，独系人

では83人にとどまっていたのであり，高等教育への進学者が増えてはいても独系人の学歴は依然として相対的に低いことが明らかになっているのである（Dietz/Hilkes (b) 126f.）。

　学歴面でのこうした事実と並び，追放の緩和とともに門戸が開かれた学校教育での母語学習に目を向ければ，1957年4月9日付のロシア共和国文部大臣の通達によって建前の上では親の希望に従い1年次から母語による授業を受けたり，独立した教科として特別な学習プランにより母語を学習することが可能になった。そしてカザフスタンやキルギスタンなどの一部の地域ではこの方針は実施に移された。しかし多くの場合，これを現実のものにするのに必要な教師が確保されず，教科書をはじめとする教材もなかったことや，授業のための指針や卒業認定のための基準が作られなかったためにこの方針は宙に浮いたままの状態が続いた。そればかりか，実施された地域でも1960年代初期から廃止する学校が相次ぎ，存続を求める独系人とその他の住民との関係悪化の一因になっている（Stumpp 49）。現にB.ディーツらが実施した上述のインタビュー調査から，ソ連国内にはドイツ語で授業を行う普通教育の学校は実際には存在せず，独系人向けのドイツ語の授業もほとんど普及していないことが明らかになっている。そのために独系人の間で読まれるドイツ語新聞ではこうした実情に対する慨嘆が多年にわたり恒常化していると伝えられる（Dietz/Hilkes (a) 10）。

　学校教育におけるドイツ語学習の事実上の欠落の影響も加わり，独系人の間でドイツ語を母語と感じる人々の比率が低下してきているのも，追放緩和後の時期の重要な変化の一つである。自分を独系人とした人々でドイツ語を母語だと感じていたのは1926年の調査では95％に上ったが，その比率は既に1959年には75％にまで下がっていた。この低落はその後も止まらず，1970年に66.8％，1979年57.7％となり，1989年にはついに半数を割りこんで48.7％にまで低下している（Ganß/Krauß 92; 半谷 207）。その上，A.ラクコホキーネによれば，この数字は近年ではさらに下がっていることが確実視されているのが現実といわれる。なぜなら，ドイツ語を母語と見做すのは主として中高年層であって，若い世代ではロシア語を母語とする傾向が強いからである（Rakhkochkine 12f.）。換言すれば，たとえ独系人であっても，もはやドイツ語を母語とは感じない人々が増えているのがこの間の現実といえよう。このことは，ドイツ語を聞いたり話したりできない独系人が広範に形成されてい

ること，つまり独系人の間でロシア化が進行していることを示唆している。実際，1988年に実施されたアオスジードラーに対するディーツらの調査によれば，18歳以上の成人で88.9%がドイツ語を母語としていて一般の独系人より比率が遥かに高いにもかかわらず，親と話す際には87.2%がドイツ語を使うのに，子供と話す場合には57.8%しかドイツ語を用いないと答えている。またドイツ語能力についての自己評価を訊ねた1990年の調査結果は表8-3のとおりであり，若年層になるほどドイツ語が疎遠な言語になっていることが分かる(Hilkes(b) 5ff.)。この点からディーツらは「母語としてのロシア語が増え，第二の言語としてのロシア語が減少している」と指摘するとともに，ドイツ語を「祖父母の言語」と呼んでいる(Dietz/Hilkes(b) 22)。ここに見出されるロシア化は，しかし言語の面に限られた現象ではない。例えば独系人内部での結婚が長らく主流だったのが，近年では他民族との通婚が増えつつあることや，若い世代を対象にした調査では，ロシア人やウクライナ人など独系人以外の人々と結婚する用意があるとの答えが70%にも達したという報告がある(Wiens 12)。こうしたデータによっても，独系人の間で進行しているロシア化傾向が裏付けられるのである。

それはともあれ，母語についての以上のような変化は，公共空間でのコミュニケーション手段としてのドイツ語の機能喪失とも連動している。そもそもドイツ語は追放のときから公の場で語られることはなくなり，話されるとしても家庭の中という狭い場所に局限された。そして追放が緩和されてからも例えば職場でドイツ語を話すことは重大な疑惑を招きかねない状態が続いたのである。言語面でのそうした抑圧を念頭に置けば，追放の時期に当たる1942年から1956年までの間，ソ連国内ではドツ語の新聞がすべて姿を消し，ドイツ語の本も一冊も発行されなかったのは少しも不思議ではない。もっとも例外も存在し，戦争捕虜向けにドイツ語の印刷物が作成されては

表8-3 年齢別にみたドイツ語能力の自己評価

(単位：％)

	全体	39歳以下	40～59歳	60歳以上
きわめて良好	32.3	6.6	23.7	60.0
良好	33.3	23.6	38.5	35.7
まずまず	27.3	54.7	29.6	4.3
劣悪	7.1	15.1	8.1	―

出所：Dietz, Barbara/Perter Hilkes, Integriert order isoliert? München 1994, S.51.

いたが，それらは一般には入手できないものであった。そうだとするなら，追放が緩和されて以来，妨害や不利益にもかかわらず，ドイツ語復活の動きが現れたのは自然な成り行きであったろう。1957年にはモスクワでドイツ語週刊誌『新しい生活』が発刊され，スラブゴロドでは地域の新聞『赤旗』がドイツ語で発行された。またラジオ・アルマータもこの年にドイツ語の放送を始めている(Eisfeld(a) 134)。さらに1966年以降カザフスタンでは日刊紙『友好』が創刊されたほか，1960年頃からはドイツ語で書かれた本だけでなく，ドイツ語を書ける作家の作品がドイツ語で少しずつ出版されるようになっている。

とはいえ，それらがどれだけ普及しているかを見ると，ドイツ語の復活というには程遠いのも否定できない。例えばドイツ語の本については200万人の独系人に対し平均発行部数は2000部程度にとどまっており，1960年から1985年までを平均すると独系人一人当たりのドイツ語書籍の発行部数は僅か0.38冊にすぎない。1935年当時のヴォルガ自治共和国における一人当たりの平均部数は120冊だったから，これと比べると差は格段に大きい。

また独系人の生活の中で重要な位置を占めてきた教会に関しては，ロシア正教のそれと同様に1930年代に閉鎖された。長く守られてきた既成の宗教を共産主義下の正統的教義である公定のマルクス・レーニン主義に置き換えようとしたために聖職者に対する迫害は苛烈を極めたが，それでも僅かの聖職者は生き残り，信仰心も根絶されるまでには至らなかった。現に追放先の居住地や労働施設の内部に，厳しい監視にもかかわらず，教会に類した集まりが形成されたといわれる。この集まりは身に降りかかった悲運に対する慰めを得るだけでなく，互いに援助を行う場でもあった。この集まりは追放緩和後も続けられ，再び教会の形をとりつつ，母語を語り，母語で歌を歌う唯一の場であり続けている(Eisfeld(b) 52)。

この関連では，他の民族と異なり独系人の場合には，戦時期にごく一部ではあっても教会活動を行うことが許されたことも忘れてはならない。その結果，極めて粗末なものながら，教会建築が今日に残されることになった。特に追放緩和のあと当局の許可を得て居住地に教会が作られるようになり，例えば最初の福音派の教会は1956年にカザフスタンのツェリノグラードに建設された。また最初のカトリック教会は遅れて1969年にキルギスタンのフルンゼに作られた。こうして1990年頃にはソ連国内に独系人で構成される490の

福音派の教区もしくは集まりが確認されるまでになり，1988年にはリガの中心的な教会の監督にH.カルニンスが選ばれたことに見られるように，独系人の中からルター派の高位聖職者を輩出するに至っている。一方，カトリックの側では20から30程度の教区があり，最大の教会がカラガンダに建設されている。しかしカトリックの独系人を末端で担当しているのは様々な民族籍の司祭であり，独系人の聖職者の不足が指摘されているのが現状である(Eisfeld(a) 176ff.)。なお，メンノー派については，信徒数は約5万人と推定されており，その重心はオレンブルクとアルタイ地域にあると見られているものの，これらの地域からはドイツへの帰還者が続出しているために実情は明確ではない。

因みに，信仰の問題に関しては，ソ連の印刷所では宗教書の出版を引き受けず，自己出版も事実上不可能なために，聖書，賛美歌集をはじめとして宗教的著作物の欠如が深刻な問題になっている。これが当局による宗教活動の妨害に等しいのは指摘するまでもない。また学校における宗教教育だけでなく，礼拝に子供を参加させることも禁じられており，礼拝の際には親子が別行動を取らなければならないという制約が存在することも付け加えておくべきであろう。

以上のように，1955年末の最高会議幹部会の布告を境にして追放の苛酷さが薄らいだのは確かである。とはいえ，法的，政治的，社会的に独系人はソ連を構成する他の民族と同等の地位を得ることはできず，生活の様々な面で差別や制限に晒されなければならなかった。このことを端的に表現しているのは，独系人より規模の小さないくつもの民族集団が自治を認められるようになったのに反し，独系人にとっては故郷への帰還のような種々の権利の回復が先決事項であって，自治は手の届かない夢想でしかなかったことであろう。けれどもその反面では，独系人の側にも追放前とは大きく異なる変化が現出し，とりわけドイツ語を母語としない人々の増大に示されるように，ロシア化の傾向が次第に高まってきたことも見落としてはならない重要な事実である。その意味で，追放以前には独系人としてのアイデンティティがいわば自明だったのと対照的に，ここ数十年の間にアイデンティティは大きく揺らぎ，拡散するようになっているといえよう。

そうした揺らぎを底流に抱えつつ，1960年代以降，独系人の間で一見すると相反する二つの動きが現れるようになった。一つは，オートノミーすなわ

ち自治を求める運動が高まったことである。いま一つは，ソ連から出国し，アオスジードラーとしてドイツに帰還する潮流が水嵩を増したことである。そこで次にこの二つの流れがどのように展開してきているかを振り返ってみよう。

1964年8月29日に最高会議幹部会は通達を発し，独系人に対する対敵協力者という追放の根拠になった非難は「スターリンに対する個人崇拝の下での恣意の表れ」であり不当だったとしてようやく取り消した（ゲルマン/プレーヴェ 208）。他方では，関係共和国の閣僚会議に対し，当該共和国内に居住する独系人に対して「その民族的特性と利益を考慮して経済的・文化的建設に当たり支援を約束する」ことが求められた。この決定は西ドイツとの関係改善のための協議が進展し，フルシチョフの訪独日程が煮詰まりつつある中で出されたものであり，1955年のそれと同じく外交交渉の副産物だった面は否めない。しかし追放がいわれのない措置だったことを明確にした点で，それ自体としては極めて重要であることも確かである。けれどもこの通達においても1955年の布告で示されたかつての居住地への帰還の禁止は撤回されず，1972年11月3日の公表されずに終わった決定でも1955年のこの方針は再確認された。同様に追放の際に収用された独系人の財産に対する補償も認められなかったのである。

こうして懲罰的な扱いが薄められるようになったとはいえ，全面的には払拭されない状態が続いた。そうした中では，独系人の間から法的政治的な権利回復とヴォルガにおける自治共和国の再建を求める動きが出てきても不思議ではない。1964年まではこの動きは，しかし，個人もしくは小さなグループの請願行動として表面化したにとどまり，政治的には無視して差し支えない程度の運動でしかなかった。ところが翌1965年になるとこの運動は広がりを見せ，政府および党と協議するために二つの代表団が派遣されるまでになった。43人からなる第1次代表団は最高会議議長ミコヤンに対し，独系人は「追放にもかかわらず党と政府に対する信頼を失わなかった忠実なソビエト市民」であることなどを力説した。けれども，彼らが得た回答は，ソ連社会における独系人の貢献を確認し，独系人にとっては自治共和国の再建が最良であることを認めながらも，それは現在の異なる民族の住民の強制移住を伴うから不可能であるというものであり，続く第2次代表団もその厚い壁に撥ね返された（Beitz 57）。こうして二度の代表団は成果を収めるには至らず，

その結果、失意が広がったことが1970年代の出国運動の高まりを呼び起こすことにもなった。すなわち、西ドイツ首相W.ブラントが推進した東方政策によってソ連と西ドイツとの関係が改善され、西ドイツへの移住のチャンスが開かれたのを受け、自治回復に希望を見出せない人々の間から約6万人が1970年代に西ドイツに移住したのである。

無論、ソ連にとどまる独系人の間で自治共和国と権利回復の要求は放棄されはしなかった。むしろ1965年の教訓を踏まえて、自治を実現するための前提条件の充実に焦点が合わされた。すなわち、教育機関、新聞、ラジオとテレビ、図書館、劇場などアイデンティティ強化に必要な文化的施設の設置・拡充に重点が置かれ、1972年にはこれらをモスクワで協議するための準備が進められたのである。けれども代表団が用意されるところまでいったものの、モスクワへの出発は治安機関によって阻止され、この年も自治回復に向けた努力は実を結ばないままに終わったのである。

権利回復と自治の実現を目指す運動が再び高揚するようになったのは、ソ連でペレストロイカとグラスノスチが始まってからである(Hecker 38ff.; Ingenhorst 62ff.)。ゴルバチョフの登場により、それまでの厚い壁にヒビ割れが生じたのを受け、独系人が改めて自治を求めて行動を起こした1980年代後半には、彼らの運動はもはや以前のように孤立してはいなかった。なぜなら、かつてのバルト3国で独立運動が広がったのをはじめ、コーカサスや中央アジアなどソ連国内の各地でそれまで強権的に押さえ込まれていた民族紛争の火が燃え立ち始めていたからである(Beitz 35; カレール＝ダンコース 583ff.)。1987年初めになるとドイツ語新聞にはそれまでタブー扱いされていた独系人に関わるテーマが公然と取り上げられるようになった。それは追放とともに消滅したヴォルガ・ドイツ人の社会主義共和国、不当な追放、労働収容所での苛酷な扱い、自治回復運動などである。またアルマータでは独系人が背負わされた悲惨な運命を主題とする演劇が上演されるとともに、独系人が受け継いでいる文化遺産の普及が図られた。こうして拡散しつつあったアイデンティティを強固にし、民族運動の土台を固める努力が展開されるようになったのである。

さらに1988年4月には各地で自治運動を行っている非公式のグループが集結し、14人からなる作業部会を発足させた。この部会には第3次代表団という名称が付けられたが、いうまでもなくそれは政府および党との交渉を行う

ことを目指していたからであった。また運動全体の指導機関として調整委員会も設けられた。同年夏には独系人の未解決問題の解決のための提案を記した印刷物が数多く作成されたが、それとともに運動は独系人の殆どの居住地域を網羅するようになり、年齢や社会層を問わず独系人の間に広く浸透した。

　こうした広がりを反映して1989年には自治運動が活発化する一方、それに対する反応として、権利の回復と自治に期待を抱かせるような当局側のシグナルが返ってくるようになった。前者については、この年の最も注目される出来事は、同年3月に自治運動の様々なグループが合体して新たな組織「再生」が創設されたことである。「再生」は間もなく17万人のメンバーを擁する組織に発展したが、設立の際の規約にはソ連におけるドイツ人の完全な権利回復、国内の他の民族との同権化と並んで、ヴォルガ自治共和国を下敷きとする独系人の国家組織の再建が主要目的として掲げられた。またヴォルガ地域の非ドイツ系住民に対するアピールでは、独系人の権利の再確立によって彼らにいかなる不利益も生じないことが約束されるとともに、協力してよりよい生活の実現に努めるように呼びかけられた。他方、自治運動がこのように一つの水流に発展したことへの当局の対応としては、同年7月12日に最高ソビエト民族会議に独系人の状態に関する調査委員会が設置され、11月28日に自治の再建の必要性を指摘する報告書を提出したことが挙げられる。さらに同年9月にもソ連共産党中央委員会が民族政策に関する指針を定め、11月14日には最高会議が戦時期の追放を違法で犯罪的であったとし、追放された諸民族の権利の回復を保証する声明を出すに至ったことも看過しえない出来事だった。

　もちろん、独系人に限らず、追放などの対象になった民族の復権とさらには自治の回復の流れに対して逆流が生じたのは不可避だったといえよう。独系人に関連する動きに限ってみれば、自治の実現によって既得権を脅かされると感じる居住地域を同じくする人々が中心になり、サラトフやモスクワで反対運動が展開された。その中からは民族憎悪を煽る言辞すら振りまかれるようになったが、独系人に対する差別感を背景にして、法律に違反するそうした行動も当局の取り締まるところとはならず、その結果、独系人の居住地域で住民間の関係が緊張を孕むようにさえなった。現にP.ヒルケスらが1989年から90年にかけての冬にソ連出身のアオスジードラーに対して行った調査

では，1980年代半ば以降，食糧事情の悪化や経済の不調，腐敗，非ヨーロッパ系民族に対する積年の抑圧などが重なって独系人を取り巻く環境が悪化したと半数以上が感じているという結果が出ている(Hilkes (a) 9f.)。また同じ調査を基にしてK.ボルは，「インタビューのどの回答者も，他の民族の所属者が紛争状況で彼らに発した『ファシスト』『フリッツ』の語のような多数の差別の事例を挙げることができた」と報告している(Boll 20)。

一方，1990年5月23日付『フランクフルター・アルゲマイネ』紙が伝えるところでは，中央アジアとシベリアでイスラム系民族の勢力が強まり，ロシア人を含む土着ではない諸民族に対する追放の圧力が高まっていた。事実，この傾向は1991年末のソ連崩壊を挟んでますます勢いを増し，新たに独立した諸国でロシア人が少数派になったところでは，ウズベキスタン，キルギスタンなどのように圧迫に耐えかねたロシア人が難民化してロシアに移住する動きが高まっている(1994年11月19日付『朝日新聞』)。無論，この圧力はロシア人に対してだけではなく，他の民族集団にも向けられているのは指摘するまでもないであろう。この時期に急増した独系人のドイツへの流出には，そうした民族対立から生じた不安が一因になっているのは間違いない。これに対し，「再生」は要求を強め，早期の自治実現か，それともそれが約束されない場合，独系人の大量流出かの選択を当局に突き付けるに至った。1991年10月の『シュピーゲル』誌によれば，「再生」委員長H.グロートはヴォルガ自治共和国が認められない場合には独系人たちに対して出国を呼びかける方針を表明しており，その時点で既に「独系人の4分の3は出国の機運にある。家族構成員をすべて含めるとその数は300万人になる」と述べており，毎月1万1,000人の独系人が在モスクワ・ドイツ大使館にビザ発給を申請していることを指摘している(Der Spiegel, Nr.43, 1991, 202ff.)。「再生」の運動ではこのようにしてスターリンによって1941年に解体されたヴォルガ自治共和国の再建に焦点が合わされたが，K.ポェーレが指摘するように，それは同共和国の問題が大抵の独系人の意識において「高度のシンボル的価値」をもつようになったからであった。すなわち，彼らにとっては「自分たち自身の国家の再建はすべての居住地に精神的・文化的中心を返す」だけにとどまらず，同時に「復権と同権化の可視的な印」でもあったのである(Pöhle 57)。

3. 戦後ポーランドの独系人

　ここでソ連国内のロシア・ドイツ人から視線を転じ，第二次世界大戦後に再建されたポーランドの独系人の境遇について簡単に見ておくことにしよう。というのは，第1に，長らくポーランド出身者が数のうえでアオスジードラーの中心を占めていたからである。また第2に，彼らがポーランドで晒された抑圧を一瞥しておくことは，アオスジードラー問題の根幹に独系人であるがゆえの圧迫があることを確認するのに有益だと考えられるからである。

　ただ，もう一つの主要な集団であるルーマニアの独系人には本章で論及することができない。ソ連やポーランドに比べると，彼らに降りかかった悲運はやや希薄にみえるが，それは，ドイツとの戦争もしくはドイツによる占領で多大の犠牲が生じた両国と違って，ルーマニアが降伏直後にドイツに宣戦するまでは枢軸国側に立って参戦した事実があるからである(Verein für das Deutschtum im Ausland; Tudorica)。けれども，戦後の共産化したルーマニアでは，長期に及んだ独裁者チャウシェスクの支配下で独系人に対する強い圧迫があり，その影響でドイツ政府の発表では，1977年に35万9千人を数えたルーマニアの独系人が1998年には8万人にまで縮小している事実はここで指摘しておくべきであろう(Info-Dienst Deutsche Aussiedler, Nr.100, 1999, 27)。

　さて，戦間期とは異なって，ポーランドの国土は戦後になると西方に大きく移動した。それと同時に，東プロイセンの北部を除く従来のドイツ帝国の東部領土は国際自由都市ダンツィヒとともにポーランドに編入された。この土地には戦前に約1000万人のドイツ人が居住しており，戦時期に都市爆撃が激しくなってから150万人から200万人が西から疎開してきていたが，東部戦線でドイツ軍が劣勢になって前線が近づくのに伴い，ソ連軍の侵攻から逃れるために1944年秋以降に700万人が故郷を立ち退いた。その結果，ドイツ敗北の時点でオーダー＝ナイセ川から東に広がるそれまでのドイツ領土には440万人のドイツ市民が残留していたと推定されており，戦争終結後に故郷に戻った人々を加えると，1945年夏には560万人が東部領土にいたと考えられている(Malchow/Tayebi/Brand 33f.)。

　これらのドイツ人の大半はソ連から施政権を委譲されたポーランド政府の支配下に置かれたが，彼らには苛酷な運命が待ち受けていた。ポーランドを

支配したナチスの暴虐に対する怒りが彼らの上に報復の嵐となって降り注いだからである。ドイツ人の一部はソ連に強制労働のために連行され、他の一部はポーランド国内に設置された中央労働収容所に入れられた後、国内各地に送られた(Urban(b) 120f.)。だが、そうした悲運を免れたドイツ市民も決して幸運とはいえなかった。なぜなら、彼らはドイツ人である印としてしばしば衣服にハーケンクロイツを書きつけられ、白い腕輪を着けさせられた上、ポーランド市民の野放図な暴行と略奪の対象にされたからである。なるほどポーランド政府は公式にはドイツ人に対する恣意的な復讐を禁止し、これに対しては厳罰で臨むと表明してはいた。けれども実際には政府にはいまだ秩序維持の能力が備わっていなかった。そればかりか、政府自体も部分的には報復措置を行っていたのであり、一般市民による報復行為は事実上黙認されていたのである(Rogall(b) 71f.; Madajczyk)。

こうした状況下でオーダー＝ナイセ川に近い地域では戦争終結直後からかなり無秩序な形でドイツ人の追放が始まった。そしてその規模は急速に拡大するとともに、空間的にも旧ドイツ東部領土の全域に及んだ。その結果、ポーランドからのドイツ人追放は、1945年から1949年までに350万人が強制的にオーダー＝ナイセ川の西に移住させられ、25万人が自発的に故郷を退去するという極めて大規模な出来事になったのである。その上、追放の初期には監視人などによる暴行に加え、飢餓、不衛生、疲労などのために多数が死亡する事態さえ生じた。なかでも体力の弱い老人、子供、病人の死亡率は著しく高かった。こうした事実からも看取されるように、ドイツ人追放の過程は凄惨を極めたのであり、特に一時的収容施設だったラムスドルフ収容所では収容者の4分の3が死亡したといわれるほどで、虐待の代名詞ともなった(Urban(b) 129f.)。

ポーランドに限らず、チェコスロヴァキアのズデーテン地方でも独系人の無計画な追放が多数の犠牲者を出したことは、ポツダム会談の際にも問題としてとりあげられるほどだった。その場での協議の結果、決定の13条でドイツ人の移送は「秩序ある形で人道的に」行うべき旨が定められた。ソ連とポーランドはこれを遵守することを表明したものの、追放を彩っていた残忍さに大きな変化は見られなかった。ただ追放が計画性を増したために恣意的な暴行が抑制され、死亡率そのものは低下したといわれる。また計画性が強くなったことは、追放に経済的な計算が働くようになったことをも意味し

ていた。すなわち，技術者や専門労働者については経済再建に不可欠とされたために追放の対象から除外され，11万5千人がポーランド国内に引き留められた。またこれと連動して，約30万人のその家族もポーランドにとどまったのである(Urban(a) 80)。このように残留を強いられた人々が一部に存在したにせよ，大半のドイツ系住民にとって苛酷な故郷からの追放は1946年をピークにして1949年まで続けられた。その結果，1950年にポーランドに残っていたドイツ人の数は170万人にまで激減していたのである(Reichling(a) 48)。

　追放に当たっては対象となるべきドイツ人の確定が必要とされたが，その一環として以前からドイツ帝国籍を有する人々や戦時期にドイツの国籍を与えられた人々のポーランド国籍回復作業が追放と並行して進められた。第一次世界大戦後のポーランド再生に照らせば明らかなように，それまでのドイツ帝国領を切り取る形でポーランドの領土が画定されたため，ポーランドがナチスに蹂躙されるまでドイツ系市民がポーランドに居住していた。彼らの大半は，ドイツの縮小に伴って住み慣れた土地がドイツからポーランドに変わってもそのまま故郷に踏みとどまった人々であり，バーデの口吻を借りれば，国境の変動によって追い越され，取り残された人々ということができる。その数は130万人程度だったと推定されているが，ナチスの人種主義からすれば彼らは無論ドイツ人であり，戦時期に彼らはドイツ人としての純度に応じて4ランクに区分された民族リストに登載され，民族ドイツ人として扱われた(Kotzian 207f.; Ahlheim/Heger/Kuchinke 197)。そのため戦争終結に伴い，ポーランドに残留した民族ドイツ人はポーランド政府によってポーランド国家に対する忠誠宣言を要求され，それに基づいてポーランド国籍を取得するよう強いられた。そしてこれに従わない者はドイツ人と見做され，懲罰的意図を込めて追放対象者の列に加えられた。

　一方，ドイツ東部領土に居住していたためにドイツ帝国籍を有していたものの，マズール人やカシューブ人などドイツ語以外にスラブ系の方言を話す人々は土着民を意味する「アオトホトーネ」と呼ばれ，その数は150万人から200万人に上ると見積もられた(永井(b) 50f.; 佐藤 66)。彼らの多くはドイツ人としての意識をもち，第一次世界大戦後に実施された領土帰属を巡るオーバーシュレージエンなどでの住民投票の際にはドイツ残留を支持した。しかしポーランド政府が押し通したのは，ドイツ人と混血した人々を含ん

いても彼らは血統からすれば本来はドイツ系ではなくスラブ系であり，プロイセンによる長期のゲルマン化政策が彼らからポーランド人としての自覚を奪い，ドイツへの帰属意識を植え付けたにすぎないという立場だった。戦争が終わると，この立場から，彼らに対して「本来の共同体への復帰」が求められ，審査のために各地に証明委員会が設置された。そして簡単な審査手続きを経てポーランドに忠誠を宣誓した市民にはポーランド国籍が与えられた。けれどもその反面で，審査を拒否した者に対しては収容所に送り強制労働に就かせるか，あるいは追放の処分が下された。その結果，1948年4月1日までに102万人が審査を受けてポーランド国籍を取得した (Urban (b) 139f.)。さらに審査を受けずポーランド国籍を拒否した「アオトホトーネ」が17万人いたが，彼らには1951年の国籍法に基づいて本人の意思にかかわりなくポーランド国籍が押し付けられた。審査を最初に実施したA. ザヴァドスキーが唱えた「ポーランドの国家理性は我々の血の一滴も失われないことを要求する」という標語や，「ドイツの文化的，肉体的，習俗的，道徳的影響の絶滅」という公式に認められた目的は，このようにして強権によってひとまず達成されたのである (Rautenberg (a) 17)。

　ドイツ系住民はこうしてポーランドから追放され，オーダー＝ナイセ川以西に強制的に移住させられるか，ポーランド化の対象とされたのであった。けれども，ポーランド政府は当初はドイツ系少数民族の存在を全面否定するところまではいかなかった。ブレスラウ，リーグニッツ，ヴァルデンブルク周辺のニーダーシュレージエン地方を中心にして25万人のドイツ系住民が国内にいる事実を同政府は公式に認め，「公認ドイツ人」と呼ばれるこの人々については，一定の範囲で文化的活動を行うことを容認したのである。その意図は，ポーランドの主要な輸出品目である石炭の採掘に彼らの労働力が不可欠だったために，その土地に引きとめることにあった。こうした事情の下でドイツ系住民の労苦は様々な困難を経て実を結んだ。学校については，1955年までにニーダーシュレージエンやポンマーンに132のドイツ系初等学校が設立されたのをはじめ，ニーダーシュレージエンには若干のドイツ系中等学校も開設された。またドイツ語の新聞として共産主義系の週刊新聞『労働者の声』がブレスラウで1951年に発刊された。翌52年以降にはドイツ語の図書館も開かれて，社会主義の兄弟国である東ドイツから図書類が運び込まれた。さらにマルクス・レーニン主義の公認教義にもかかわらず，ニーダー

シュレージエンとポンマーンでは教会でドイツ語によるミサを行うことすら許容されていた(Urban (a) 88)。

　文化的活動の面でのポーランド政府のこのような寛大さは，しかし，25万人とされた公認のドイツ系住民に対してのみ示されたことを看過してはならない。ニーダーシュレージエンやポンマーン地方以外の土地で生活し，ポーランド国籍の取得を強いられたのにドイツ人という意識をもち続けている人々に対しては，独系人としての独自の文化的活動は許されなかったのである。そればかりか，国際赤十字の尽力により戦争末期の避難などの過程で離散したドイツ人家族の合流を人道的見地からポーランド政府は許容したが，この枠組みで1955年から59年にかけて25万人の市民が西ドイツに流出し(図8-1参照)，さらに4万人が東ドイツに移住した(Der Bundesminister des Innern 99f.)。これを受けてポーランド政府は公認ドイツ人の規模は3千人にまで縮小したとし，彼らのための寛大な文化政策は必要性が失われたとして，それまでの容認姿勢を撤回したのである。その結果，ドイツ系学校は1960年までにすべて廃止された。また新聞も一時は3万8千部を発行していたにもかかわらず，1958年に廃刊に追い込まれた(Rautenberg (a) 14f.)。今やポーランドはワルシャワ条約機構に加盟する国々のうちでただ一つドイツ系少数民族の存在を否認する国となった。それ以来，ドイツ人追放の暗い過去は厚いヴェールで覆われことになり，長くタブー扱いされてきたのである(Podlasek)。

　無論，こうした否認の背後には，ポーランドに強引に編入した旧ドイツ領土に関する不安があったのは指摘するまでもなかろう。西ドイツで1969年にブラント政権が登場して東方政策を進めるまでは，同政府はオーダー＝ナイセ線を国境としては認めず，被追放民団体だけでなく世論でも領土回復要求に対する支持が大きかったので，ポーランド側が神経を尖らせたのには十分な理由があった。その点を考慮すれば，ドイツ人が姿を消したとすることにより，従来のドイツ領をポーランドの領土として主張する根拠が得られたのであり，居住しているのは専らポーランド人という既成事実が表面上は完成することになったといえよう。こうした観点から見るなら，家族合流という国際赤十字の要請にポーランド政府が応じたのも，公式に表明された人道的考慮に基づく措置というよりは，領土問題に関する政治的計算からの措置であったと考えるのが適切かもしれない。さらに1950年代半ば以降，石炭採掘の面でドイツ系住民の労働力の必要度が低下したことが一因になっていたこ

とも付け加えておくべきであろう。

　ともあれ,文化面での寛大さが消失すると,ポーランド化政策は徹底したものになった。オーバーシュレージエンや東プロイセンにもドイツ系住民が生活していたが,当初から彼らの請願にもかかわらずドイツ系学校の開設は許されなかったし,ドイツ語の授業も認められなかった。また教会での礼拝にドイツ語を使うことも禁止された。ドイツの痕跡を消去するそうしたポーランド化政策は,ドイツ系少数民族の否認で国内全域を覆うことになり,ドイツ語の使用が禁じられたのはもとより,地名や街路の名称までもがドイツ風のものからポーランド風のものに改められ,ドイツ的な響きのする名前も改名を強いられた。また墓碑や記念碑に刻まれたドイツ語も削り取られたほか,ドイツ語の書物が押収され焼かれた場所すら少なくなかった(Urban(a) 71,82; Malchow/Tayebi/Brand 46)。さらにドイツ系住民の権利を主張もしくは擁護するような言説を吐く者に対しては職場での配置・昇進や子弟の進学などで不利益な扱いが行われただけでなく,身柄の拘束や監視,家宅捜索などによる公然たる弾圧が加えられた。ドイツ系住民に文化的伝統を守るための組織を自主的に作ることは許されず,また存在が否認されていた以上,官製のそれも提供されなかった。まして政治的に自己の利益を表明する権利が与えられなかったのはいうまでもないであろう。

　このようにポーランドのドイツ系住民は存在を公式に否認され,その存在を示す兆候をすべて抹消されて,文字通り無権利状態の中で暮らすことを強いられてきた。第二次世界大戦以前のポーランドはたしかに多民族国家であり,ドイツ系住民の存在も公式に確認されていた。けれどもナチスの絶滅政策によってユダヤ人が激減し,ウクライナ人やベラルーシ人もソ連の領土拡張と住民の交換によって激減したことを背景にして,戦後のポーランドでは単一民族国家であるという立場が打ち出されたので(Kotzian 217),民族自治を容認するマルクス・レーニン主義の民族政策の主要な原則は復活したポーランドでは適用されなかった。また国勢調査の際にも民族所属を問う必要性は認められず,この方針は変革前の1988年に実施された最後の調査まで堅持された。アオスジードラーの大量流入がドイツで問題になったとき,ポーランドに居住しているドイツ系住民の数が曖昧にしか把握しえなかった原因はそこにある。事実,民主化後の1997年の憲法では135条で少数民族の存在と言語,教育,宗教などに関する権利が公式に認められたが,精確な調査が行

われていないため，彼らの人口比率は5%程度とされるものの，推測の域を出ない。ウクライナ人を上回る最大集団である独系人の数をポーランド政府が30万人から50万人としているのに対し，独系人側ではその倍に達すると見積もっており，ドイツ政府が1999年4月の文書で80万人という推定値を公にしているのは，その帰結なのである(Das Parlament vom 20.8.1999: Info - Dienst Deutsche Aussiedler, Nr.100, 1999, 24)。これらの事実を総合するなら，「もっとも重い形態の民族的抑圧をポーランドにとどまったドイツ人は体験した」(Malchow/Tayebi/Brand 45)というB.マルヒョウたちの指摘は当を得ているといえよう。

　こうした彼らの辛苦の生活に曙光が射すようになったのは，西ドイツのブラント政権の発足を受けて，1970年にワルシャワ条約が結ばれてからであった。同条約では懸案であるオーダー＝ナイセ線について西ドイツ政府がポーランド西側国境としての「不可侵性」を承認する一方，その代償として，ポーランドの法令の尊重の下に明確にドイツ民族に属す人々と民族的に混じった家族の人々にポーランドを出国する許可を与えることがポーランド政府によって約束された。これによって間接的ながらドイツ系マイノリティの存在を同政府は認める形になったのである。ただ，その数を数万人と見ていた同政府の想定が公式文書で伝えられたのに対し，西ドイツ国内の条約反対派はドイツ赤十字の調査で判明した28万人の出国希望者数を挙げて反論した(佐藤 165f.)。そして実際には25万もの人々が出国を申請し，1971年に1950年代後半以来で最大の2万5千人がポーランドを去り，西ドイツに移住したのである。前出の図8-1から1970年代初期にアオスジードラーの小さなピークがあったことが分かるが，それはこの動きを表している。

　こうした事態に驚いたポーランド政府は再び出国許可を抑制したが，1975年にヘルシンキで全欧安保協力会議(CSCE)が開催された際，西ドイツのシュミット首相とポーランドのギレエク統一労働者党第一書記との会談で改めて出国問題が取り上げられ，前向きに対処することが確認された。これを踏まえ，同年10月に両国外相が署名した協定では西ドイツからの23億マルクの借款供与と引き換えにポーランド政府は今後4年間に12万人から12万5千人に出国許可を与えるものとし，その後も出国申請を拒まないことが取り決めらた(Urban(a) 92)。その結果，1976年からアオスジードラーとしてポーランドから西ドイツに移る人々の流れが拡大し，1980年まで年間3万人前後が

ポーランドから流出した。しかも4年が経過した後の1981年には，同年12月の戒厳令の布告に見られる政情不安を背景にしてその数は5万1千人にも達したのであり，87年に急増するまで少ない年でも2万人程度の移住の流れが間断なく続くことになった(図8-1参照)。もっともその中には訪問ビザで西ドイツの親戚を訪ねたまま，帰国せずにアオスジードラーとなった人々も含まれている。その数は1950年から1986年までで8万人と推定され，多くは1980年代に生じたと見られる(Rautenberg(a) 21)。彼らの場合，一種の人質として少なくとも家族の一人はポーランドに残さなければ訪問を許可されなかったから，新たに家族離散の悲劇が発生する結果になった。ともあれ，政府間の合意に基づき，アオスジードラー送り出しに対する見返りとして西ドイツ政府は10億マルクに上る借款を供与するとともに，総額で13億マルクと推定されるアオスジードラーの年金拠出金の返還請求権も放棄したのである(Malchow/Tayebi/Brand 36)。

以上のように，ナチスの侵略による前例のない甚大な人的物的損失の中から復活したポーランドでは，膨大なドイツ系住民が実力で追放される一方，その存在が公式に否定された。そして彼らはポーランド国籍の取得を強制され，少数民族としての保護を受けられなかったばかりか，言語と文化を奪われて無権利状態におかれてきたのである。1970年代末に難民に関する調査機関がポーランドのドイツ系住民の数とその分布について報告しているが，そこではオーバーシュレージエン80万人，東プロイセン南部20万人，ダンツィヒ30万人など総計150万人のドイツ系住民がいると推定されている(Rogall (a) 35)。これを踏まえるなら，ポーランド政府がとってきた政策は，その背景や意図がどうであれ，民族抑圧政策と呼ばなければならないであろう。

無論，こうした政策はもっぱら政府の主導で推進されたのではなく，一般のポーランド市民がドイツに対して抱く反感，不信感，恐怖感など自己の経験に基づく感情によって支えられていたことを見逃してはならない。戦後のポーランドのジャーナリズムではしばしば第四帝国の出現が予言され，失われた東部領土を奪還しにくると信じられたが，「不安症候群ドイツ連邦共和国」と名付けられたように，一般市民にとって分断されていてもドイツは依然として潜在的な脅威であり続けた(Borodziej 11f.)。このことを示す一例が，1988年から91年にかけて行われたポーランド市民を対象とする意識調査である。同調査は西ドイツの世論調査機関CBOSがポーランド・ラジ

オ・テレビ局OBOPと協力してドイツ国境に近い地域で実施したが，戦争終結から40年以上経過しているにもかかわらず，ドイツ人に対するかなり強い嫌悪感が広く存在していることが改めて浮かび上がった(Lisiecki 28, 32; Die Welt vom 11.12.1991)。実際，西側先進国に対しては全般的に好感度が高いのに，ドイツについてだけはその値は著しく低く，落差が際立つ結果になったのである。調査データをもとにその原因についてS.リシエッキは，「回答者の半数はドイツ人とドイツ人への関係についての自分の判断が1939年9月の侵攻と占領期の記憶から生じていることを認めている」と述べ，40年以上にわたって西ドイツがポーランドの西部国境を承認していないことと並んで，ポーランドに多大の犠牲を強いた侵略の影が依然として色濃いことを指摘している(Lisiecki 31)。とはいえ，その反面では，そうした嫌悪感にもかかわらず，経済交流の拡大につれて，使用が禁じられているドイツ語を学習する必要が高まったことも見逃せない。上級学校では必修のロシア語のほかに選択外国語の一つとしてドイツ語が用意されていたが，1988年に33万5千人もの生徒がドイツ語を学んでいた事実がそのことを示している(Born/Dickgießer 167)。英語をはじめとする西側の言語ではドイツ語を選択する生徒が最多だったことは，ドイツに対する好悪とは別に，ドイツとのつながりの重要性が若い世代に理解されていた兆候と解せよう。

　ポーランドでの民族抑圧政策は広範に存在するドイツ人に対する反感を背景にして続けられたが，強権的な同化政策はドイツ系住民の間に強い疎外感を生み，ポーランドに対する心理的距離をますます拡大することになった(Urban(a) 67)。けれども他方では，ポーランド化政策が多年にわたって強行された結果，戦争の記憶をもたない若い世代ではドイツ語を理解できず，ドイツ系住民としての意識も希薄な人々が増えている事実も見落としてはならない。このような状況が現出したのは，「ポーランドで生きていく限り，ポーランド語の習得が職業的統合の唯一の前提であるから，子供たちの言語面のポーランド化に親が殆ど抵抗しなかった」という事情がある(Amt für multikulturelle Angelegenheiten der Stadt Frankfurt a.M. 29)。公共の場でのドイツ語の使用は処罰の対象になったので，ドイツ語が使われたとしても人目につかない家庭での会話に局限されたが，そのために戦後に育った世代にとって支障なく話せるのはポーランド語だけで，ドイツ語は読み書きできないのはもちろん，会話に用いるのにも困難がつきまとった。そうである以上，名

前もポーランド風になっている彼らにとっては、ドイツ語を奪われていることはもはや抑圧としては実感しにくく、ドイツ風の習俗も子供の頃の記憶に滲み込んだ馴染み深いものではありえなくなっているのは当然であろう。またドイツ系であることを理由とする職業や学校教育での差別も緩んできており、社会生活では基本的に一般のポーランド市民と等しい権利を享受しているところから、若い世代ではポーランド社会のマージナルな集団という意識も薄らいでいる。

こうして抑圧と表裏一体の同化政策がある程度の成功を収めた結果、ドイツ系住民の間では世代による意識の相違が極めて大きくなっている。実際、ポーランド出身のアオスジードラーで40歳以下の者はほとんどドイツ語ができないのが実情だが、そうだとするなら、ドイツ人としての自負と抑圧の記憶をもつ親の世代と同様なドイツに対する愛着を彼らに期待するのは無理といわねばならないであろう。つまり、一口にドイツ系住民といっても、彼らの内部では世代による落差が大きいのが現実なのであり、このことはドイツに移住したポーランド出身者にも当てはまる。ポーランドのドイツ系住民は長く厳しい抑圧に晒されてきたために、ワルシャワ条約締結以降の出国許可を利用してこれまでに多数がアオスジードラーとして西ドイツに流出しており、その数は1970年から1990年までの間に96万9千人にも達している（Amt für multikulturelle Angelegenheiten der Stadt Frankfurt a.M. 18f.）。けれども、規模が拡大していても、ポーランドから移住する人々がもはや均質な集団とはいえず、世代差などに応じて出国の動機やドイツへの期待も多様化してきていることを見逃すことはできない。

このことは、受け入れるドイツ社会の側から見た場合、ポーランド出身のアオスジードラーたちが異質性が拭えないばかりか、ますます相違の際立つ集団になっていったことを意味している。なるほどポーランド在住のドイツ系住民は法制面ではドイツ民族籍を有するドイツ人として扱われる。ところが、実態はむしろ外国人に近く、制度と現実との乖離が拡大し、限界に近付いてきていることを見落とすことはできない。ドイツに定着したアオスジーラーは手厚い待遇からしばしば「特権的移民」と呼ばれたが、ドイツ人とはいっても現代ドイツとの文化面での相違が大きくて疎遠に感じられることや、来歴についての無関心や知識の不足が加わって優遇が疑問視されている現実を踏まえれば、一般の外国人と比べてその特権性が広く逆差別として映

り，冷やかな眼差しを向けられるようになったのは不可避だったといえよう。ソ連からのアオスジードラーであれ，ポーランドからのそれであれ，本章で跡付けてきたように，第二次世界大戦終結後の時期を彼らが逆境のなかで生きてきたのは間違いない。けれども，戦後が長くなるにつれて世代が交代し，西ドイツでは西側統合路線の成功とヨーロッパ統合の進展によって西側の一員という意識が強くなったが，同時に，それと反比例するかのように，東側世界に対する知識や関心が希薄になった。こうした潮流の中では，たとえ独系人たちがアオスジードラーとしてドイツに「帰還」しても，もはや社会には温かく迎える風土は失われていたといわなければならないのである。

　アオスジードラーの水嵩が急速に高まったのは，このような状況においてだった。すなわち，1990年にドイツが統一されるのと前後して，東欧諸国とソ連で共産主義体制の連鎖的な崩壊が起こり，民主化と市場経済への移行が開始されたが，それによって流出を阻むブレーキが外された結果，大量のアオスジードラーが奔流のようにドイツに殺到することになったのである。その結果，受け入れ側のドイツで1990年代前半に膨大な庇護申請者と並んでアオスジードラーの規制が政治の主要テーマに浮上したのは当然だった。けれども，なるほど表面的には規模と勢いが問題の焦点だったとしても，アオスジードラーをドイツ人として処遇することへの違和感や，文化面での疎遠さが広く土壌として存在したことを見逃してはならないであろう。1990年代にアオスジードラー問題はヒトラーの戦争が残した戦後処理の枠組みから外され，移民政策の枠組みに移しかえられていったが，それは長く許容されてきた特権性の剥奪の過程でもあった。そして，このようなプロセスが進行したのは，ドイツ社会の多数の市民の目にもはやアオスジードラーはドイツ人というよりは外国人として映じるようになっていたからだった。つまり，アオスジードラーは移民送り出し国だったドイツの歴史やヒトラーの戦争が残した負の遺産というドイツ史に直結する特殊な集団としてではなく，一般の外国人や移民と同等な集団として捉えられるようになったのである。

終章　移民国を展望して

1. ドイツ現代史と移民問題の錯綜

　これまでの章では移民に該当する種々の集団に着眼し，ドイツの地を舞台にして繰り広げられてきた多様な人の動きを眺めてきた。そのなかには，無論，ガストアルバイターとしてわが国でもよく知られている外国人労働者が含まれている。けれども，ドイツの場合，それ以外にもアオスジードラーや被追放民のようにほとんど知られないばかりか，わが国の通念からすると移民と呼ぶのに困惑を覚える集団や，消滅した東ドイツの外国人労働者のような未知に等しい集団が包摂される点に注意を要する。

　本書の序章では外国人と移民の定義を考え，人の多彩な移動を捉えるのに外国人という表現は適さないという見地から移民概念を用いることを説明した。しかし，これまでの叙述からも明らかなように，本書では実は序章で述べた移民の厳密な定義ではなく，その緩やかな理解に基づいてドイツの移民現象を再構成してきた。例えば第二次世界大戦の結果喪失した東部領土に居住していた被追放民は事実上の新たな国境を越えて移動させられ，生活の拠点を移したという点では移民に当たるが，エスニシティの面ではホスト社会と同一だから移民と呼ぶのに違和感が残るかもしれない。しかし，チェコスロヴァキアのズデーテン・ドイツ人の場合には，同じ被追放民であっても本来の国籍はドイツではないので，違和感は薄らぐことになるであろう。一方，戦時期の強制労働者については，元来定住は想定されておらず，現にドイツの敗戦に伴って帰国したので十全な意味では移民に包摂できないにしても，第三帝国の戦時経済が外国人労働者に大きく依存していたことを無視し

ては戦後のガストアルバイター問題の正しい理解に到達できないから，移民に近似した集団として論及することが必要とされよう。この点では国家消滅までに大部分が帰国した東ドイツの外国人労働者にも同じことが当てはまる。そればかりか，西ドイツのガストアルバイターを移民問題の文脈で論じることが不可欠だとすれば，もう一つのドイツにも類似した外国人の集団が存在したことを看過するわけにはいかなくなるであろう。

　ドイツを巡る人の移動の動態を鳥瞰する観点から，本書ではこのように主として生活の拠点や定住の可能性に着眼し，そこから境界線を引く形で移民概念を緩めて用いてきた。したがって，移動に当たっての強制力の有無のほか，エスニシティや文化的背景の差異などにはあまり考慮が払われていない。概念の厳密さはもとより重要だが，それよりも現実把握の効用を重視した結果である。この立場から，アオスジードラーをはじめとする集団を念頭に置き，ドイツにおける移民の近現代史を図式的に整理したのが表終-1である。ここまでの叙述を踏まえて，そこに挙げられている集団を一瞥すれば，ドイツから立ち去る人々もあれば入ってくる人もあり，どちらも一般に想像されているよりも遙かに規模が大きかったことが改めて感得できよう。

　しかしながら，長い伝統を誇るわが国のドイツ研究では，自国の移民問題が切実ではなかった事情を反映して，ドイツのそれに対しても重要性に相応する関心が払われてこなかった。ドイツが統一戦争から二つの世界大戦，東西分断から統一というように激動の歴史を歩んできたことはわが国でもよく知られているが，他方で人の移動の面では静態的に捉えられる傾向が強く，巨大な人口移動が演じられたことにはあまり注意が向けられてこなかったといってよい。同様に，ヒトラーの人種偏見に基づくアーリア至上主義や反ユ

表終-1　ドイツ移民史の時期区分と主要な集団

近代史		戦後史	現代（ポスト戦後）
18〜19 世紀	20 世紀	1945 年（第三帝国崩壊）〜	1990 年（ドイツ統一）〜
国外移住者（ロシア・アメリカなど） ロシア・東欧の独系人 外国人季節労働者	外国人労働者 強制労働者 戦争捕虜	避難民・被追放民 ユーバージードラー 外国人労働者（東西ドイツ）	庇護申請者 アオスジードラー 請負契約労働者・外国人季節労働者 国外移住者

著者作成。

ダヤ主義が19世紀以来の妄想の産物であることはわが国の歴史書で力説されてきたものの，その反面で，ドイツという国を担う国民について問うことはなく，血統的に同質だという民族至上主義に通底する観念が暗黙裡に前提とされていたことは否定できない。実際，軍国主義やユンカー支配を連想させるプロイセンについてすら，民主主義的発展を阻んだ要因として重視されても，それ自体が今日のポーランドの国土に大きく広がり，多民族的な人口構成を有していたことは軽視されがちだった。その意味で，表終-1 が示すように，ドイツでは多彩で大規模な移動が繰り返し起こり，移民という現象が例外的な出来事や一時的なエピソードではなくて，むしろ常態だったという歴史的事実や，その移民がグローバリゼーションの時代を迎え，国境の障壁が低くなった今日ではますますスケールを拡大しつつある現実に注目する意義は決して小さくないと思われる。

　それと同時に，移動が演じられた場としてのドイツの領土が安定しなかったことにも視線を向けることが不可欠であろう。「固有の領土」という言葉が常套句として語られるわが国では領土は固定的に考えられがちだが，国際的には一般的ではなく，むしろ日本に特有ともいうべきこの表現をあえて使うなら，ドイツについては，「『固有の領土』なきドイツ」（林 4）というのが適切かもしれない。実際，ヨーロッパの歴史を通観すれば，領土の変更は決して例外的な現象ではなかったといってよい。そしてドイツの場合，普仏戦争の勝利によりフランスからアルザス＝ロレーヌ地方を獲得して成立したビスマルクの帝国が，その後の二度の戦争により領土の一部を喪失し，国土が縮小する形で国境線が引き直されたのであった。被追放民に即して見たとおり，そうした国境の変更が大量の移動が起こった背景にあり，現代史で繰り返された強制移住の主要な事例として移民問題の枠組みに正しく位置づける必要がある。ドイツが分断されていた当時，追放は「タブー・テーマ」として蓋をされ，それを問題にすることは報復主義と同義として扱われたり，過去の反省を欠落した証拠と見做されたりしがちだった。しかし，ナチスの侵略と殺戮だけではなく，多くの悲劇を招いた事実がある以上，追放のプロセスについてもやはり正視することが求められよう。そればかりではない。第二次世界大戦後のドイツでは東西分断に伴って内部国境さえ引かれ，ベルリンの壁などで新たな悲劇を引き起こしたが，その「国境」もまたユーバージードラーという名の東から西に向かう集団を生みだしたのである。

一方，ドイツの地からは長期間にわたって膨大な数の人々がロシア，東欧，アメリカなどに移住した。そのうちでアメリカに渡ったドイツ系移民は現地の社会に融合していったが，ロシアなどでは特定の地域に集住し，ドイツ語はもとより，信仰，生活様式，習俗などを維持してきた。そのために彼らはマイノリティとして他から区別されるドイツ系住民となったが，ドイツ国内からは，国外の各地に生活する多数の独系人は在外ドイツ人として認識されたのである。その存在はドイツ国内で「東方への衝動」を強める要因になり，侵略の口実として利用された反面，ヒトラーの巨大生存圏の野望が第三帝国の瓦解とともに潰えた後，ドイツ系という理由による厳しい抑圧と差別に晒されることになった。そうした状態を背景にして，彼らの中から父祖の出身地であるドイツへの「帰還」を望む者が現れたのは不思議ではなく，西ドイツも戦後処理の一環として引き受ける方針をとったために，ドイツに特有な移民の集団が形成された。アオスジードラーがそれである。
　もっとも，現代ドイツの移民問題の中心に位置しているのはこれらの集団ではない。ドイツの移民について語る時，筆頭にあがるのはやはり外国人労働者であり，集団の大きさに照らせば，そのこと自体は誤りではない。わが国でも1980年代後半のバブル経済のころ，中小規模の企業では人手不足が深刻になり，外国人労働者に労働市場を開放すべきか否かが熱く議論された。また人口の少子・高齢化傾向が顕著になり，社会の関心が集まるようになって以来，経済活動の委縮や社会保障制度の行き詰まりへの懸念を下地にして，人口構造の歪みの是正が焦眉の課題とされ，その方策の一環として外国人の受け入れと定住の是非が改めて論議されるに至った。そうした背景から「外国人問題」として理解されたドイツの移民問題にも広く関心が向けられるようになり，トルコ系の集団を中心にして多数の移民が生活していることは一種の社会常識にもなっている。例えばガストアルバイターというドイツ語が会話の中でそのまま使われているのは，その何よりの証拠といえよう。
　しかしながら，これまで見てきたとおり，ドイツにおける外国人労働者はトルコ人が最初ではないし，労働力としての募集もガストアルバイターから始まったのではない。募集という点では労働輸入国に転換した時期からの長い歴史がドイツにはある。加えて外国人労働者という面では，戦時期に近隣諸国の民間人をはじめとして，膨大な数の戦争捕虜や囚人たちが動員された強制労働という忘れてはならない歴史がある。その意味で，一直線につな

がっているのではなくても，戦後の外国人労働者問題をそれ以前の問題と切り離して論じることはできないのである。

　また外国人労働者に視線を集中するのでは移民問題の一部しか視界に入らないことにも注意が必要であろう。例えばフランスのスカーフ問題はわが国でも広く知られているが，ドイツでも同種の問題が起こったように，事情は類似している（近藤潤三 (c) 281ff.）。そこにはイスラムと女性という二重の文脈が浮き出ている。このことは，移民を考える場合，宗教もしくは文化の側面とジェンダーの側面に注意を払わなくてはならないことを示しているといえよう。しかし，文化や性をめぐる紛争は，外国人労働者を受け入れた当時には生じなかった。なぜなら，その多くは壮健な男性であり，またムスリムであっても公共的空間での自己主張は抑制されていたからである。このことは，外国人問題の出発点が外国人労働者にあるとしても，その後の変容が大きいためにもはや外国人労働者問題と同一ではなくなっていることを示唆している。つまり，外国人労働者という枠組みで男性や労働者という面に光を当てるだけでは現実を逸するのであり，外国人労働者が時間の経過の中で多種多様な存在に分岐し，女性，子供，高齢者など幅広い人々を包括する外国人に変容したこと（トレンハルト 241），その外国人がさらに生活の拠点を固め，ドイツ社会への帰属性を強めて移民に変貌したことを直視することが求められるのである。

　ドイツにおける移民問題を広い視野で考えようとする時，このように来歴を異にする多彩で不均質な集団に視線を向けなくてはならなくなる。その複雑な構成がドイツ近現代史を貫く数々の屈折の帰結であることは，改めて指摘するに及ばないであろう。ドイツに限らず，移民問題は各国の歴史の展開と切り離せない。そのことは，わが国の場合，在日韓国・朝鮮人や南米の日系人の存在に照らしただけで明白になる。ただドイツの場合，複雑さが加重されていることは否定できないし，簡単に全体像を把握することができないために個別の集団に密着した形で議論が進められることになりやすいように思われる。

　この点は，実際の政策の面でも同じである。戦後のドイツでは移民に数えられる集団の相違に応じ，それぞれ異なる政策が採られ，別個の処遇が行われてきた。むしろより正確に表現すれば，移民という巨視的な視座が存在せず，個別の集団に対応する形で，当然のように脈絡のないまま政策が積み重

ねられてきたというべきであろう。この点に関しては，本書の序章で「外来民」という用語を使わざるをえなかった経緯に即して説明したとおりである。実際，外国人労働者とその家族の大部分は滞在がどれだけ長期化しても，またドイツで子供が出生した場合でも，いつまでも権利が制限され法的地位も強固とはいえない外国人として扱われた。こうした処遇に対しては，内外人平等を目指す立場から厳しい批判が浴びせられてきた。それにとどまらない。外国人とは違い，ポーランドやロシアから流入するアオスジードラーについては，入国すると手厚い支援が受けられたばかりか，簡単にドイツ国籍が与えられたのである。その結果，ドイツ語の話せないポーランド系ドイツ人の若者と並んで，ドイツで育った移民の子供でドイツ語が堪能なトルコ人の若者が出現するに至っているのが現実であり，こうした相違をあからさまな差別だとして非難する声が高まるのは避けられなかった。第8章の末尾で指摘したように，アオスジードラーは他の集団に比べて厚遇されていると見做され，しばしば「特権的移民」とすら呼ばれて問題視されたのである。このようにして各々の集団を別個に扱う体制では限界に達していることが明白になり，見直す必要について広範な一致が形成されるようになったのである。

　他方，ドイツではわが国に先んじて人口の少子高齢化傾向が自国の未来にかかわる主要問題として浮上した。というのは，低下傾向にあった出生率が1986年に一気に急落するとともに，高福祉を保障する福祉国家の持続可能性に暗雲が広がったからである。このような観点から移民に焦点が合わされるとき，人口の老化を減速させ，労働市場に人材を補充する役割が重視されたのは当然だったであろう。換言すれば，必要とされたのはマン・パワーであって，それがどの種類の移民の集団に属するのかは主要な事柄ではなかった（ミュンツ 256）。むしろ肝心なのは，どれだけの移民を受け入れる必要があり，また実際に可能なのか，労働市場，住宅市場，教育現場などに混乱を招かないためにはいかなる措置が求められるのか，受け入れが望まれる移民はいかなる技術や知識を具え，どの程度のドイツ語能力を有しているべきかなどの諸点であった。けれども，こうした議論が本格的に始まろうとしていた矢先に状況を一変させる激震が起こった。ドイツ分断に終止符が打たれ，悲願といわれながらも遠い将来に先送りされてきた統一が達成されたのである。

2. 移民国への転換

　東西ドイツの統一が実現したのは1990年10月3日のことである。その前年には東欧諸国で共産党政権が相次いで崩壊し、また翌年12月には共産圏の盟主だったソ連が消滅した。こうして戦後世界を重苦しく蔽いつづけてきた冷戦体制が解体し、第二次世界大戦終結以来の第一の戦後のあとに、冷たい戦争の終了に伴う第二の戦後が始まった。わが国の現代史を貫戦史というアプローチで多面的に描いた『戦後史』(岩波新書 2005年)のなかで中村政則はE.ホブズボームを参考にして、「1930年代から90年前後に至る約60年間」を「短い20世紀」と命名するとともに、他方で1989年から91年に至る激動の2年間を「戦後60年の歴史において最大の画期とみる」立場から、1973年から1990年までを「戦後の揺らぎ」、1990年以降を「戦後の終焉」と呼んで、分水嶺としての1990年の重要性を強調している。

　もちろん、これとは別の見方がありうるのは指摘するまでもない。例えば一国史的な視点から吉見俊哉はその著『ポスト戦後社会』(岩波新書 2009年)で1970年代半ばを区切りにして、それまでを戦後、その後をポスト戦後と捉えている。また高原基彰の『現代日本の転機』(NHK出版 2009年)では、1973年が転換点として位置づけられている。一方、グローバルなスケールで戦後経済の発展を鳥瞰した猪木正徳が、その著『戦後世界経済史』(中公新書 2009年)で1990年前後を特段の画期としていないことは、1990年を重視する視角では政治に重心があることを間接的な形で示唆していると考えられる。このようにわが国では1990年の位置は明確とはいえないが、この年が昭和の終焉とほぼ同時であり、昭和史として括られる一つの時代の終わりと重なっている影響で、分断を経験しなかったわが国でも1990年前後を重視する傾向が強いといえるであろう。けれども、分断から統一へと国家の在り方が劇的な形で転換したドイツではその意義が遙かに大きく、重要な画期として理解されているのは自明とすらいえよう。中村の認識では1990年を挟んでわが国では「揺らぎ」から「終焉」へと戦後が続くことになるが、ドイツでは統一によって文字通り戦後に終止符が打たれたのである。

　もっとも、ドイツで戦後について語る時、1945年の敗戦から1949年の「二重の建国」までの占領期を戦後として捉える立場が有力であることは付け加えておかねばならない。その代表例は、ボンにある連邦共和国歴史の家の

常設展示がこの4年間を世界大戦と分裂ドイツに挟まれた「戦後の歳月」と呼んでいることであろう。また近年の例としては，碩学W.ベンツの手になる2009年の『民主主義の負託』と2011年に公刊されたD.ホフマン『戦後時代』がある。この短い占領統治期の多様な動きが前者では「戦後社会」と銘打って叙述され，後者では分断に至る様々な側面が照射されている(Benz(a) 90ff.; Hoffmann)。こうした扱い方は，公式の占領終結と重なる1949年のドイツ分断がそれだけ重く，現代史上の主要な転機として捉えられていることを反映しているのは指摘するまでもないであろう。

とはいえ他方で，戦争終結からほどなくして冷戦体制の形成が始まり，ドイツ分断や朝鮮戦争など数々のピークを経て1990年前後に解体したという観点を重視するならば，ドイツについても1990年までを戦後として語ることが可能になる。T.ジャットが世評の高い『ポストウォー』（邦訳『ヨーロッパ戦後史』みすず書房 2008年）という簡潔な原題の著作でヨーロッパ現代史を通史的に手際よく叙述したのはこうした見方に基づいており，ドイツについて三島憲一が統一までの思潮を描いた書の表題を『戦後ドイツ』（岩波新書 1991年）としたのも同様である。さらに『ドイツ史の転換点』（晃洋書房 1992年）と題するC.シュテルンとH.A.ヴィンクラーの共編書で，1945年と1990年が書名通りに「転換点」として正面に据えられ，1949年に格別な扱いがされていないのも，M.フルブルックの要領の良い概説書『二つのドイツ 1945-1990』（岩波書店 2009年）と同じく，1945年から1990年までをひとつながりの戦後として捉える見方を表しているといえよう。

巨視的にみた場合，ドイツ現代史において1990年の東西統一は以上で述べた戦後の終焉という意味で決定的に重要だが，このことは21世紀を迎えてからますます明瞭になってきたといってよい。そのことは，差し当たり三つの面で指摘できるように思われる。第1は，国際社会での存在感を増し，政治大国化したことである。この変化は，分断された「特殊な国」から自己主張する「普通の国」への変貌として捉えることもできる。ドイツが分断されていた冷戦の時期には，NATOの一国として西ドイツはアメリカの従順なジュニア・パートナーであり，またヨーロッパの結合を強めてEUを作り出す過程でフランスの対等なパートナーの役割を演じてきた。しかし，シュレーダー首相がアメリカの推進するイラク戦争に公然と反対を唱えて「Noといえるドイツ」になったことを見せつけ，連邦軍を旧ユーゴやアフガニスタン

などNATO域外の紛争地域に派遣して大きな国際的責任を引き受けるようになったドイツは，もはやアメリカの単なるジュニア・パートナーではない。同様に，EU憲法制定過程で抵抗を排してドイツが担った主導的な役割や，ユーロ危機へのEUの取り組みでドイツが事実上の決定権を行使している姿を見れば，今日のドイツがもはやフランスの同等なパートナーではなく，優位にあることも明白であろう。冷戦時代にはナチスの罪責と分断の重石のため一種の政治的自己抑制が効いていたが，近年では協調を重視してはいるものの，抑制よりは自己主張が強まり，ドイツがいわばヨーロッパの盟主として行動する場面が増えてきている。同時にこれに照応して，アレンスバッハ研究所のTh.ペーターゼンが「思考の再国民化」を指摘しているように，普通の市民の間でも大国意識が強まりつつあるのが今日の姿だといってよい（Frankfurter Allgemeine Zeitung vom 20.7.2011；近藤潤三(e) 181ff.）。

第2に，福祉改革の面でも統一以降にドイツは大きく変化してきた。福祉国家としてはスウェーデンが広く注目を集めてきたが，ドイツもまた充実した福祉の実現した国として知られていた。けれども，経済のグローバル化が強まった統一以降のドイツは経済の停滞に直面し，高止まりした失業率に見られるように，一時は「ヨーロッパの病人」とすら呼ばれたこともあった。「産業立地の再構築」の掛け声の下，ドイツ産業の競争力強化を目指して福祉国家の改造に乗り出したのはそのためである。その代表例が2002年から2004年にかけてのハルツ改革と総称される一連の立法であり，頂点になったのは，それまでの失業扶助を廃止して新設された失業手当IIという制度だった。この改革を導いたのが，ブレアのイギリスと同様に，「ウェルフェアからワークフェアへ」という指針だったのはよく知られている。従来，G.エスピン=アンデルセンの類型化にしたがって，ドイツの福祉国家は保守主義モデルの代表例と見做されてきたが，これによってドイツ型福祉国家は自由主義モデルの方向にシフトしたのである（近藤正基(a) 271ff.）。

統一以降のこれらの変化を念頭に置けば，移民国への転換は第3の変化として位置づけることができよう。実際，移民問題の文脈で眺めても，ドイツ統一の年は主要な転換点になった点でやはり重要だといってよい。なぜなら，第1点として，冷戦終結と前後して国際的な人の流れが急拡大し，先進諸国の中でもとりわけドイツはその影響を強く受けたからである。このことは，庇護申請者やアオスジードラーが奔流のような勢いで国境を越えて流入

するようになったことを見ただけで明白であろう。また第2点として，これらの集団が突出するのと入れ替わるように一つの集団が姿を消したのも見落とせない。ドイツが東西に分断されていた当時，危険を冒して越境を企てる人々が存在し，時期によっては国際社会の注目を集めることもあった。そのユーバージードラーが統一に伴って消滅し，東ドイツの市民がドイツ人として西ドイツに編入されたのと同様に，普通のドイツ人に変わったのである。これら以上に重要な第3点は，1980年代後半以降，外国人政策の見直しが始まり，1990年に外国人法の大幅な改正として結実したことである。その背景には，多数の外国人が国内に定住し，「事実上の移民国」，「非公式の移民国」あるいは「宣言なき移民国」（Bade (c) 350; Straubhaar 9; トレンハルト 233）などと呼ばれて移民国状態になった実情を政府としても無視することが困難になったことがある。また新たに大きな集団として加わった庇護申請者を視野に入れるとともに，他方ではヨーロッパ統合が進化していく過程で欧州共同体 (EC) ないし欧州連合 (EU) 加盟国の外国人とそれ以外の国籍の外国人とが分化していくことも考慮して移民政策を構想する必要が強まったことも指摘しておかねばならない。現実の推移を後追いし，別個に扱われていた集団を分離した形のままに放置しておくのではなく，人口変動や経済発展のトレンドを見極め，長期的見通しに基づいて統一的に処遇するビジョンが求められるようになったのである。

　たしかにドイツが統一した当初は，そうした期待に逆行する潮流が高まったのは事実である。そしてこの逆流についても三つの注目点が指摘できる。第1点は，予想を大きく上回る庇護申請者の高波が押し寄せたために，パニックに似た反応が広く現出したことである。そのことは，統一直後から庇護申請者ばかりでなく，定住している外国人家族をも標的にした排外暴力事件が多発したことからも分かる（近藤潤三 (e) 302ff.; 野中）。わが国でもこれらについては頻繁に報道され，統一ドイツでネオナチが台頭しているという印象さえ強まった。有名な基本法16条の庇護権条項が激しい政争を経て改正されたのは，そうしたパニックの広がりを裏書きしていると見做しうる。また，庇護権の認定率が極めて低かったことも手伝い，庇護申請者の実態は豊かさを求める経済難民だとする見方が浸透したことが，暴力やパニックが拡大した土壌になった点も看過できない。

　しかし，問題は庇護申請者だけではなかった。第2点として指摘しなくて

はならないのは，統一に伴って消滅したユーバージードラーに関わる。なるほどこの集団は統一とともに公式には消去されたものの，東ドイツから西ドイツに移る人の流れが突如として途絶えたわけではなかった。ベルリンの壁の崩壊を挟んで東ドイツを立ち去った人々は膨大な数に上り，そのために東ドイツの人口は急減した。その多くが西ドイツに定着し，次第に周囲に溶け込んでいったのは間違いない。けれども，統一初期には以前から逼迫していた住宅市場を混乱に陥れたほか，労働市場にもなだれ込み，「オッシー」という蔑称で呼ばれて反感を買うことになった。その結果，統一の感激を冷却させ，社会全体の雰囲気を険悪にする主要な要因の一つにもなった。それを象徴するのが東西間のいわゆる「心の壁」であり，それはやがて東ドイツ地域でDDR当時を懐かしむ「オスタルギー」が浸透する土壌を作りだしたのである（近藤潤三(a) 114ff.; 近藤潤三(d) 306ff.）。

第3点はアオスジードラーについても環境が大きく変わったことである。ドイツ統一と前後してソ連や東欧諸国が民主化と市場経済化に向けて動き出したのは周知の事柄であろう。その移行はしばしば重大な混乱を招き，共産党の復調すら一部で見られたが，そのプロセスで各国のドイツ系住民に対する従来の抑圧が緩和されたので，彼らがドイツに移住する必然性は低下したはずだった。またそうした変化についての情報や知識が一般のドイツ市民に欠如していたとしても，ドイツ経済の停滞色が深まり，右肩上がりの成長神話が壊れて産業立地の再構築の掛け声が高まってくると，国内には悲観的な気分が漂うようになった（近藤潤三(a) 14ff.）。このような変化の中で，アオスジードラーについては従来から特権性が問題視されていたので，彼らに対する同情や共感は減退し，代わって，出身国での抑圧は単なる移住の名目にすぎず，実際には一般の外国人と違わない移民とみる人々が増大した。庇護申請者を実質的な経済難民と捉える多くの人々にとっては，彼らへの財政的支援は負担と感じられたが，アオスジードラーについても同様に受け止める市民が増え，彼らに注がれる眼差しは厳しさを増したのである。

このようにドイツ統一からしばらくの間に移民に関わる社会的気流は大きく変化した。また，それとは別に，ドイツに流入する移民の構成も，政策の見直しと相俟って大きな変化を呈すようになっている。それを示すのが表終-2である。これを見れば，ドイツ統一当時に主役の座にあった庇護申請者とアオスジードラーが大幅に縮小して首座から降りた反面，統一時点

表終-2　集団別に見たドイツ統一後の流入（1991 − 2010 年）

年度	EU加盟国民	家族呼び寄せ	アオスジードラー（家族含む）	ユダヤ系移民	庇護申請者	請負契約労働者	季節労働者	IT専門家	留学生
1991	128,142	—	221,995	—	256,112	51,771	128,688	—	—
1992	120,445	—	230,565	—	438,191	94,902	212,442	—	—
1993	117,115	—	218,888	16,597	322,599	70,137	181,037	—	26,149
1994	139,382	—	222,591	8,811	127,210	41,216	137,819	—	27,922
1995	175,977	—	217,898	15,184	127,937	49,412	176,590	—	28,223
1996	171,804	—	177,751	15,959	116,367	45,753	197,924	—	29,391
1997	150,583	—	134,419	19,437	104,353	38,548	205,866	—	31,123
1998	135,908	62,992	103,080	17,788	98,644	32,989	207,927	—	34,760
1999	135,268	70,750	104,916	18,205	95,113	40,035	230,347	—	39,905
2000	130,683	75,888	95,615	16,538	78,564	43,682	263,805	4,341	45,652
2001	120,590	82,838	98,484	16,711	88,278	46,902	286,940	6,409	53,183
2002	110,610	85,305	91,416	19,262	71,124	45,446	307,182	2,623	58,480
2003	98,709	76,077	72,885	15,442	50,563	43,874	318,549	2,285	60,113
2004	92,931	85,935	59,093	11,208	35,607	34,211	333,690	2,273	58,247
2005	89,235	53,213	35,522	5,968	28,914	21,916	329,789	—	55,773
2006	89,788	50,300	7,747	1,079	21,029	20,001	303,429	2,845	53,554
2007	91,934	42,219	5,792	2,502	19,164	17,964	299,657	3,411	53,759
2008	95,962	39,717	4,362	1,436	22,085	16,576	285,217	3,906	58,350
2009	98,845	42,756	3,360	1,088	27,649	16,208	294,828	2,465	60,910
2010	107,008	40,210	2,350	1,015	41,332	17,983	293,711	2,347	66,413

出所：Bundesamt für Migration und Flüchtlinge, Migrationsbericht des Bundesamtes für Migration und Flüchtlinge im Auftrag der Bundesregierung: Migrationsbericht 2010, Berlin 2012, S.42.

に新設された季節労働者の枠組みで多数の外国人がドイツで就労するようになったことや，将来のドイツでの就労が見込まれる留学生が増大していることが一目瞭然になるであろう。また従来，外国人増加の主因と目されてきた家族の呼び寄せによる移住が一般に想像されているほどには大規模ではないことや，近年では漸減傾向にあることも読み取れよう。

　これらの注目に値する多様な変動に照らしただけでも，ドイツ統一からしばらくは長期的見通しに立った移民問題の冷静な議論が困難になるのは避けられなかった。事実，マス・メディアの洪水のような報道で移民問題は政治の焦点に押し上げられ，論戦は過熱したが，多くは近視眼的で，一時的な感情に流される傾向が強かったのは否定できない。もちろん，逆流に抗して将来の主要問題を論議するように呼びかける声も存在した。K.J.バーデが発起人になった識者の提言書『60人のマニフェスト』（Bade(f)）が発表されたのはその好例であろう。そうした流れを受け継ぎ，統一初期の険悪化した雰

囲気に穏和さが戻ると,移民政策の統一的構想を巡る議論が静かに始められた。それには少子高齢化のトレンドが一段と進んだことが繰り返し報道されたことや,連邦議会に設置された人口変動の調査委員会が注目を浴びたことなどが寄与している(Enquete-Kommission „Demographischer Wandel")。その一方で,「事実上の移民国」化した現状に追いつくために1990年に行われた外国人法の抜本改正を起点にして,政府や政党のレベルでも移民法制の改革に向けた動きがスタートし,緩やかに進展することになった。例えば「ドイツは移民国ではない」という立場を堅持してきたコール政権も終盤にはこれに触れなくなっただけでなく,ドイツ人の枠を拡大する国籍法の改革に着手していたのである。

しかし,政治の場で移民法制の本格的改革が始まるのは,2000年代を迎えるころからになった(久保山 160f.)。それには戦後ドイツで初めて完全な意味の政権交代が起こった影響が大きい。1998年に発足したシュレーダー政権は社会民主党と緑の党の連立政権であり,とくに多文化社会に前向きな緑の党は移民政策の転換に積極的だった。そのため新政権が始動すると,選挙戦で公約の目玉に据えた国籍法の改正に乗り出したのである。政権発足後の州議会選挙で両党が連敗したため,結果としては国籍法改革は政権が意図した通りには進まなかったが,それでも条件付きながら二重国籍を容認したことや帰化の要件を緩和したことなどには大きな意義がある。これに続き,2000年からは国内で不足するIT専門家を導入することを主眼にしてグリーンカード制が政令で施行された。

こうして一種の地均しが進められたあとに来たのが,移民法の制定という大きな改革である。その起点になったのは,2000年に連邦政府のもとに移民委員会が設置されたことである。移民法の成立過程や内容については機会を改めて考察するが,2001年に移民委員会が報告書で行った提言を下敷きにし,2004年に至って難航の末に成立に漕ぎつけた同法によって,1990年代から提起されていた移民政策の統一的コンセプトがひとまず実現した形になった(近藤潤三(c) 107ff.)。与党の社会民主党と最大野党のキリスト教民主同盟(CDU)・社会同盟(CSU)との「非公式の大連立」により合作として成立した移民法の骨格は,2005年に両党から成るメルケル大連立政権に代わってからも大きな変更はない。さらに2009年にはキリスト教民主同盟・社会同盟と自由民主党(FDP)が連立を組む第2次メルケル政権がスタートしたが,この

時期になっても，移民法は変わることなく堅持されている。

　他方，移民法に基づいて全国に統合コースが開設され，定住を望む者や新規に移住した者にドイツ語習得を課すことによって社会統合を支援する体制が組まれている。そこには支援だけでなく，福祉国家改革の代名詞となったハルツ改革の骨子である「支援と要求」の論理が貫かれており，ドイツ語などの学習を要求している点に特徴がある。また2006年からは首相の提唱で毎年統合サミットが開催されるようになり，政界，経済界，社会団体の指導的立場にある人々が移民組織の代表と政策を協議する場が設けられた。従来，移民は政策の対象であっても自らは立案に参加していなかったことを思えば，移民団体の代表を対等な主体として協議に取り込んだことに重要な意義があるのは明白であろう。こうして1990年のドイツ統一と前後して外国人法が抜本改正されて以来，国籍法改正，移民法制定，統合サミット設置などが続き，非移民国を建前としてきたドイツでは移民国に向けてのパラダイム・シフトが進行している(Bade (d) 2)。ポイント制をはじめとする明確な指針に基づいて定住を想定して外国人を受け入れ，同時に移住した人々が対等な市民として社会に参加するのを支援する施策が用意されている国を移民国と呼ぶならば，ドイツは移民国の方向に大きく歩を進めているといってよいのである。

　メルケル首相自身は党首を務めるキリスト教民主同盟とともに2007年以来ドイツを「統合の国」と規定し，政治的師匠であるコール政権当時とは明確に一線を画している。また移民問題を重視する姿勢は，連邦政府でそれを担当する特別代表のポストにM.ベーマーを配し，そのポストを国務大臣に格上げしたことにも表れている(前田 223)。他方で，2010年にはドイツ連銀理事の要職にあったザラツィンの移民排撃論をめぐって論争が白熱した際に，メルケルは「多文化主義は失敗した」と明言し，ホスト社会と移民が交わらない「平行社会」をもたらしたとして多文化主義の誤りを厳しく指弾している。その立脚点が多文化主義に対抗して打ち出された保守的な「主導文化」を支持するところにあるのか否かは明確ではない。しかし，背景に「多文化社会の構想が今日では総じて不評を買い，軽蔑的な意味で引き合いに出される」風潮があり(Schönwälder 315)，寛容の国として知られた隣国オランダが不寛容に旋回した実例などによってそれが増幅されていたとしても(水島 152ff.)，メルケル自身には移民法の基本的枠組みを変更することが念頭にな

いのは確かであろう。また事実上の連立によって移民法を成立させたキリスト教民主同盟と社会民主党については当然としても，その他の政党からも移民法の抜本改正を要求する動きが出てきていないことは，その骨格に関して幅広い政治的合意が形成されていることを物語っている。移民法が移民国への主要な里程標だとすれば，それを支えるコンセンサスの面でもドイツは移民国に転換したといって間違いないのである。

　それとの関連で，もっとも新しい二つの動きにも一言しておこう。

　一つは国外移住である。移民国について語る時，視線は国内に流入する人々に集中しがちだが，第2章で説明したように，ドイツには大量の移民を国外に送り出した長い歴史がある。たしかに外国に移住する人の流れは20世紀になって小さくなり，それとともに関心が払われることも少なくなった。それでも第二次世界大戦後に高度成長が軌道に乗る以前には，1952年の9万人をピークにして1948年から1961年までに総計で77万9700人のドイツ人が祖国を後にして移住した(Bade/Oltmer(b) 70)。そうした趨勢はドイツが経済の奇跡によって豊かになり，失業問題が解消されたことによって沈静していた。しかし，冷戦終結後に経済のグローバル競争が強まり，人の移動が活発化する一方で，ドイツ経済が長く停滞したことを背景にして再び高まる気配を見せている。そのことは，2012年末に公表された連邦移民難民庁の年次報告書で頭脳流出に焦点を当てる形でドイツ人の国外流出問題が取り上げられているのをはじめとして(近藤潤三(i))，マス・メディアで頻繁に報道されるようになってきていることからも窺えよう。それどころか，ベルリン人口・開発研究所が2011年に刊行した『国民の人口学的状態』では，8つの主要動向の一つとして「移民国から移民が流出する」という現象に注意が喚起されており，ドイツ人のみならず，移民自身も流出する局面になったことが重視されている(Berlin-Institut für Bevölkerung und Entwicklung 19)。こうした面からみれば，移民国へのドイツの転換が移民流出国への転換と表裏一体であることを見過ごすことはできないのである。

　もう一つは，人口変動に関する取り組みが本格化しつつあることである。メルケル政権が登場して以来，従来のキリスト教民主同盟・社会同盟では想像できなかったような家族政策が推進されるようになっている。それを主導したのはメルケルによって起用されたフォン・デア・ライエン労働社会相などの女性閣僚であり，動力を与えたのは人口変動に対する社会の広範な危機

感だったといってよい。ワーク・ライフ・バランスや就学前保育の拡充などが彼女の主導で打ち出され，福祉国家の保守主義モデルの核心である男性稼得者モデルからの脱却が進められているのがその主要な事例といえる(近藤正基(b) 203f.)。けれども，多方面で努力が重ねられているにもかかわらず，依然として少子高齢化に歯止めがかかるまでには至っていない。そうした現状を踏まえ，2011年に連邦内務省が公表した第1回人口報告書を伏線にして(Bundesministerium des Innern(b))，2012年10月に連邦政府のもとに設置されたのが人口会議である。これにはメルケル首相を中心に連邦政府の関係閣僚，州政府の代表，労使団体トップのドイツ使用者団体連盟(BDA)やドイツ労働総同盟(DGB)の会長などが参加し，包括的な人口政策を策定することになったのである。そこにはいくつかの柱があるが，その一つが移民の導入であることは指摘するまでもない。しかも積極的な受け入れと並行して，「歓迎文化の醸成」が課題とされていることは，移民法で開かれた間口がいまだ狭すぎ，同時に国民の姿勢も前向きではないという認識が前提になっていることを示している。「歓迎文化」という新語はこのところ人口に膾炙され，多方面で使われるようになっているが(Heckmann(c) 2)，そうした社会的気流を背景にして会議で包括的政策がまとまれば，移民法で敷かれた軌道の上で受け入れの拡大が図られる公算が大きくなっており，移民国への転換がますます進展していくことになるものと予想されるのである。

　そうだとするなら，なぜドイツは移民国への転換が可能であったのか，その理由や条件などが問われなくてはならないであろう。また，そこに到達するまでの道程が曲折に満ちていたことを想起すれば，その転換過程についても一考する必要がある。そればかりではない。近年，「平行社会」の危険が声高に唱えられ，様々な形で現出するイスラム問題などが不安視されている統合の現状についても，統合コースの成果と問題点などと合わせて一瞥することが不可欠であろう。けれども，ドイツ統一が移民政策の面でも転換点であるとの認識に基づき，その時点までの移民問題の歴史的展開を叙述することを目的にした本書では，これらの課題に取り組むことはできない。機会を改めてそれらの考察を続けることにしたいと思う。

あとがき

　本書を書き進めていた2012年12月に総選挙が行われ，2009年に続く政権交代となった。その結果を自民党の圧勝とみるか，それとも民主党の自滅と捉えるかで評価は大きく違ってくる。しかし，本書の観点からは，与野党の逆転劇もさることながら，選挙の過程で移民政策が全く問われなかったことに隠れた注目点があるように思われる。ドイツと日本はともに世界で少子高齢化の最先端に立っているが，それをめぐって社会に広がった危機感は，ドイツの場合，移民国に転換する主要な推進力になり，移民国に照応した新たなコンセンサスの土台にもなっている。その転換プロセスは曲折が多く，長い時間を要したものの，非移民国を標榜してきたドイツはひとまず移民国に到達したといえるだろう。そのドイツに視点を据えると，わが国でも人口トレンドに関しては同種の危機感が広範に醸成されているにもかかわらず，総選挙のたびに移民問題は素通りされていることが明白になってくる。なぜこの国では政党の側の反応は鈍いのだろうか。それはそもそも政党レベルの問題なのだろうか。あるいは人口トレンドへの危機感にもかかわらず，有権者の間に移民アレルギーともいうべきネガティブな姿勢や変化への抵抗感が根強く存在するのだろうか。

　いずれにせよ，わが国との共通面が多いと考えられているドイツは，移民問題に関しては全く異なる地点に位置している。このことは，歴史的経緯の面でも現在の到達点でも当てはまる。本書はそのうちの前者，すなわち歴史的経緯に重心を置き，ドイツが流入であれ流出であれ大規模で多彩な移動の国だったことを明らかにしようとしたものである。移民問題は各国固有の歴史に深く関わっており，今日の移民政策の意義を理解するためにはそれぞれの歴史的背景を一瞥することが不可欠になる。また，他国から政策面で学ぼうとする場合にも，成果や問題点とその原因を把握してかかることが必要とされる。それらは当該国の特有の事情に規定されているので，安直な模倣は論外だからである。こうしたことを念頭に置き，本書は今日までのドイツの移民史を概観することを狙いにしている。その際，全体を3つの時代に区分する視点から，第1の1945年までの近代史と第2の1990年までの戦後史を併せてひとまず現代史として一括したうえで，主要な集団に即して個別に概略を叙述している。第3の現代は本書で扱うことができなかったが，これについ

ては他日を期したい。

　本書の土台として利用したのは，著者がこれまでに公刊した3冊の著作である。2002年の『統一ドイツの外国人問題』，2007年の『移民国としてのドイツ』，2010年の『東ドイツ(DDR)の実像』がそれである。それらから一部を転用した上で，公刊後に接した文献などを活用して補正し，3時代区分に合致するように組み直して本書は出来上がった。したがって，上記の著作を手に取ったことのある読者は，以前にどこかで読んだことがあるという感想をもたれるかもしれない。それは論点や事例が同一だから当然のこととというべきであろう。新しい研究にも可能な範囲で目を通したが，テーマが細分化して記述が詳細にわたり，新たな資料やデータなどが付け加わっているものの，論旨を修正する必要はほとんど感じられなかった。その意味では，著述が増大して蓄積が増しているように見えるにもかかわらず，研究水準そのものは日進月歩という状態ではないように思われる。

　それはさておき，現にあるような形で本書を出版する計画は，元来，著者にはなかった。2011年3月末で著者は定年となり，2013年3月末に多年勤務した愛知教育大学を最終的に退職したが，移民に関する研究は継続するつもりではあっても，主要なテーマが別にあり，それに力を注ぐことを予定していたからである。しかし，10年以上前に『統一ドイツの外国人問題』を公刊した時から簡略な本を書くように勧められ，『移民国としてのドイツ』を世に問うてからは何人もの友人に概説書の出版を促されるようになった。また，わが国での移民研究の現状をみるにつけ，ドイツ研究の文脈だけで移民を論じるのではなく，広い視野で移民問題を考察する手掛かりになるような一書が必要だと考えるようにもなった。その結果，主要テーマと並行する形で進めてきた作業が一足先に本書となって日の目を見ることになったのである。

　こうした事情により，本書ではドイツ近現代史に関する基礎的な知識があれば，さほど困難なく通読できるように配慮したつもりである。また，専門書なら必要とされる注を一切付けなかったのも，著者なりに平明さを心がけた結果である。ただ，関心を深めたい読者を想定して，本文のなかに必要な限りで関連文献を挙げ，巻末に文献リストを載せておくことにした。より詳しい説明については，上記の著作を参照していただければと思う。

　ついでながら，移民関係はもとより，政党政治，雇用や格差，東ドイツとシュタージ関係など，これまでの研究では多様な分野のドイツ語文献を大量

に利用してきた。そのうちで著者の手許にあるもののなかには，連邦と州の政府刊行物や研究機関，政党，社会団体の出版物など市販されていないものがかなり含まれている。それらは長期にわたり様々な方途で収集したものだが，退職に際し，一般の書店では入手の難しい著作に限定して，多くを愛知教育大学附属図書館が受け入れることになった。パンフレット類は残念ながら廃棄したが，それでも総数で恐らく2000冊程度にはなる。分類整理が済むまでには相当の日時を要すると思われるが，現代ドイツ研究の礎石にもなるので，関心のある読者の活用を願っている。また教員養成系という制約に加え，収蔵スペースと人手の不足で引き受けが困難な中，ドイツ関係文献の価値に理解を示された図書館関係者に敬意を表したい。

移民問題の研究途上では，移民・異文化研究所(IMIS)のあるオスナブリュックでしばらく過ごした。観光名所のないありふれた地方都市だが，それだけに緑豊かな静かで落ち着いた佇まいが，お世話になった方々の顔とともに懐かしく思い出される。ここではドイツの移民研究を牽引してきたバーデ，オルトマー，ヴェンツェル，故ボンメス教授の名前のみ感謝を込めて挙げるにとどめたい。さらにいろいろご教示いただいたニュルンベルクの連邦移民難民庁，バンベルク大学移民研究ヨーロッパ・フォーラム，エッセン大学トルコ研究センター，フライブルク大学ヨハネス・キュンツィヒ研究所のスタッフをはじめとして，各地の移民関係機関にも深謝しなければならない。そのほかにも多彩なテーマと自由闊達な議論でともすれば狭くなりがちな視野を広げてくれた研究会の仲間にもお礼の気持ちを伝えたいと思う。

本書の作成過程ではドイツを専門としない方々に草稿を読んでもらい，難解な個所などを指摘していただいた。閲読の労をとられた井上恵子さん，中川鈴子さん，加納綾香さんに感謝申し上げる。また，氷河期ともいわれる厳しい出版事情にもかかわらず，これまで同様，本書の出版を木鐸社に引き受けていただいた。毎回同じ言葉で恐縮ではあるが，なにかとご面倒をおかけした坂口節子さんにいま一度お礼を申し述べたい。

最後になったが，来し方を振り返り，家族には今日まで長いあいだ物心両面で支え続けてくれたことに心から感謝の言葉を贈りたい。妻・和子が生活万般を惜しみなく支援してくれなければ，大学での職務をこなすのに難渋しただろうし，研究に集中することが不可能だったのは間違いない。本書をこうして上梓できるのもひとえに妻の尽力のゆえであり，この著作も正確には

二人の合作というべきであろう。また，3人の息子たちも立場が変わり，いつの間にか父親に助言や手助けをする役割を受け持つようになった。とくに父親と同じ道に進み，ドイツを研究の主たるフィールドに選んだ長男の強い慫慂がなかったなら，本書に着手する決断は難しかったように思われる。前途に難問が山積していても，息子たちが労苦をいとわず前を見つめて充実した人生を歩んでいくことができれば，それを見守るだけで励みになり，元気が湧いてくる。さらに社会の中堅になってきた卒業生たちが各々の持ち場で努力している様子を見聞きするにつけ，将来に向けた知的な基盤作りにささやかでも貢献したいという思いが強まってくる。周囲からのそうした刺激を活力源にし，これからも妻と支えあいながら，目指す遠くの峰にゆっくりでもたゆまず近づいていきたい。瀬戸内のうららかな春の陽光に包まれて，そうした希望が心中に萌えでてくるのを感じている。

2013年4月13日
妻の故郷・小豆島にて
近藤潤三

参照した文献一覧

* 以下の一覧に掲げるのは本書で用いた文献に限定してあり，基本的な文献・資料でも本書で直接利用しなかったものは省略してある。

* **欧文文献**

Adams, Willi Paul, Deutsche im Schmelztiegel der USA, Berlin 1994.
Ahlheim, Klaus/Bardo Heger/Thomas Kuchinke, Argumente gegen den Haß, Bd.1, Bonn 1993.
Ammer, Thomas, Flucht aus DDR, in: Deutschland Archiv, H.11, 1989.
Amt für multikulturelle Angelegenheiten der Stadt Frankfurt a.M., Ferne Deutsche, Frankfurt a.M. 1992.
Angenendt, Steffen, Deutsche Migrationspolitik im neuen Europa, Opladen 1997.
Aust, Stefan/Stephan Burgdorff, hrsg., Die Flucht, Stuttgart 2003.
Bade, Klaus J.(a), Vom Auswanderungsland zum Einwanderungsland?, Berlin 1983.
Bade, Klaus J.(b), Ausländer, Aussiedler, Asyl, München 1994.
Bade, Klaus J.(c), Europa in Bewegung, München 2002.
Bade, Klaus J.(d), Nationaler Integrationsplan und Aktionsplan Integration NRW, Vortrag, Düsseldorf 2007.
Bade, Klaus J.(e), Kritik und Gewalt, Schwalbach 2013.
Bade, Klaus J.(f), hrsg., Das Manifest der 60: Deutschland und die Einwanderung, München 1994.
Klaus J.Bade/Jochen Oltmer(a), hrsg., Aussiedler: deutsche Einwanderer aus Osteuropa, Osnabrück 1999.
Bade, Klaus J./Jochen Oltmer(b), Normallfall Migration, Bonn 2004.
Bade, Klaus J./Jochen Oltmer(c), Deutschland, in: Klaus J.Bade u.a., hrsg., Enzyklopädie Migration in Europa, München 2007.
Die Beauftragte der Bundesregierung für Ausländerfragen, Daten und Fakten zur Ausländersituation, 17.Aufl., Bonn 1998.
Die Beauftragte der Bundesregierung für Migration, Flüchtlinge und Integration, 9.Bericht der Beauftragte der Bundesregierung für Migration, Flüchtlinge und Integration über die Lage der Ausländerinnen und Ausländer in Deutschland, Berlin 2012.
Beer, Mathias, Flucht und Vertreibung der Deutschen, München 2011.
Behörde für Schule, Jugend und Berufsbildung der Freien und Hansestadt Hamburg, hrsg., Fremd im eigenen Land, Hamburg 1993.

Beitz, Wolfgang G., Versöhnung über Grenzen, Bonn 1991.
Benz, Wolfgang(a), Auftrag Demokratie, Berlin 2009.
Benz, Wolfgang(b), Fünfzig Jahre nach der Vertreibung, in: Wolfgang Benz, hrsg., Die Vertreibung der Deutschen aus dem Osten, Frankfurt a.M.1995.
Berlin-Institut für Bevölkerung und Entwicklung, Die demografische Lage der Nation, Bonn 2011.
Beyer, Heidemarie, Entwicklung des Ausländerrechts in der DDR, in: Manfred Heßler, hrsg., Zwischen Nationalstaat und multikultureller Gesellschaft, Berlin 1993.
Betriebsgesellschaft BallinStadt, BallinStadt: Das Auswanderermuseum Hamburg, Hamburg o.J.
Bingen, Dieter, Die deutsch-polnischen Beziehungen nach 1945, in: Aus Politik und Zeitgeschichte, B5-6/2005.
Böddeker, Günter, Die Flüchtlinge, Frankfurt a.M. 1985.
Boll, Klaus, Kultur und Lebensweise der Deutschen in der Sowjetunion und von Aussiedlern in der Bundesrepublik Deutschland, München 1991.
Born, Joachim/Sylvia Dickgießer, Deutschsprachige Minderheiten, Mannheim 1989.
Borodziej, Wlodzimierz, Polen und Deutschland seit 1945, in: Aus Politik und Zeitgeschichte, B53/ 1997.
Bosch, Anton, Nemzy – die Deutschen in der Sowjetunion, in: Bernd G.Längin, hrsg., Die Deutschen in der UdSSR: einst und jetzt, Bonn 1989.
Brandes, Detlef, Die Deutschen in Rußland und der Swjetunion, in: Klaus J.Bade, hrsg., Deutsche im Ausland – Fremde in Deutschland, München 1992.
Brieden, Thomas, Die Bedeutung von Konflikten im Herkunftsland für Ethnisierungsprozesse von Immigranten aus der Türkei und Ex-Jugoslawien, in: Forschungsinstitut der Friedrich-Ebert-Stiftung, Ethnisierung gesellschaftlicher Konflikte, Bonn 1996.
Bundesamt für Migration und Flüchtlinge, Migrationsbericht des Bundesamtes für Migration und Flüchtlinge im Auftrag der Bundesregierung: Migrationsbericht 2010, Berlin 2012.
Der Bundesminister des Innern, Eingliederung der Vertriebenen, Flüchtlinge und Kriegsgeschädigten in der Bundesrepublik Deutschland, Bonn 1982.
Bundesministerium der Justiz, Im Namen des Volkes, Leipzig 1994.
Bundesministerium des Innern(a), Aufzeichnung zur Ausländerpolitik und zum Ausländerrecht in der Bundesrepublik Deutschland, Bonn 1991.
Bundesministerium des Innern(b), Demografiebericht, Berlin 2011.
Bundesministerium für Familie, Senioren, Frauen und Jugend, Familien ausländischer Herkunft: Sechster Familienbericht, Berlin 2000.
Bundesministerium für gesamtdeutsche Fragen, Die Flucht aus der Sowjetzone und die

Sperrmaßnahmen des kommunistischen Regimes vom 13.August 1961, Bonn 1961.
Bundesministerium für Vertriebene, Flüchtlinge und Geschädigte, Die Flucht aus der Sowjetzone, Bonn 1965.
Bundeszentrale für politische Bildung, Zwangsumsiedlung, Flucht und Vertreibung 1939-1959, Bonn 2010.
Bürgel, Tanja, „Scheidung ist doch ganz normal": Frauen, Familie, Generationen in Ostdeutschland, in: Christoph Potting/Conrad Lay, hrsg., Gemeinsam sind wir unterschiedlich, Bonn 1995.
Chapin, Wesley D., Germany for the Germans?, Westport 1997.
Cornelsen, Dori, Die Volkswirtschaft der DDR, in: Werner Weidenfeld/Hartmut Zimmermann, hrsg., Deutschland-Handbuch: eine Bilanz 1949-1989, München 1989.
Cu, Nguyen Trong, Situation der VietnamesInnen in der ehemaligen DDR, in: Forschungsinstitut der Friedrich-Ebert-Stiftung, Ausländer im vereinten Deutschland, Bonn 1991.
Czaja, Herbert, Die Charta der deutschen Heimatvertriebenen vom 5.August 1950, 2.Aufl., Bonn 1995.
Dahlmann, Dittmar, „Operation erfolgreich durchgeführt", in: Robert Streibel, hrsg., Flucht und Vertreibung, Wien 1994.
Dennis, Mike, Die vietnamesischen Vertragsarbeiter und Vertragsarbeiterinnen in der DDR, in: Karin Weiss/Mike Dennis, hrsg., Erfolg in der Nische?, Münster 2005.
Dietz, Barbara/Peter Hilkes(a), Deutsche in der Sowjetunion, in: Aus Politik und Zeitgeschichte, B50/1988.
Dietz, Barbara/Peter Hilkes(b), Integriert oder isoliert?, München 1994.
Djekovic, Liliana/Hermann Gross, Der Beitrag der Vertriebenen und Flüchtlinge zum Wiederaufbau der deutschen Wirtschaft, in: Marion Frantzioch/Odo Ratza/Günter Reichert, hrsg., 40 Jahre Arbeit für Deutschland – die Vertriebenen und Flüchtlinge, Frankfurt a.M.1989.
Dorbritz, Jürgen /Wolfram Speigner, Die Deutsche Demokratische Republik – ein Ein- und Auswanderungsland?, in: Zeitschrift für Bevölkerungswissenschaft, Jg.16, H.1, 1990.
Dralle, Lothar, Die Deutschen in Ostmittel- und Osteuropa, Darmstadt 1991.
Eisfeld, Bernd, Flucht und Ausreise – Macht und Ohnmacht, in: Eberhard Kuhrt, hrsg., Opposition in der DDR von den 70er Jahren bis zum Zusammenbruch der SED-Herrschaft, Opladen 1999.
Eisfeld, Alfred(a), Die Rußlanddeutschen, München 1992.
Eisfeld, Alfred(b), Die Deutschen in Rußland gestern und heute, in: Bernd G.Längin, hrsg., Die Deutschen in der UdSSR: einst und jetzt, Bonn 1989.
Eisfeld, Alfred(c), Deutsche Autonomiebewegung in der Sowjetunion, in: Boris Meissner/ Helmut Neubauer/Alfred Eisfeld, hrsg., Die Rußlanddeutschen: gestern und heute, Köln

1992.

Elsner, Eva-Maria/Lothar Elsner(a), Ausländerpolitik und Ausländerfeindschaft in der DDR, Berlin 1994.

Elsner, Eva-Maria/Lothar Elsner(b), Zwischen Nationalismus und Internationalismus: Über Ausländer und Ausländerpolitik in der DDR 1949-1990, Rostock 1994.

Enquete-Kommission „Demographischer Wandel", Herausforderungen unserer älterer werdenden Gesellschaft an den Einzelnen und die Politik, Bundestagsdrucksache 13/11460, 1998.

Ette, Andreas/Leonore Sauer, Auswanderung aus Deutschland, Wiesbaden 2010.

Feige, Michael, Vietnamesische Studenten und Arbeiter in der DDR und ihre Beobachtung durch das MfS, Magdeburg 1999.

Feist, Peter, Die Berliner Mauer 1961-1989, Berlin 1997.

Fenske, Hans, International migration: Germany in the eighteenth century, in: Central European History, Vol.13, No.4, 1980.

Fischbach, Günter, hrsg., DDR-Almanach '90, Stuttgart 1990.

Flemming, Thomas/Hagen Koch, Die Berliner Mauer, Berlin 2001.

Frantzioch, Marion/Odo Ratza/Günter Reichert, hrsg., 40 Jahre Arbeit für Deutschland – die Vertriebenen und Flüchtlinge, Frankfurt a.M.1989.

Frantzioch-Immenkeppel, Marion, Die Vertriebenen in der Bundesrepublik Deutschland, in: Aus Politik und Zeitgeschichte, B28/1996.

Funcke, Liselotte(a), Wie lange ist ein Zuwanderer „Ausländer"?, in: Wahid Wahdatehagh/Shahram Iranbomy, hrsg., Einwanderbares Deutschland, Frankfurt a.M. 1991.

Funcke, Liselotte(b), Erfahrungen einer Ausländerbeauftragten, in: Haus der Geschichte der Bundesrepublik Deutschland, hrsg., Heimat: Vom Gastarbeiter zum Bürger, Bonn 1996.

Ganß, Gabriele/Karl-Peter Krauß, Spätaussiedlerinnen und Spätaussiedler kommen zu uns, Stuttgart 1992.

Geiger, Hansjörg, Vortrag, in: Protokoll der 69.Sitzung der Enquete-Kommission „Aufarbeitung von Geschichte und Folgen der SED-Diktatur in Deutschland" vom 11.4.1994.

Green, Simon, Zwischen Kontinuität und Wandel, in: Manfred G.Schmidt/Reimut Zohlnhöfer, hrsg., Regieren in der Bundesrepublik Deutschland, Wiesbaden 2006.

Gretzschel, Matthias, Hamburg und Dresden im Dritten Reich, Hamburg 2000.

Grube, Frank/Gerhard Richter, Flucht und Vertreibung, Hamburg 1980.

Gries, Rainer/Silke Satjukow, Wir sind Helden: Utopie und Alltag im Sozialismus, Erfurt 2008.

Gruner-Domić, Sandra, Beschäftigung statt Ausbildung: Ausländische Arbeiter und Arbeiterinnen in der DDR, in: Jan Motte, hrsg., 50 Jahre Bundesrepublik−50 Jahre Einwan-

derung, Frankfurt a.M. 1999.
Gündisch, Konrad, Die Siebenbürger Sachsen, Bonn 1994.
Ha, Vu Thi Hoang, Schul- und Berufssituation vietnamesischer Kinder und Jugendlicher in den neuen Bundesländern, in: Forschungsinstitut der Friedrich-Ebert-Stiftung, Chancengleichheit für ausländische Jugendliche, Bonn 1994.
Habel, Franz Peter, Die Sudetendeutschen, München 1992.
Habenicht, Gottfried, hrsg., Flucht und Vertreibung: 50 Jahre danach, Freiburg 1995.
Heckmann, Friedrich (a), Is there a migration policy in Germany?, in: Friedrich Heckmann/ Wolfgang Bosswick, ed., Migration policies, Stuttgart 1995.
Heckmann, Friedrich (b), 50 Jahre Integrationspolitik in Deutschland?, efms Paper Nr.5, 2010.
Heckmann, Friedrich (c), Willkommenskultur was ist das, und wie kann sie entstehen und entwickelt werden?, efms Paper Nr.7, 2012.
Herbert, Ulrich (a), Geschichte der Ausländerbeschäftigung in Deutschland 1880 bis 1980, Berlin 1986.
Herbert, Ulrich (b), Geschichte der Ausländerpolitik in Deutschland, Bonn 2003.
Hertle, Hans-Hermann, Die Berliner Mauer, Bonn 2011.
Hilkes, Peter (a), Nur ein bedingter Handlungsspielraum, in: Globus, H.3, 1991.
Hilkes, Peter (b), Zur Sprachsituation der Rußlanddeutschen, in: Info-Dienst Deutsche Aussiedler, Nr.36, 1992.
Hochstadt, Steve, Migration in preindustrial Germany, in: Central European History, Vol.16, No.3, 1983.
Hoffmann, Dierk, Nachkriegszeit, Darmstadt 2011.
Hollifield, James F., Ideas, institutions, and civil society, in: IMIS-Beiträge, H.10, 1999.
Ingenhorst, Heinz, Die Rußlanddeutschen: Aussiedler zwischen Tradition und Moderne, Frankfurt a.M. 1997.
Jacobmeyer, Wolfgang, Ortlos am Ende des Grauens, in: Klaus J. Bade, hrsg., Deutsche im Ausland—Fremde in Deutschland, München 1992.
Jajesniak-Quast, Dagmar, „Proletarische Internationalität" ohne Gleichheit, in: Christian Th. Müller/Patrice G. Poutrus, hrsg., Ankunft—Alltag—Ausreise, Köln 2005.
Jamin, Mathilde, Die deutsch-türkische Anwerbevereinbarung von 1961 und 1964, in: Mathilde Jamin, hrsg., Fremde Heimat, Essen 1998.
Jasper, Dirk, Ausländerbeschäftigung in der DDR, in: Marianne Krüger-Potratz, Anderssein gab es nicht: Ausländer und Minderheiten in der DDR, Münster 1991.
Judt, Matthias, Aufstieg und Niedergang der „Trabi-Wirtschaft", in: Matthias Judt, hrsg., DDR-Geschichte in Dokumenten, Berlin 1998.
Just, Dieter/Peter Casper Mülhens, Ausländerzunahme: Objektives Problem oder Einstel-

lungsfrage?, in: Martin Frey/Ulf Müller, hrsg., Ausländer bei uns, Bonn 1982.
Kanein, Werner/Helmut Rittstieg, Deutsches Ausländerrecht, 3.Aufl., München 1987.
Kleff, Hans-Günter, Die Bevölkerung türkischer Herkunft in Berlin-Kreuzberg, in: Forschungsinstitut der Friedrich-Ebert-Stiftung, Ghettos oder ethnische Kolonien?, Bonn 1998.
Kleffner, Heike, Nicht mehr gebraucht: Die vietnamesischen DDR-VertragsarbeiterInnen in der BRD, in: BUKO-Arbeitsschwerpunkt Rassismus und Flüchtlingspolitik, hrsg., Zwischen Flucht und Arbeit, Hamburg 1995.
Kleinert, Uwe, Die Flüchtlinge als Arbeitskäfte, in: Klaus J.Bade, hrsg., Neue Heimat im Westen, Münster 1990.
Klemt, Georg, Organisatorische Aspekte der Aufnahme und Unterbringung der Vertriebenen, in: Marion Frantzioch/Odo Ratza/Günter Reichert, hrsg., 40 Jahre Arbeit für Deutschland – die Vertriebenen und Flüchtlinge, Frankfurt a.M.1989.
Köhler, Günter, Notaufnahme, Berlin 1991.
Kotzian, Ortfried, Modelversuch Aussiedler: Die Deutschen in den Aussiedlungsgebieten: Herkunft und Schicksal, Bd.2, Dillingen 1991.
Krakat, Klaus, Handwerk und Gewerbe, in: Horst Möller u.a., hrsg., Lexikon des DDR-Sozialismus, Bd.1, Paderborn 1997.
Krüger-Potratz, Marianne, Anderssein gab es nicht: Ausländer und Minderheiten in der DDR, Münster 1991.
Kunschner, Friedhelm, Zwischen zwei politischen Kulturen, Leipzig 2000.
Lapp, Peter Joachim, Die Mauer: Eine Grenze durch Deutschland, Erfurt 2011.
Lay, Conrad/Ellen Esen, Leben und Alltag mit Fremden, in: Christoph Potting/Conrad Lay, hrsg., Gemeinsam sind wir unterschiedlich, Bonn 1995.
Lederer, Harald W., Migration und Integration in Zahlen, Bonn 1997.
Lehmann, Hans Georg, Deutschland-Chronik 1945 bis 2000, Bonn 2000.
Lisiecki, Stanislaw, Polen und Deutsche – Öffentliche Meinungen und Urteile unter besonderer Berücksichtigung der Bewohner grenznaher Gebiete, in: Forschungsinstitut der Friedrich-Ebert-Stiftung, Deutsche und Polen zwischen Nationalismus und Toleranz, Bonn 1993.
Lungwitz, Karl, Die Bevölkerungsbewegung in der DDR und der BRD zwischen 1945 und 1970, in: Jahrbuch für Wirtschaftsgeschichte, Teil 1, 1974.
M. Nelli, Familienalltag und Alltagsprobleme, in: Jugendamt der Stadt Kassel, Praxisinformation: Sozialarbeit mit Spätaussiedlerfamilien, Kassel 1997.
Madajczyk, Piotr, Die polnische Politik gegenüber der deutschsprachigen Bevölkerung östlich von Oder und Neiße 1944-1950, in: Wlodzimierz Borodziej/Klaus Ziemer, hrsg., Deutsch-polnische Beziehungen, Osnabrück 2000.

Mählert, Ulrich, Kleine Geschichte der DDR, 4.Aufl., München 2004.
Maier, Charles, Vom Plan zur Pleite, in: Jürgen Kocka/Martin Sabrow, hrsg., Die DDR als Geschichte, Berlin 1994.
Malchow, Barbara/Keyumars Tayebi/Ulrike Brand, Die fremden Deutschen, Reinbek 1993.
Malinowskij, Lew W., Lebensniveau—Statistisches Herangehen und volkskundliche Aspekte seiner Bestimmung bei den Rußlanddeutschen, in: Hans-Werner Retterath, hrsg., Wanderer und Wanderinnen zwischen zwei Welten?, Freiburg 1998.
Marburger, Helga/Gisela Helbig/Eckhard Kienast/Günter Zorn, Situation der Vertragsarbeitnehmer der ehemaligen DDR vor und nach der Wende, in: Helga Marburger, hrsg., „Und wir haben unseren Beitrag zur Volkswirtschaft geleistet", Frankfurt a.m. 1993.
Marschalck, Peter, Bevölkerungsgeschichte Deutschlands im 19.und 20.Jahrhundert, Frankfurt a.M. 1984.
Matissek, Holger, Die neuen alten Deutschen, Konstanz 1996.
Meier-Braun, Karl-Heinz, Deutschland, Einwanderungsland, Frankfurt a.M. 2002.
Menning, Sonja, Zur Situation von Ausländern und Ausländerinnen im Osten Deutschlands vor und nach der Wende, in: Marianne Assenmacher, hrsg., Probleme der Einheit, Bd.4, Marburg 1991
Mitter, Amin/Stefan Wolle, Ich liebe euch doch alle!, Berlin 1990.
Moch, Leslie Page, Moving Europeans, Bloomington 1992.
Moltmann, Günter, American-German return migration in the late nineteenth and early twentieth centuries, in: Central European History, Vol.13, No.4, 1980.
Müggenburg, Andreas, Die ausländischen Vertragsarbeitnehmer in der ehemaligen DDR, Bonn 1996.
Mühlhauser, Regina, Vergewaltigungen in Deutschland 1945, in: Klaus Naumann, hrsg., Nachkrieg in Deutschland, Hamburg 2001.
Münz, Rainer/Rainer Ohlinger, Deutsche Minderheiten in Ostmittel- und Osteuropa, Berlin 1998.
Münz, Rainer/Wolfgang Seifert/Ralf Ulrich, Zuwanderung nach Deutschland, Frankfurt a.M. 1999.
Naimark, Norman, Revolution, Stalinismus und Genozid, in: Aus Politik und Zeitgeschichte, 44-45/2007.
Nawratil, Heinz, Schwarzbuch der Vertreibung 1945-1948, 11.Aufl., München 2003.
Niedersächsische Landeszentrale für politische Bildung, Sowjetische Kriegsgefangene 1941-1945, Hannover 1991.
Oltmer, Jochen(a), Steuerung und Verwaltung von Migration in Deutschland, in: Jochen Oltmer, hrsg., Migration steuern und verwalten, Göttingen 2003.
Oltmer, Jochen(b), Migration im 19. und 20. Jahrhundert, München 2010.

Plato, Alexander von/Almut Leh, „Ein unglaublicher Frühling": Erfahrene Geschichte im Nachkriegsdeutschland 1945-1948, Bonn 2011.

Pöhle, Klaus, Zur Lage der Rußlanddeutschen: Bleiben oder Aussiedeln? in: Forschungsinstitut der Friedrich-Ebert-Stiftung, Ost-West-Migration, Bonn 1994.

Ponten, Josef, In deutschen Dörfern an der Wolga, in: Bernd G.Längin, hrsg., Die Deutschen in der UdSSR, Bonn 1989.

Presse- und Informationsamt des Landes Berlin, Die Mauer und ihr Fall, 6.Aufl., Berlin 1994.

Quillfeld, Hendrik von, Dissidenten für Devisen: Häftlingshandel zwischen DDR und Bundesrepublik Deutschland, Erfurt 2010.

Rakhkochkine, Anatoli, Neue Heimat - neue Zukunft, in: Aus Politik und Zeitgeschichte, B7-8/1997.

Rautenberg, Hans-Werner(a), Deutsche und Deutschstämmige in Polen, in: Aus Politik und Zeitgeschichte, B50/1988.

Rautenberg, Hans-Werner(b), Ursachen und Hintergründe der Vertreibung, in: Marion Frantzioch/Odo Ratza/Günter Reichert, hrsg., 40 Jahre Arbeit für Deutschland – die Vertriebenen und Flüchtlinge, Frankfurt a.M.1989.

Rautenberg, Hans-Werner(c), Die Wahrnehmung von Flucht und Vertreibung in der deutschen Nachkriegsgeschichte bis heute, in: Aus Politik und Zeitgeschichte, B53/1997.

Rehlinger, Ludwig A., Freikauf, Halle 2011.

Reichling, Gerhard(a), Die deutschen Vertriebenen in Zahlen, Teil 1, Bonn 1995.

Reichling, Gerhard(b), Die deutschen Vertriebenen in Zahlen, Teil 2, Bonn 1989.

Richter-Eberl, Ute, Geschichte und Kultur der Deutschen in Rußland/UdSSR, 2.Aufl., Sigmaringen 1992.

Ritter, Gerhard A., Die menschliche „Sturmflut" aus der „Ostzone", in: Bettina Effner/ Helge Heidemeyer, hrsg., Flucht im geteilten Deutschland, Berlin 2005.

Rogall, Joachim(a), Die deutschen Minderheiten in Polen heute, in: Aus Politik und Zeitgeschichte, B48/1993.

Rogall, Joachim(b), Verdrängte Schuld, in: Haus der Geschichte der Bundesrepublik Deutschland, hrsg., Deutsche und Polen 1945-1995, Düsseldorf 1996.

Ronge, Volker, Übersiedler, in: Werner Weidenfeld/Karl-Rudolf Korte, hrsg., Handbuch zur deutschen Einheit, Frankfurt a.M. 1993.

Rüchel, Uta(a), „…auf deutsch sozialistisch zu denken…": Mosanbikaner in der Schule der Freundschaft, Magdeburg 2001.

Rüchel, Uta(b), „Wir hatten noch nie einen Schwarzen gesehen", Schwerin 2001.

Schippan, Michael/Sonja Striegnitz, Wolgadeutsche, Berlin 1992.

Schmalz-Jacobsen, Cornelia, Integration: Grundvoraussetzung ohne Alternative, Bonn

1998.
Schmalz-Jacobsen, Cornelia/Holger Hinte/Georgios Tsapanos, Einwanderung—und dann?, München 1993.
Schmidt, Alfred, Sie heißen Fischer, Bauer, Koch...und kommen zu uns, Stuttgart 1997.
Schön, Heinz, Flucht über die Ostsee, 5.Aufl., Stuttgart 1995.
Schönwälder, Karen, Reformprojekt Integration, in: Jürgen Kocka, hrsg., Zukunftsfähigkeit Deutschlands, Bonn 2008.
Sextro, Uli, Gestern gebraucht – heute abgeschoben, Dresden 1996.
Soll, Regina, Ausländerbeschäftigung vor und nach der Wiedervereinigung, IAB-Werkstattbericht, Nr.10, 1994.
Soremsky, Heinz, Vom solidarischen Internationalismus zum Rassismus? in: Vorgänge, H.30, 1990.
Stach, Andrzej/ Saleh Hussain, Ausländer in der DDR, 4.Aufl., Berlin 1994.
Statistisches Bundesamt, Leben in Deutschland: Haushalte, Familien und Gesundheit, Wiesbaden 2006.
Steenberg, Sven, Die Rußland-Deutschen, München 1989.
Steiner, André, Von Plan zu Plan, Bonn 2007.
Straubhaar, Thomas, Einwanderungsland Deutschland, Potsdam 2008.
Stumpp, Karl, Die Rußlanddeutschen: Zweihundert Jahre unterwegs, Freilassing 1964.
Theisen, Alfred, Die Vertreibung der Deutschen – ein unbewältiges Kapitel europäischer Zeitgeschichte, in: Aus Politik und Zeitgeschichte, B7-8/1995.
Terkessidis, Mark, Migranten, Hamburg 2000.
Tudorica, Christa, Die deutschen Minderheiten in Rumänien, in: Die Neue Gesellschaft, H.7,1998.
Uhl, Matthias, Die Teilung Deutschlands, Berlin 2009.
Ulrich, Ralf, Die Übersiedlerbewegung in die Bundesrepublik Deutschland und das Ende der DDR, Berlin 1990.
Urban, Thomas(a), Deutsche in Polen, 3.Aufl., München 1993.
Urban, Thomas(b), Der Verlust, München 2004.
Verein für das Deutschtum im Ausland, hrsg., Rumäniendeutsche zwischen Bleiben und Gehen, 3.Aufl., Sankt Augustin 1991.
Vogel, Dita, Zuwanderung und Sozialstaat, Frankfurt a.M. 1996.
Wendt, Hartmut, Die deutsch-deutschen Wanderungen, in: Deutschland Archiv, H.4, 1991.
Wenning, Norbert, Migration in Deutschland, Münster 1996.
Werkentin, Falco, Recht und Justiz im SED-Staat, Bonn 1998.
Wetzel, Juliane, „Displaced Persons", in: Aus Politik und Zeitgeschichte, B7-8/1995.
Wiens, Herbert, Die Rußlanddeutschen, Bonn 1993.

Wiesemann, Falk, Flüchtlingspolitik in Nordrhein-Westfalen, in: Wolfgang Benz, hrsg., Die Vertreibung der Deutschen aus dem Osten, Frankfurt a.M.1995.
Xuan, Mai, Situation der Vietnamesen in der DDR, in: Doi Thoai, H.1, 1991.
Zwick, Martin, Nur die halbe Wahrheit, in: Integration in Deutschland, H.4, 2006.
Zayas, Alfred-Maurice de(a), Nemesis at Potsdam, Lincoln 1989.
Zayas, Alfred-Maurice de(b), Anmerkungen zur Vertreibung der Deutschen aus dem Osten, 3.Aufl., Stuttgart 1993.
Zentrum für Zeithistorische Forschung/Stiftung Berliner Mauer, hrsg., Die Todesopfer an der Berliner Mauer 1961-1989, Berlin 2009.

＊ **邦語文献**

青木國彦「東独出国運動の発生」『研究年報経済学』70巻2号，2009年。
明石紀雄／飯野正子『エスニック・アメリカ』有斐閣，1997年。
足立芳宏『東ドイツ農村の社会史』京都大学学術出版会，2011年。
阿部正昭「戦間期ドイツの外国人労働者」法政大学比較経済研究所・森広正編『国際労働力移動のグローバル化』所収，法政大学出版局，2000年。
ルート・アンドレーアス=フリードリヒ，飯吉光夫訳『舞台・ベルリン』朝日新聞社，1988年。
飯田収治(a)「『プロイセン渡り』の季節労働者について(上)(下)」『人文研究』43-44巻，1991-92年。
飯田収治(b)「帝政ドイツにおける『外国人移動労働者』問題」『人文研究』46巻，1994年。
五十嵐惠邦『敗戦と戦後のあいだで』筑摩書房，2012年。
石井聡『もう一つの経済システム』北海道大学出版会，2010年。
井手重昭『西ドイツ』日本放送出版協会，1970年。
伊藤定良(a)『異郷と故郷』東京大学出版会，1987年。
伊藤定良(b)「国境を越える労働者－第一次世界大戦前ドイツのポーランド人移動労働者」増谷英樹・伊藤定良編『越境する文化と国民統合』所収，東京大学出版会，1998年。
伊東孝之『ポーランド現代史』山川出版社，1988年。
井上茂子「社会国家の歴史におけるナチ時代」『上智史学』44号，1999年。
リヒャルト・フォン・ヴァイツゼッカー(a) 永井清彦訳『ヴァイツゼッカー演説集』岩波書店，1995年。
リヒャルト・フォン・ヴァイツゼッカー(b) 永井清彦訳『ヴァイツゼッカー回想録』岩波書店，1998年。
ハインリヒ・アウグスト・ヴィンクラー，後藤俊明・奥田隆男・中谷毅・野田昌吾訳『自由と統一への長い道 II』昭和堂，2008年。

ヘルマン・ウェーバー，斉藤哲・星乃治彦訳『ドイツ民主共和国史』日本経済評論社，1991年。
マックス・ウェーバー，田中真晴訳『国民国家と経済政策』未来社，1959年。
エドガー・ヴォルフルム，飯田収治・木村明夫・村上亮訳『ベルリンの壁』洛北出版，2012年。
ヨーゼフ・エーマー，若尾祐司・魚住明代訳『近代ドイツ人口史』昭和堂，2008年。
小倉充夫「移民・移動の国際社会学」梶田孝道編『国際社会学』所収，名古屋大学出版会，1996年。
エレーヌ・カレール=ダンコース「民族問題とペレストロイカ」同著，高橋武智訳『崩壊したソ連帝国』所収，藤原書店，1990年。
川喜田敦子「ドイツ人『追放』問題の現在」『ドイツ研究』39号，2005年。
川口マーン恵美『あるドイツ女性の二十世紀』草思社，1995年。
木谷勤『ドイツ第二帝制史研究』青木書店，1977年。
北脇保之「日本の外国人政策」『多言語多文化』1号，2008年。
木前利秋(a)「西ドイツにおける外国人労働力導入の構造」森田桐郎編『国際労働力移動』所収，東京大学出版会，1987年。
木前利秋(b)「ヨーロッパの苦悩，移民の苦悩」森田桐郎編『国際労働力移動と外国人労働者』所収，同文館，1994年。
邦正美『ベルリン戦争』朝日新聞社，1993年。
久保山亮「ドイツの移民政策」小井戸彰宏編『移民政策の国際比較』所収，明石書店，2003年。
クライン孝子『自由買い』文芸春秋，1987年。
ヴォルフ・D.グルーナー，丸畠宏太・進藤修一・野田昌吾訳『ヨーロッパのなかのドイツ』ミネルヴァ書房，2008年。
クリストフ・クレスマン，石田勇治・木戸衛一訳『戦後ドイツ史』未来社，1995年。
ゲルト-ヨアヒム・グレースナー，中村登志哉・ゆかり訳『ドイツ統一過程の研究』青木書店，1993年。
クリスティアン・フォン・クロコウ，大貫敦子訳『女たちの時』平凡社，1991年。
アルカージー・ゲルマン/イーゴリ・プレーヴェ，鈴木健夫・半谷史郎訳『ヴォルガ・ドイツ人』彩流社，2008年。
ユルゲン・コッカ，松葉正文・山井敏章訳『市民社会と独裁制』岩波書店，2011年。
近藤敦「なぜ移民政策なのか」『移民政策研究』創刊号，2009年。
近藤潤三(a)『統一ドイツの変容』木鐸社，1998年。
近藤潤三(b)『統一ドイツの外国人問題―外来民問題の文脈で』木鐸社，2002年。

近藤潤三(c)『移民国としてのドイツ－社会統合と平行社会の行方』木鐸社，2007年。
近藤潤三(d)『東ドイツ(DDR)の実像』木鐸社，2010年。
近藤潤三(e)『ドイツ・デモクラシーの焦点』木鐸社，2011年。
近藤潤三(f)「統一ドイツの外国人に関する主要なデータ」『社会科学論集』35号，1996年。
近藤潤三(g)「ドイツにおける外国人高齢者の生活実態」『社会科学論集』37号，1998年。
近藤潤三(h)「ドイツで開館した海外移民記念館について」『社会科学論集』44号，2006年。
近藤潤三(i)「ドイツの国外移住に関する最新データ」『社会科学論集』51号，2013年。
近藤正基(a)『現代ドイツ福祉国家の政治経済学』ミネルヴァ書房，2009年。
近藤正基(b)『ドイツ・キリスト教民主同盟の軌跡－戦後政治と国民政党』ミネルヴァ書房，2013年。
斎藤瑛子『世界地図から消えた国』新評論，1991年。
桜井健吾『近代ドイツの人口と経済』ミネルヴァ書房，2001年。
佐藤成基『ナショナル・アイデンティティと領土』新曜社，2008年。
佐藤忍(a)「労働市場の国際化－20世紀初頭のドイツにおける外国人労働者問題」『香川大学経済学部研究年報』31号，1991年。
佐藤忍(b)『国際労働力移動研究序説』信山社，1994年。
ヘルケ・ザンダー／バーバラ・ヨール，寺崎あき子・伊藤明子訳『1945年・ベルリン解放の真実－戦争・強姦・子供』パンドラ，1996年。
柴田英樹(a)「19世紀前半の北西ドイツからアメリカ合衆国への海外移民」『経済学論纂』37巻3・4号，1997年。
柴田英樹(b)「第二帝政期ドイツにおける外国人労働者」山田史郎編『移民』所収，ミネルヴァ書房，1998年。
トニー・ジャット，森本醇訳『ヨーロッパ戦後史　上』みすず書房，2008年。
ミュリエル・ジョリヴィエ，鳥取絹子訳『移民と現代フランス』集英社，2003年。
鈴木健夫(a)「近代ロシアへのドイツ人入植開始」同編『「ヨーロッパ」の歴史的再検討』早稲田大学出版部，2000年。
鈴木健夫(b)『ヴォルガのドイツ人女性アンナ－世界大戦・革命・飢餓・国外脱出』彩流社，2013年。
鈴木理江子「移民受け入れをどう考えるか」依光正哲編『日本の移民政策を考える』所収，明石書店，2005年。
テオ・ゾンマー，山木一之訳『1945年のドイツ　瓦礫の中の希望』中央公論新社，2009年。
田村光彰『ナチス・ドイツの強制労働と戦後処理』社会評論社，2006年。

インゲ・ドイッチュクローン，馬場謙一訳『黄色い星を背負って』岩波書店，1991年。
戸原四郎／加藤栄一編『現代のドイツ経済』有斐閣，1992年。
クリストファー・ドブスン／ジョン・ミラー，間庭恭人訳『死のバルト海』早川書房，1981年。
ディートリヒ・トレンハルト「ドイツ―宣言なき移民国」同編，宮島喬ほか訳『新しい移民大陸ヨーロッパ』所収，明石書店，1994年。
永井清彦(a)『現代史ベルリン』朝日新聞社，1990年。
永井清彦(b)『国境を越えるドイツ』講談社現代新書，1994年。
永岑三千輝『独ソ戦とホロコースト』日本経済評論社，2001年。
中村圭介「西独における外国人労働者政策の展開」『日本労働協会雑誌』348号，1988年。
ノーマン・M.ネイマーク，根岸隆夫訳『スターリンのジェノサイド』みすず書房，2012年。
野川忍『外国人労働者法』信山社出版，1993年。
野中恵子『ゾーリンゲンの悲劇』三一書房，1996年。
橋本伸也「カリーニングラード形成史研究序説」『ロシア・ユーラシアの経済と社会』948号，2011年。
ハンス・H.バス，若尾祐司訳「19世紀前半プロイセンにおける食糧難」『名古屋大学文学部研究論集』131号，1998年。
林忠行「日本の外で『固有の領土』論は説得力をもつのか」岩下明裕編『国境・誰がこの線を引いたのか』所収，北海道大学出版会，2006年。
半谷史郎「ヴォルガ・ドイツ人の強制移住」『スラブ研究』47号，2000年。
アントニー・ビーヴァー「序文」著者不詳，山本浩司訳『ベルリン終戦日記』所収，白水社，2008年。
広瀬毅彦『夢みる東ドイツ』実業之日本社，1990年。
広渡清吾(a)「西ドイツの外国人と外国人政策(1)」『社会科学研究』41巻6号，1990年。
広渡清吾(b)「外国人と外国人政策の論理」東京大学社会科学研究所編『現代日本社会　第6巻』東京大学出版会，1992年。
前田直子「ドイツ移民政策の転換における『専門官』の役割について」増谷英樹編『移民・難民・外国人労働者と多文化共生』所収，有志舎，2009年。
増田好純「ナチ体制下ドイツ航空機産業における労働動員」『ゲシヒテ』6号，2013年。
増谷英樹「第二次世界大戦以前ドイツの外国人労働者と強制労働」同編『移民・難民・外国人労働者と多文化共生』所収，有志舎，2009年。
真瀬勝康「西欧における外国人労働者とその送り出しの構造」森田桐郎編『国際労働力移動』所収，東京大学出版会，1987年。

松尾弌之『民族から読み解く「アメリカ」』有斐閣,2000年。
水島治郎『反転する福祉国家』岩波書店,2012年。
三宅悟『私のベルリン巡り』中公新書,1993年。
宮島喬『共に生きられる日本へ』有斐閣,2003年。
ライナー・ミュンツ,近藤潤三訳「移民受け入れ国になるドイツ」『社会科学論集』
    40・41号,2003年。
ロジャー・ムーアハウス,高儀進訳『戦時下のベルリン』白水社,2012年。
キャサリン・メリデール,松島芳彦訳『イワンの戦争』白水社,2012年。
望田幸男「領土」加藤雅彦ほか編『事典現代のドイツ』所収,大修館,1998年。
森広正『現代資本主義と外国人労働者』大月書店,1986年。
安野正明『戦後ドイツ社会民主党史研究序説』ミネルヴァ書房,2004年。
矢野久(a)『ナチス・ドイツの外国人』現代書館,2004年。
矢野久(b)『労働移民の社会史』現代書館,2010年。
矢野久(c)「ナチス大量虐殺の構造的考察」『三田学会雑誌』94巻4号,2002年。
山口知三『ドイツを追われた人々』人文書院,1991年。
山田香織「社会主義体制における外国人労働」竹沢尚一郎編『移民のヨーロッパ』
    明石書店,2011年。
山田徹『東ドイツ・体制崩壊の政治過程』日本評論社,1994年。
ゲアハルト・A.リッター,木谷勤ほか訳『社会国家』晃洋書房,1993年。

人名索引

ア行

ヴァイツゼッカー，R.v. 23, 28
ヴィンクラー，H.A. 61, 225
ウェーバー，M. 23, 44
ウルブリヒト，W. 119
エカテリーナ二世 63, 66
オルトマー，J. 20, 22

カ行

カント，I. 24
キューン，H. 147-148, 150, 157
グラス，G. 25, 88
クレスマン，Ch. 29, 94
ケナン，G. 86
ゲッベルス，J. 86
コッカ，J. 185
ゴルバチョフ，M. 204

サ行

ザラツィン，T. 231
ジャット，T. 86, 225
シュタインバッハ，E. 100
シュマルツ=ヤコブセン，C. 149
スターリン，J. 115, 189-190, 194, 206

タ行

チャウシェスク，N. 207
デメジエール，L. 24

ナ行

ネイマーク，N.M. 190

ハ行

バーデ，K.J. 20, 25, 195, 209, 229
ハベル，V. 91
ビアマン，W. 30
ビスマルク，O. 25, 27, 42, 60
ヒトラー，A. 27, 75, 78, 86, 88, 187, 189, 217, 220-221
ピョートル大帝 62
フォン・デア・ライエン，U. 232
ブラント，W. 204
フリードリヒ二世 36-37
フルシチョフ，N. 118, 194, 203
ブレア，T. 226
フンケ，L. 5, 149
ヘアベルト，U. 51, 97, 137
ヘックマン，F. 32
ベネシュ，E. 89
ベーマー，M. 231
ホーネッカー，E. 102, 121, 124-125

マ行

ミュンツ，R. 32, 78, 132
メルケル，A. 30, 231-232

ラ行

ラフォンテーヌ，O. 24
レーニン，W.I. 72

事項索引

ア行

アオスジードラー 13-14, 16, 21, 30-32, 59, 62, 78, 83, 107, 187-188, 205, 212-217, 219, 221, 223, 227-229
足による投票 105
アデナウアー政権 99
アメリカ移民 38, 51
アンティファ 110
イスラム 222, 233

索引 253

一党独裁体制 185
一時的な統合 81, 150-151
一般労働許可 155
異邦化 54, 98
異邦人労働者 52, 101
移民委員会 230
移民国 5-6, 12, 14-16, 31, 81-82, 84, 226, 231-233
移民史 13, 22, 101
移民の背景を有する人々 11, 34
移民法 5, 11, 16, 20-21, , 230-231
イラク戦争 225
インターナショナリズム 14
ヴァイマル憲法 49
ヴェルサイユ条約 25
ヴォルガ自治共和国 74-75, 189, 197, 201, 205-206
ヴォルガ・ドイツ人 72, 190, 204
請負契約労働者 81
ウムジードラー 80, 93
エスニック移民 32
エスニック・マイノリティ 8, 27
遠隔地ナショナリズム 41
オイル・ショック 80, 138-139, 141, 145-146, 156, 176
欧州共同体(EC) 136-137, 139, 140, 151-154
欧州連合(EU) 21, 151, 226
オスタルギー 228
オーダー＝ナイセ線 93, 211, 213
オランダ渡り 46

カ行

外国人高齢者 150
外国人就業基本原則 152
外国人住宅 173
外国人排斥 133
外国人法 5, 15, 130, 136, 140, 151, 227, 231
外国人問題特別代表 5, 147, 149
開発支援 137, 164, 166
外来民 7, 223
ガストアルバイター 14, 23, 130, 139, 156, 157, 219, 221
家族合流 142-144, 157

カーゾン・ライン 90
カトリック教会 201
歓迎文化 233
帰化 8, 138, 230
期限付滞在許可 152
帰国幻想 150
帰国促進政策 20, 147
北大西洋条約機構(NATO) 225-226
基本条約 104, 120
強制移住 10, 27, 29, 61, 75, 85, 100, 190, 220
強制労働 55-58, 85, 95, 101, 192, 208, 222
協約自治 50, 53
共和国逃亡 97, 123-124
極右政党 133
キリスト教民主同盟(CDU)・社会同盟(CSU) 6, 99, 148, 230, 232
基本条約 104, 120
グストロフ号 88
グラーグ 96
クリミア戦争 70
グリーンカード 16, 230
グローバリゼーション 220
経済相互援助会議 161
経済の奇跡 107
欠乏社会 171, 177
ゲットー化 174
血統主義 16
ゲルマン化政策 44, 210
ケレンスキー政権 72
現実に存在する社会主義 107
現代史研究センター 127
公認ドイツ人 210
5カ年計画 117
黒海ドイツ人 193
国家民主党(NPD) 133, 139
故郷被追放民・権利被剥奪者同盟(BHE) 99
国境警察 118
国外移住 6-7, 13, 38, 41, 51, 83-84, 232
国際的人口移動 34, 78, 84
国際的連帯 159, 161, 164, 166, 173, 177
国籍法 5, 11, 16, 82, 230
国内移住 29-30, 31, 42
国民的統合計画 16

国民的労働市場の保護　48, 50
心の壁　228
古典的人口転換　78
固有の領土　28, 220
雇用促進法　151, 154
コール政権　6, 20, 125, 148-149, 157, 230-231

サ行

再軍備　130
在外ドイツ人　60, 221
在日韓国・朝鮮人　222
産業立地の再構築　226, 228
30年戦争　29, 36, 58
参政権　150
サン・パピエ　9
ジェノサイド　190
ジェンダー　222
事実上の移民国　147, 157, 185, 227
自治運動　204-205
失業の輸出　140, 144
失業扶助　145
失業保険制度　145
ジーベンビュルガー・ザクセン人　35
市民社会　185
社会国家　49, 50, 53, 58, 135, 145-146
社会主義統一党(SED)　102, 114-116, 181, 183
社会扶助　145-146
社会保障制度　21, 145, 221
社会民主党(SPD)　6, 138, 147, 230, 232
11月革命　50
自由買い　104, 123-124
住民交換　85, 91
自由民主党(FDP)　6, 138, 147-148, 230
出国運動　126
出生地主義　8, 11
シュタージ　126, 159, 175, 181
出移民博物館　40
主導文化　231
シュミット政権　6, 148-149, 157
シュレーダー政権　20, 230
少子高齢化　16, 21, 221, 223, 230
少数民族　190, 214
昭和の終焉　224

親衛隊特殊部隊　88
新コース　115-116
人口転換　41, 78
人口会議　233
人材獲得競争　82, 84
人種主義イデオロギー　53-54
人民警察　182
神聖ローマ帝国　27
スカーフ問題　222
スターリングラード攻防戦　85, 192
ズデーテン・ドイツ人　29, 60, 80, 89, 91, 218
頭脳流出　54, 84, 232
政治大国化　225
政府間協定　162-163, 166-167, 169-172, 182-184
世界恐慌　49, 51, 52
セグリゲーション　146
全欧安保協力会議(CSCE)　127, 165, 213
戦後史　13, 187, 225
戦後処理　89, 217, 221
戦後の終焉　224-225
戦時共産主義　72-73
戦争捕虜　47, 57, 95, 194, 200, 221
占領期　224

タ行

第一次世界大戦　44, 46-47, 51, 71, 73
第一世代　9, 150, 180
滞在許可　132, 134-135, 148, 152-153, 181
滞在権　152, 181
滞在承認　181
第三帝国　12-13, 25, 27, 31, 78, 83, 85, 89-90, 94, 218, 221
大西洋憲章　90
第二次世界大戦　12, 14, 22, 28, 31, 35, 54, 61, 78-79, 83-84, 95, 187, 189, 196, 218
第二世代　9, 33, 142, 147, 150, 185
第二帝政　28, 78
多文化社会　230
多文化主義　8, 231
多民族国家　212
単一民族国家　212
中欧　23-24, 27
中央指令型計画経済　188

索引　255

朝鮮戦争　225
徴兵制　130
追放に反対するセンター　100
通貨・経済・社会同盟　103
帝国国籍法　104
帝国総督府　192
帝国への帰還　85
帝国労働紹介庁　50
ドイツ型福祉国家　226
ドイツ系少数民族　210-212
ドイツ故郷被追放民憲章　95
ドイツ人追放　89-90, 208
ドイツ帝国　25, 28, 61
ドイツ統一　6, 11, 13, 20, , 25, 32, 121, 123, 157, 172, 187, 226, 228, 231, 233
ドイツ分断　102, 128, 131, 223, 225
ドイツ民主共和国（DDR）　102, 127, 158-186
ドイツ民族籍　30-31, 49, 210
ドイツ問題　61, 120
ドイツ連邦　27, 39
東欧型社会主義　102
同化政策　215-216
統合コース　16, 231
統合サミット　11, 16, 231
統合の国　231
東部領土　13, 25, 29, 59, 78, 80, 92, 94, 96-97, 107, 110, 207-209, 214, 218
東方政策　125, 148, 211
東方への衝動　60, 221
独系人　59, 61-62, 68-69, 70-71, 73, 75, 78, 187-206
特殊な国　225
独ソ戦　55, 71, 75, 187, 189
特別居住地　194-195
特別労働許可　140, 144, 155
特権的移民　216, 223
土地改革　114
トルコ人労働者　136, 140

ナ行

内外人平等　223
内国人優先　48, 50, 63, 132, 135, 154
内部国境　14, 29, 33, 104, 109-110, 118, 126, 220

内務人民委員部　189, 191
ナチ政権　52, 54, 136
ナチス　47, 57-58, 209, 214, 226
ナポレオン戦争　65
ナントの勅令　36-37
難民州　97
難民問題　6, 21
二国間協定　43, 164
二重国籍　8, 16, 20, 230
二重の建国　105, 224
西側統合路線　217
ニッチ社会　120
入国許可　132
ネップ　73, 75
農業集団化　74, 114, 117-118
農業生産協同組合　114-117

ハ行

排外暴力　6, 16, 81, 139, 227
罰せられた民族　190
発達した社会主義国　164
バナート・シュワーベン人　35
発砲命令書　127
パラダイム転換　7
ハルシュタイン・ドクトリン　104
ハルツ改革　226, 231
汎スラブ主義　71
反ファシズム　110
反ユダヤ主義　220
引揚者　98
非公式の移民国　185, 227
庇護申請者　14-16, 21, 32-33, 81, 83-84, 217, 227
ヒスパニック　10
被追放民　14-15, 20, 29, 31, 33, 60, 80, 83, 85, 89-101, 107, 110, 129, 218, 220
被追放民同盟　99-100
避難民　14, 29, 31, 83-101, 107, 110, 129, 189
ピューリタン　10
福音派　67, 201-202
福祉国家　223, 226
負担調整　94, 99
普通の国　225
フランス国立統計経済研究所　9

ブラント政権　120, 148, 211, 213
プロイセン渡り　43-44, 46
分断国家　103, 158
平行社会　17, 231, 233
平和共存　102, 125
平和攻勢　119
ペレストロイカ　103, 204
ベルリン人口・開発研究所　232
ベルリンの壁　29, 80, 102, 108, 120, 126, 132, 160, 220
ベルリンの壁記念館　127
ポイント制　231
崩壊社会　29
募集委員会　132
募集停止　132, 138, 142
募集協定　131, 133, 136, 139
保守主義モデル　226, 233
ホスト社会　8, 10-11, 218, 231
ポスト戦後　15, 224
ポツダム会談　90, 208
ポツダム勅令　37
ポーランド回廊　25
ポーランド化政策　212, 215
ボルシェビキ　72-74

マ行

マイノリティ　9, 25, 197, 221
マーシャル・プラン　96
マジョリティ　8, 11, 25
マリーエンフェルデ収容所　105
マルクス・レーニン主義　201, 210, 212
ミクロセンサス　10-11
緑の党　230
民族解放運動　163
民族共同体　53
民族差別　44, 53
民族至上主義　60, 220
民族自治　212
民族浄化　10, 85, 90
民族ドイツ人　85, 192, 209
無期限滞在許可　152
ムスリム　222

明治維新　27
メルケル政権　230, 232
メンノー派　67, 70, 202

ヤ行

ユグノー　10, 24, 36, 37
ユダヤ系ドイツ人　54
ユーバージードラー　14-15, 20, 30-31, 80, 83, 101-127, 132, 160, 227-
ユンカー　43, 114, 220
ヨーロッパ統合　148, 217, 227

ラ行

リソルジメント　27
リベラルなパラドックス　142, 185
領邦国家　36
ルブリン委員会　89
流民　96
冷戦体制　102, 128, 224-225
連邦制　136
連邦移民難民庁　232
連邦雇用庁　154
連邦政治教育センター　100
連邦全ドイツ問題省　105
連邦統計庁　10-12, 34
連邦被追放民省　94
労働許可　132, 134-135, 141, 144, 154-155
労働組合　134, 140-141
労働市場調査　132
労働者募集協定　80
労働輸入国　42, 45, 47, 58, 221
ロシア革命　52, 71
ロシア化政策　70
ロシア正教　201
ロシア・ドイツ人　21, 30, 61-62, 197
ローテーション原則　134-135, 138, 141, 184
ロンドン議定書　118

ワ行

ワーク・ライフ・バランス　233
ワルシャワ条約　213, 216

著者略歴

近藤潤三（こんどう　じゅんぞう）

1948年　名古屋市生まれ
1970年　京都大学法学部卒業
1975年　京都大学大学院法学研究科博士課程単位取得
現　在　愛知教育大学名誉教授，博士（法学　京都大学）
1991～1994年　外務省専門調査員として在ドイツ連邦共和国日本国大使館に勤務

著　書
　『統一ドイツの変容：心の壁・政治倦厭・治安』木鐸社，1998年
　『統一ドイツの外国人問題：外来民問題の文脈で』木鐸社，2002年
　『統一ドイツの政治的展開』木鐸社，2004年
　『移民国としてのドイツ：社会統合と平行社会の行方』木鐸社，2007年
　『東ドイツ（DDR）の実像：独裁と抵抗』木鐸社，2010年
　『ドイツ・デモクラシーの焦点』木鐸社，2011年

訳　書
　H.A.ヴィンクラー編『組織された資本主義』（共訳）名古屋大学出版会，1989年

ドイツ移民問題の現代史　―移民国への道程
2013年7月10日第1版第1刷　印刷発行　ⓒ

著者との
了解により
検印省略

著　者　近　藤　潤　三
発行者　坂　口　節　子
発行所　㈲　木　鐸　社
　印　刷　フォーネット＋互恵印刷　製　本　高地製本所

〒112-0002　東京都文京区小石川 5-11-15-302
電話 (03) 3814-4195番　FAX (03) 3814-4196番
振替 00100-5-126746　http://www.bokutakusha.com

（乱丁・落丁本はお取替致します）

ISBN978-4-8332-2464-2　C3022

近藤潤三
統一ドイツの外国人問題
■外来民問題の文脈で

A5版500頁本体7000円

戦後西ドイツは敗戦で喪失した領土からの外来民の流入，外国人労働者の導入，難民受入等多くの課題を抱えた。その特有の社会構造と政策転換の変動に百五十年に及ぶ統一ドイツ国家形成の真の姿を見る。

近藤潤三
統一ドイツの外国人問題

A5版250頁本体2800円＋税

本書の対象は，統一以降のドイツの政治であり，主要政策の展開に照準を合わせる手法をとる。政権交代にもかかわらず政治の連続性が色濃く存在し，産業立地の衰退につれて政治も手詰まり状態に陥っているが，パフォーマンスで目新しさを誇示する傾向が強まり，華々しい政策論議が行われる割には実効が伴わないケースが増えている。産業立地の再構築や人口変動への対応など困難で巨大な課を避けて通れないことを考えれば，現存する政党システムとコンセンサスの政治がどこまで持続しうるかは注目に値する。

近藤潤三
統一ドイツの変容
■心の壁・政治倦厭・治安

A5判396頁本体4000円

統一後のドイツでは東西分裂の克服がもたらした束の間の歓喜と陶酔の後に，心に重くのしかかる難問が次々に現れてきた。旧東ドイツ地域の経済再建とその負担，失業者の増大，難民の大波，排外暴力事件の激発等。本書は統一後のドイツの現実を徹底的に一次資料に基づいて追跡し，ボン・デモクラシーの苦悩を解明。

近藤潤三
移民国としてのドイツ
■社会統合と平行社会のゆくえ

移民法の成立過程の分析によってドイツ政治の特質と二度目の大連立の政治力学を解明する。同時に多文化社会論の破綻と移民の増加による平行社会の形成に対し社会統合をどう進めるかに直面するドイツ社会の現状を浮き彫りにする。

A5判324頁定価：本体3500円＋税

近藤潤三
東ドイツ(DDR)の実像 ■独裁と抵抗

ベルリンの壁が崩壊しドイツ統一から既に二十年の歳月が経つ。その間の世界的激変の中で当時の歓喜や期待も薄れつつあるが，今なお東ドイツの影が色濃く残る，否「オスタルギー」として復活しているように思われる。本書は消滅したDDRの歴史をシュタージ文書や犠牲者のプロフィールを通じてDDRとは何であったのか，戦後ドイツ史を問い返す。

A5判330頁定価：本体4000円＋税